军旅时代

2000 年 11 月万科田径运动会上过低杆竞赛

1994 年上海展览馆，黄菊视察万科展台

2005 年初香港华润宁高宁欢送晚会（左起：郁亮、宁高宁、王石、丁福源）

1993~2001 年万科集团总部朴素的水贝工业大厦办公大楼

2002 年 1 月启用的万科建筑研究中心，现为万科集团总部办公大楼

上海“假日风景”项目

1999年在成都房地产专题报告会上与刘永好合影

1997年万科集团地产系统财务成本会议（虚位以待）

2002年，万科管理团队
同大股东华润管理层合影

2003 年 9 月，作为“中国一号”
水手参加海南环岛帆船赛

2001 年澳大利亚，滑翔
降落于卧龙岗海滩

与郁亮在深圳七娘
山山头

道路与梦想

我与万科（1983~1999）

王　石◎著

中信出版社·CHINACITICPRESS ·北京·

图书在版编目（CIP）数据

道路与梦想/王石著. —2版. —北京：中信出版社，2014.3（2021.3重印）
ISBN 978-7-5086-4107-2
I. ①道… II. ①王… III. ①王石－自传 IV. ①K825.38
中国版本图书馆CIP数据核字（2013）第154125号

道路与梦想：我与万科的风雨征程（1983~1999）

著　　者：王　石
策划推广：中信出版社（China CITIC Press）
出版发行：中信出版集团股份有限公司
（北京市朝阳区惠新东街甲4号富盛大厦2座　邮编　100029）
（CITIC Publishing Group）
承 印 者：北京诚信伟业印刷有限公司

开　　本：787mm×1092mm　1/16　　插　　页：4
印　　张：19.75　　字　　数：320千字
版　　次：2014年3月第2版　　印　　次：2021年3月第33次印刷

书　　号：ISBN 978-7-5086-4107-2/K・329
定　　价：49.00元

目　录

推荐序 1

现在赞扬王石

宁高宁　中粮集团董事长

现在赞扬王石、赞扬万科的人很多，可回头看过去并不太长的历史，你会发现他们也是从一个很普通、很幼稚的企业走过来的。他们的经历，许多中国企业经历过，他们也犯了几乎所有可能犯的错误，不同的是，他们是这场战争中不多的幸存者，企业只有 20 多年的时间，可万科已成为同时代企业中的老企业了。幸存者的幸运在于他们在错误还没有能把他们毁灭的时候醒悟了，所以也就有了今天的故事，是英雄的故事，也是普通人的故事，很让人回味。

我一直觉得中国的企业和企业家在过去 20 年中经历了比别人更多的磨炼，这 20 多年，是一个浓缩的剧烈变化的时期，它让许多企业早熟，也让许多企业灭亡。中国企业的生存环境在这 20 多年中，随着国家的政治、经济制度的改革不断改变，企业作为参与者，也因为自身的努力和适应推动了大环境的改变，同时也不断改变，进化了自己。这些经历是刻骨铭心的。我想它一定会成为案例，让后来企业站在一个新的起点上思考未来。

交易驱动、投机性业务是20多年前中国企业创建时主要的经营思维和商业模式，西方国家的企业在商业发展的初期也经历了这个阶段，王石在创建万科时也是从倒卖开始，也没有看到今天。看机会、看政策，赚一笔是一笔也是万科当时的做法，否则玉米饲料的故事也不会变成王石创业的传奇。王石说如果他当时坚持做下去可能会变成中国的饲料大王，但我相信他当时没有今天谈论往事的眼界，对行业选择、商业模式、产业形成的思维是不成熟的，如果当时沿着贸易理念做下去，万科可能是大量已经消失了的中国早期深圳特区贸易公司中的一家。

可不同的是，王石当时在万科种下的这颗种子在基因里是颗树种子，不是草种子，内在的力量使其不断地学习、探索、改变、提升。如果今天来看万科，我觉得看他的改变和调整比看他的成就重要，看他对自己信念的坚持比看他在企业管理上的一些技巧重要。

万科当时是很有野心的，就像当时中国企业个个都有很大的野心，当时的环境也是很有诱惑的，万科当时也没有能够抵御住这些诱惑，野心和诱惑放在一起使万科在一开始就变成了一家规模不大，但很多元化的企业，我还记得许多年前看到王石在电视上很激昂地讲他对零售业前景的看法，当时的万科有点感觉自己无所不能，与其说是因为对自己过度的信心，倒不如说是对企业的战略和企业竞争环境没有深入的理解。多元化的问题是企业中最普遍、最经典，也最没有答案的问题，过度多元化是一个最容易犯的错误，可它也是一个最难解决的问题。对于一个规模不大的年轻企业来讲，多元化往往是致命的，可当时的万科恰恰就又走上了这一步。

万科今天是很专业的地产公司，可达到今天这个阶段，我觉得不是因为万科多会算账，多会买地，多会设计房子，虽然这些它做得也很好，而是因为王石和万科有坚定的信念去改变自己。在决心要做专业化地产公司后，王石开始做“减法”，这其实要有很大的勇气，观念上的、结构上的、财务数据上的冲击都会使人手软，否则多元化就不是一个棘手的事情了。如果说王石和万科在中国企业的历史上会留下什么影响，我想不会是因为万科的专业化地产，因为万科的品牌，而只可能是因为万科自己把自己搞成了一家多元化企业，又把自己变回一家专业化公司，而且这个阶段不但是平稳的，同时是公司正常甚至是高速的发展中的。在我和王石认识的这些年来，看着他卖掉了万科的蒸馏水公司、零售公司、影业公司、广告公司、商业礼品公司，也看着他不断在地产上投资、买地、买公司，万科资产负债表上的土地储备代替了以前多种业务的投资组合，万科在住宅市场上变成了一家产品销售最快的公司。华润成为万科大股东后，王石一直很客气地说华润做大股东的这几年是万科发展最快的几年，可华润看到的不仅是在万科投资的升值，更看到了万科在地产行业上进一步提升其专业水准，引领了这个行业的新的进步。

20 多年后的今天，相对于 20 多年前，大家都变成专家了，企业管理的任何层面几乎都经过了脱胎换骨的洗礼。王石和万科不仅因为是地产行业的领先者而受到赞扬，更因为经历了坚毅的进步过程而受到人们的尊敬，同时，也因为这个过程所带给我们的思考而更有价值。

推荐序 2

珠峰哲理的经济分析

张五常　经济学家

海明威在他的名著《雪山盟》的开头有这样的故事：在非洲的一个很高的雪山顶上，当地的土人发现一只死去了的黑豹，那黑豹明知那雪山顶上没有食物可寻，为什么要跑上去呢?

王石很有点像海明威笔下的黑豹，还活着。52 岁，他攀登珠穆朗玛峰，到峰顶就立刻下山，死不掉，瘦了 20 多磅。我问他："为什么你要做这种傻事呢？"他回应："没有为什么，只是喜欢这样做。"

我自己没有他那样傻，但有类似的行为。好比午夜梦醒，想着些什么，禁不住爬起床来，走到书桌前，在文稿上改一个字，然后回到床上去。那个字可改可不改，无关紧要的，只是把仄音改为平音，或这句加一字那句减一字。没有任何回报，读者看不出来，但改了对自己增加一小点满足感。当年写博士论文，及后来写学术文章，老师通过，或编辑接受，我往往要他们多等一下，因为觉得这里那里要加一个注脚。无关重要，但没有做仿佛欠了些什么。你问我欠什么，我会答："没什么，只是喜欢这样做。"

是的，一个人为了满足自己，会做一些没有任何回报，甚至没有外人欣赏的事。这是创作的本质，只要自己欣赏，要做，于愿已足，不需要任何来自外间的回报。王石攀登珠峰是一种创作吧。

大约 10 年前，记不得是在西安或哪里，我和太太参观汉代将军霍去病的墓，见到陈列着的一系列巨大的动物石雕。是古物，很古的，不能肯定是哪几种动物，艺术品位奇高，今天看是了不起的抽象艺术了。我在那里痴立良久，想着一个问题：为什么这位雕塑大师不把自己的名字刻到石上去呢？创作这些巨石雕塑为时甚久，有没有金钱回报无从考究，但名字不刻上去显示着为了创作这位大师不计名利。宋代或以前的画作，很多既没有签名，也没有印章，害得今天的鉴证专家争争吵吵。我不怀疑这些无名画作中有些是毫无金钱回报的，甚至没有旁人拍掌，但作者就是喜欢画，为了创作的需要不管其他。

王石和我没有那么伟大吧，因为我们的工作是有人拍掌的。王石比我伟大。他是万科企业股份有限公司的主事人。那公司是今天国内最大的房地产开发机构。1983 年由王石创办，是国营，1988 年上市。王石占有的股份只是万分之一点六九，薪酬起初微不足道。两年前他的年薪是人民币 80 万，也微不足道，今天年薪仅 200 万左右。王石住自己购买的房子，请我吃晚饭不用公司钱，用自己的，吃剩的他要打包带回家。不要忘记，他是世界上人口最多、经济发展最快的国家中，最大的行业——房地产的最成功机构的最高总裁。有五个世界之最，皆珠峰层面，两年前王石的薪酬远不及一个香港高级公务员。给他一个诺贝尔奖吧！

除了傻里傻气的创作可以给予作者很大的满足感——我称之为珠峰哲

理——经济学无从解释王石这种人的行为。骤眼看，这种人是稀有动物，而如果世界上只有王石一个，经济解释实在困难。是中国之幸，这种人今天在国内愈来愈多，我自己就遇到几个，让我衡量他们之间的共同局限，推出一个前所未闻的经济假说来。

一位在江苏任县长的朋友，到处奔波为该县招商发展。多年前接到他的电话，说要到我家造访，进入门来，斜卧沙发疲态毕露，休息片刻，说："教授呀，可不可以给我一杯酒。"我明白，当我在创作累极时，也要一杯酒。几个月前再遇该县长，他很喜欢我戴着的手表，左看右看。那手表有点怪，对我来说太大，十多年前以 2 000 港元购得，常用的手表失灵，胡乱找这个没有用过的戴上。己所不欲，可施于人，我见县长的金色手表有锈迹，太不成话，要把自己的送给他。他推却，后来我千方百计也送不出去。

这位县长教了我很多关于中国的经济与政治体制。我很想知道他为什么那样拼搏。要升官吗？要发财吗？不便直问，旁敲侧击。他知道我的意思，最后说："教授呀，我就是要为国家做点事。"

几天前与国内某城市管理土地多年的头头进晚膳。此君身居要职，每天过手天文数字，要得"好处"应该不困难。早就认识他，屡次要求跟我比赛书法。始终没有比，看来他其实怕比，而我又乐得手下留情。这次见到他，见他穿的西装不合身，多半是街边货。问起生活，他说 20 年来住着 70 平方米的公寓，两房一厅，晚上谢绝应酬，写书法。闲谈中他说在他的城市，清廉而又本领比他高的干部不少。

在杭州遇到一群年轻商人，赚钱的，工作起劲。他们给我的感受，是把生意作为一项创作，其中一位对我说得清楚："大家都希望打上去，做出一点成绩来。"显然地，金钱之外这些青年都有一点珠峰哲理。

可能机缘巧合，或者概率中了邪，这几年我在国内遇到的，不管是官还是商，都给我一点为创作而大干一手的味道。问一位新相识认不认识某某人，他可能说："我认识，不怎么样。"或说："我听过，还可以。"这些是六七十年代美国学术全盛时期常听到的话，是创作者在竞争中知己知彼的言论了。

私有产权对经济发展重要，因为界定了资产或物品的权利，容许市场以价格为竞争的准则，减低租值消散。但金钱财富之外，每个人多多少少都是个创作者，创作的本身是回报，而创作是不限于艺术或科学的。生意、政绩、管理，都有金钱不可以量度的成就满足感。要鼓励这些非金钱的成就——要启发珠峰哲理——清楚的成就界定与热闹的竞争气氛不可或缺。这两方面，中国今天有看头。创作的竞争气氛凝聚不易，可以风吹而散。七十聚会那天我说，撇开沙石，中国正在冒出的制度是我知道最好的。我是制度专家，早就达到珠峰境界，不说假话，但之后又说红灯亮了，因为知道这制度还没有稳定下来，有摇摇欲坠之势。

回头说王石，两年多前他攀登珠峰后我送他一幅书法：山不在高，到顶则名。见者无不哈哈大笑。我要跟王石过瘾一下，但他不笑，把该幅书法挂在自己办公室的墙上。他显然明白，创作这回事，山不在高，到顶不易，到了大有满足感。这是珠峰哲理的均衡点吧。

推荐序3

时代之器

周其仁　北京大学中国经济研究中心教授

我认识的王石，看起来好像一块石，其实是一方玉。放在读者面前的这本书，讲的就是这位似石实玉的人，怎样在他弄潮其中的经济大时代，被凿成中国新一代企业家队伍中的一尊器。

先从王石似石的一面谈起吧。第一次近距离观察他，是在黑龙江亚布力举行的一次论坛上。只见这位万科老总手缠绷带登台，先为着装不整道歉——原来他的手指刚刚在滑雪时折断，无法穿西服、结领带——然后话锋一转，开谈企业信用。当时的印象，这个人分明朴实如石。可是，我也不免好奇：这样硬气的性格，是怎样持续20年在熙熙攘攘的市场里弄潮生意和企业的？

回头看，王石之路是由数之不尽的岔路铺成的。在任何一个岔路口上，行差踏错一步，走下去的路线就截然不同。举一个例，1983 年的王石在政府外贸部门站住了脚，特别是已经“学会了”怎样适应政府机关工作的要求，从而被上峰定为“可培养人才”。继续下去，“20 年的媳妇熬成婆”是可能的，虽然没人可以说那个王石究竟可能熬成怎样的一位“婆”。但是当年王石说放弃就放弃，再也不熬了，只身从广州到深圳，从当年深圳特区发展公司的一个编外办事员开始，“下海”去也。为什么当年的王石走出了这一步？无数因素凑合使然，但其中很重要的是他硬气如石的个性——靠别人“栽培”不算成功，要自己闯出来才算！

紧跟着又是一个岔路口。原来王石初入商海就小有成就，他开通东北玉米供货深圳的商路，成为当地最早的“饲料大王”。不料香港市场一个随机扰动，深圳养鸡场一时间谁也不买玉米。祸从天降，“饲料大王”手里突然积压了几千吨玉米，一下子要赔一百几十万元！有路可走吗？有的是：可以推脱给“不可抗拒的天灾人祸”；可以走一个“罩得住的”人的门子乞求关照；也可以一走了之、“人间蒸发”。这些路都有人走过，偏偏王石不走。他就是抗着在当年了不得的“巨亏”，冷静分析市场，大胆反向操作，在市场随机扰动消失的第一时间，变亏为赢，也为奠定日后万科的基业，挖到第一桶金。

是的，多少商场英雄豪杰，哪个不是曾经有雄心和梦想？可是回头看，经得起岁月蹂躏的，怎么算也是少之又少。可以说时也、运也、命也，个人控制不了的因素多到屈指难算，但当事人在每个岔路口的判断、抉择和行动，怎样打量也是非宿命论的历史的一个要件。从这个角度看，王石的故事有说服力。要不是硬得颇有分量，纵然再有 1 000 个王石恐怕也早被市场的大潮吞没。还会有日后的万科吗？可能的，概率几近于零就是了。

说来不容易相信，中国的市场大潮要吞噬更多的弄潮儿！当然都是转型经济惹的祸。计划公有制下的资源，宣布属于全体人民公有，其实靠一整套行政条条框框管束。法治下的市场体制呢？以清楚界定的产权为本，不能容许财产方面的巧取豪夺。唯有从计划体制向市场体制转轨的转型经济，原来的行政管束动摇了，新的产权和法治又尚未建立，在亦此亦彼、非此非彼之间，机会巨大，诱惑更巨大。好比一个大果园，老篱笆已经破败，新界限尚未划定，人们是下手抢摘现成的果子，还是甘愿投入汗水和辛劳，另辟生产性门径？

王石走的是后一条路。很难的，因为在相当长的时间内，“非生产性寻租活动”的回报高得惊人！更难的，是商场如战场，竞争对手靠权力租金为本，你没有，这个仗怎么打？说来这一点恰恰是引起我关注王石的地方。2000年到上海看一位住在虹桥机场附近万科楼盘里的朋友。我问，飞机起落很吵吧？他说吵，但是搬来住的都不走，因为万科楼盘的质量好，尤其是物业服务好。我立刻意识到这是另外一个层面的岔路：批到好地块赛的是“搞定”权力部门和人物的“本事”；在不好的地块上盖出优质楼宇，赛的是发现市场、创意、执行和管理的本事。都是竞争行为，都要劳动筋骨和费尽心机，也服从“用进废退”的演化准则，但是选走上三路还是下三路，只有加入了时间变量，才看得到结果完全不同。

是的，单纯以钱财标准衡量，比王石“成功”的企业家多了去了。其中的幸运者，也许早就金盆洗手，可以于远在温哥华或旧金山的豪宅颐养天年，终身不忧财富，并福及子孙。“倒霉”的呢？身败名裂的有之，锒铛入狱的有之，人头落地的也有之。但是，若要论在中国市场上成就了一番事业，给消费者、投资者、员工和整个社会带来了长远的价值，王石选的“走正道”才是必经之路。我的看法是，能够抵御转型经济中巨大而无处不在的“寻租诱惑”的，硬气如石还远为不够，非品格如玉才经得起几十年时光岁月的考验。

当然不是说王石就是一位天生杰出的企业家。“玉不琢不成器”是一句老话，用在王石身上也颇为合适。并没有什么特别的，各行各业凡成大器者，哪个不是要被雕凿多年？不但要去尽沙石，就是玉质之材，长得不是个地方的也要一一剔除。王石做到的，就是不但没有被中国的市场大潮吞没，而且还被凿成为一代企业家之器。他绝对不是先知先觉的“天才企业家”，否则引领中国房地产的品牌，怎么会从“饲料王”做起呢？问题是王石的后知后觉实在有点过人之处。他能够从小的市场教训里悟出大的通向成功的道理；他懂得知易行难，想明白的一定要做个明白；他敢于手起刀落，大胆地和已经拥有的成功告别。最难能可贵之处，是别人还在加、加、加的时候，王石早就开始减、减、减，集中再集中，终于在分工的体系里占据了高高的一席之地。

我认为本书最有价值的地方，是忠实地记录了造就王石的这个时代。读者从这本书中，当然不难读出主人公的骄傲之情——一个成功经营了一家举世知名的公司又攀登上珠穆朗玛峰的人，怎么可能没有骄傲之情？但是这本企业家自己写的书丝毫没有“成者为王”、文过饰非的毛病。作者由衷感谢他所得以成长起来的改革开放时代。对于自己和自己领导的公司在成长路上犯过的错、中过的计、上过的当，以及从中学到和悟到的道理，作者无不平实相对，一一道来。正是这种认知和述说的风格，使本书超越了“一个成功人士的私人故事”，成为对造就了王石和王石这一代中国企业家的经济大时代的一个方面的实录。将来的人们，也许关心一个禁锢市场经济几十年的国家，究竟怎样重走市场之路？他们也许关心，一个靠行政管束资源利用的经济，究竟怎样重建产权和法治？他们或许还好奇，在一个“官本位”泛滥的社会里，究竟怎样成长起立于世界企业家之林的中国企业家？要是他们真的关心和感兴趣，那就请他们读读王石的这本书吧。

序　章

2004 年 7 月，位于南半球的澳洲恰是冬季。

7 月 25 日，我和攀登科修斯科峰的队友们抵达科修斯科峰山脚下，计划翌日攀登大洋洲制高点、2 228 米的科修斯科峰。攀登路线比较简单，我们只需要乘滑雪场缆车升到海拔 1 800 米高度再开始攀登，剩余的路程，我们预计两个小时可抵达顶峰。

气象预报表明：明天有暴风雪，山顶温度在零下 10~15 摄氏度。聘请的向导解释说：冬天攀登科峰的人很少，以往也有风雪天攀登者迷失方向而遇难的记录，在暴风雪的天气来临时，登山者最好等待……

等待还是攀登?

登山团队中，4 人有多次高海拔攀登雪山的经历，其他 4 位同行者却是第一次攀登雪山。

翌日，阴云密布，雪花飞舞。呼啸旋转的风掀起积雪，搅得天昏地暗，能见度只有十几米。队员们套上雪掌（为减轻身体对雪层的压力的装置，俗称“熊掌”），步履艰难、躬身行进，脸颊被硬雪粒抽打得由疼痛到麻木。没多久，第一次攀登的全忠就落在队伍的后面消失了踪影。

走在前面的队员每行走大概 15 分钟，就要停下来等待落下的队员跟上再行进。登山是项带有危险的极限运动。正是这种危险，才能激发人的潜能而实现超越自我的过程。对于初登雪山者来说，面对弥漫的风雪，加之无法跟上队伍，很容易因为疲劳而产生孤立和恐惧的情绪，从而放弃攀登。这样的情况下，队友的关照和鼓励至关重要。

耐心等待了一会儿，我看见两个晃动的身影，前面是浑身包裹严实的全忠，后面跟着押尾的澳大利亚高山向导。

“怎么样，还行吧？”

“啊……啊……还行。”

“好样的，有潜力！”

“嗨嗨，甭夸奖了，顶峰还有多远？”

“还有 20 分钟。”

“呵呵，甭拿俺开涮了。”

已经行走了两个小时……

登顶科峰的传统路线比较平缓，不需要打保护绳，即使冲击顶峰的路段似乎也没有什么危险。但是，登山向导却提醒这支来自中国的队伍，我们正行走在山脊上的雪檐路段，脚下是悬空的，如果不小心踏破雪檐，就会跌落造成滑堕。

此时，走在前面的向导没走几步就停下来，通过大比例地图和指南针勘测路线，以防误入危险境地。能见度太低了，老练的向导也不得不凭借地图进行指引。队伍踏着厚实的积雪向上，向上……风呼啸着，能见度越来越低，队员的冲锋衣裹上了一层硬邦邦的冰壳，个个都变成了银武士。

12 点 25 分，所有人终于胜利登顶。笑声，如释重负般的由衷笑声，在峰顶飘荡。

对我来说，攀登 2 229 米的科峰，风雪弥漫的情境只是平添了些戏剧色彩，但对初级登山者来说，在恶劣气候下攀登科峰却是一次对身心极限的挑战。假如没有激励、没有队友的鼓励和协助，很多人也往往不可能登上顶峰。

登山活动也向来是项最讲团队协作的极限运动。一个人的攀登能力和心理承受力往往是有限的，正是在队友的帮助下才得以实现似乎不可能的攀登，突破自我的极限。而团队精神不仅得以实现新老队员一起登顶的愿望，更在不断攀登的过程中灌注了相互体谅、友谊关爱和谦虚奉献的精神。这些，才是登山活动的意义所在。

就这样，我攀登七大洲最高峰的历程顺利结束了。正是登山，告诉我该如何珍惜生命，如何担负起生命的责任，如何面对人生。而这历程，却开始于少年时代爬上的那座小山……

第一章

红与黑

（1983~1987）

野性的精神

我出生在一个军人家庭，父亲从军队转业后在郑州铁路局工作。母亲是锡伯族。锡伯族历史上是个游牧民族，能征善战，其中一个分支跋涉两万里，大举迁徙伊犁河谷，为保护西北边疆立下战功。我一直认为，自己的身上也延续了这种野性的精神和对生命行走的强烈渴求。

登山，是从童年开始的。记得小学一年级，我还在北京上学。一次春游，同学们被老师带领着一起去郊区爬山。班级里组织了三个小分队，看哪个小分队先爬上去，先到的小分队就是第一名。我就在其中一个小分队负责看管旗帜，结果，我代表所在的小分队将旗第一个插到了山头上。这是我在户外活动中获得的第一个荣誉，渐渐地，我开始热爱上了登山。

少年时代，几乎每个假期都要带着弟妹回到位于辽宁山区的外婆家。从郑州到外婆家需要在两个地方转车：北京、锦州。到达辽西山区一个小站后，还需要走 8 里的山路。母亲把我们交给列车员，其余的就靠自己去摸索了。

很小年纪，我就是个很好胜的孩子，即使是在外婆家。一次和山里的孩子一起偷瓜：趁瓜棚里的看瓜人睡午觉的工夫，大伙“猫”进瓜地摘香瓜。看瓜人醒来发现了我们，其他的孩子都吓跑了，可我借着瓜秧隐蔽，一动也没有动。看瓜人没有发现我，返回继续酣睡。我把圆领衫脱下扎成一个口袋，背了整整一口袋香瓜回到孩子们中间。这一次后，我就成了村里的孩子王。

学生时代，我不是一个守纪律的学生，除了数学优异外，其他功课平平，旷课、闯祸，一次爬树掏老鸹窝下不来，甚至还惊动了消防队。

初中还没有毕业，“文革”爆发了。1968 年，我应征入伍，成为空军汽车三团的驾驶兵。

6 个月的驾驶学习后，我被分配到新疆空九军汽车营，主要负责在南北疆运送军械给养。一次在南疆执行运输任务，途中宿营坐落在陡峭山脚下的三岔口兵站。我见时间尚早，就单独一个人去登山，本以为晚饭前可以返回，就没有对任何人打招呼。

天黑了，结果我困在半山腰上下不来，冷饿困冻至第二天凌晨才摸下山。我没有想到，车队彻夜寻找失踪的二班长，以为被逃犯劫持或杀害了—附近的劳改场刚刚逃跑两个重刑犯。

这件事，让我意识到个人的特立独行同部队强调的组织性纪律性并不相容。戈壁风沙弥漫，冬寒夏暑，磨炼意志的边塞生活中，我为了调剂漫漫黄沙的单调，便就着大姐寄来的高中课本，熄灯号后蒙在被窝里自学数理化。这一时期，司汤达的《红与黑》、普希金的《上尉的女儿》、薄伽丘的《十日谈》、但丁的《神曲》和曹雪芹的《红楼梦》……也纷纷进入了我的阅读范围。

1973 年复员回郑州，我放弃了开车的职业，到铁路一家工厂去做锅炉大修工，因为后者有机会被选送上大学。一年后，我被选送入兰州铁路学院给排水专业。由于我并不是很喜欢所学的专业，就在课余自学英语和政治经济学。大学毕业时，已经能够阅读狄更斯《大卫·科波菲尔》的原著了。

1977 年毕业后，我被分配到广州铁路局工程五段做技术员。

那时的广东，正从昔日人们心目中的“化外之地”变成一片生机勃勃的热土。而每一次时代的变迁，也都会改变无数人的命运，区别只在于改变的早晚。我，就属于被时代的波浪最早打湿衣襟的那批人。

鹏城生活之初

1978 年 4 月的深圳，怒放的木棉花已经凋谢了。

路轨旁抛扔着死猪，绿头苍蝇嗡嗡起舞；空气中弥漫着牲畜粪便和腐尸的混合臭气。我正在深圳笋岗北站检疫消毒库现场指导给排水工程施工。内地各省市通过铁路出口到香港的鲜活品先运到深圳，集中到笋岗北站编组检疫，再运过罗湖桥。运输途中发病或死亡的牲畜、变质的水果蔬菜要在这里检验清除。消毒库是为返程的空车皮检疫清洗的工程。

之所以到深圳，是因为从兰州铁道学院毕业后，我被分配到广州铁路局工程五段（公司），担任给排水技术员。当时的工资是每月 42 元。工程五段主要负责北至广东与湖南交界的坪石，南至深圳罗湖桥头路段的沿线土建工程项目。在这一管辖路段，几个工程项目经常同时展开，1978 年，我们接手了笋岗北站消毒库项目。而那个时代，深圳还属边防禁区，不是随便什么人就能来的。

施工空暇去了一趟沙头角：一条弯曲的石板窄街，路中间一块界碑，冷冷清清的。界碑不能越过，内地一侧仅有的两间店铺里摆放着极普通的日用杂货。

通过熟人安排，还去了趟罗湖桥边检口岸。当时罗湖桥头是“禁区的禁区”。过境的铁路客货车在桥头前要再次停下来，接受检查。一队武警战士，每人手持一根端头固定一面小镜子的金属棒，弯腰钻进路轨，借助小镜子检查车皮底盘死角，防止偷渡人员藏匿其间。偷渡客常常在笋岗车皮编组期间，藏身于车轴和底盘间的空隙，企图免检免票穿过罗湖桥头，到另外一个世界寻求生计和梦想。他们冒着生命危险企图蒙混过关，虽然有的漏网了，但大多数都被截获，甚至有人因列车的晃动掉下来丧了命。

罗湖桥头的那边，就是香港。

熟悉历史的人都知道，香港被清政府割让了三次。1842年鸦片战争后，清政府与英国签订《南京条约》，香港岛被割让；1860年英法联军攻占北京，与清政府签订《北京条约》，九龙半岛南端被割让；1898年中英签订《展拓香港界址专条》，清政府又将九龙半岛北部及大屿山等岛屿和大鹏湾水域租借给英国，租期99年，至1997年6月30日止。

河对岸，香港的山影缥缥缈缈。

笋岗北站施工现场十分简陋。睡觉休息的临时宿舍搭建在铁路边。三十几号人挤住在竹子席苇搭建的工棚里。双层铁架床，我选择住上铺，挂上蚊帐，钻进去，编制工程进程表、决算表，看书，睡觉。岭南的黑白花纹瘢蚊子格外厉害，被叮咬的部位红肿起疙瘩，痒疼难忍。还有讨嫌的苍蝇，工棚晾衣裳的绳子或灯绳上，随时会被苍蝇占据，那密密麻麻的情形让人浑身起鸡皮疙瘩。

晚饭后工友围坐在唯一的19寸电视机前，打发消磨时间。我则一个人躺在蚊帐里看书，不凑那个热闹。偶然围上去，却意外地发现工友们在观看香港台。我听不懂粤语，但那生动的画面，活泼的面孔，刺激感观的广告却让我感到新鲜、诱惑。只是看不了5分钟，就有一位工友起身，将频道调回广东省台，没过两分钟再调回香港台，就这样来回切换着。边境禁区明文规定：不准收看宣扬资产阶级腐朽、颓废、堕落生活方式的香港电视台。

对工地管理者来说，最头疼的还不是看香港电视，而是人员失踪。清晨起来，发现少了一个或两个工友—他们投奔河对岸去了。望着工友空荡荡的铺位，我迷惑极了：为了谋生，为了发财，还是为了能自由收看香港电视台？抛弃工作，抛弃家人（或和家里人合谋），弄不好被遣送回来或搭上生命，值得吗？

一个星期天的上午，一位壮实的农民汉子骑着一辆加重自行车，将我载到距笋岗北站 6 公里、紧邻界河的皇岗村。农村社会主义教育运动期间，我岳父曾蹲点该村，房东就是载我做客的农民，他叫庄顺福（绰号“牛仔”），皇岗村村长。

我跟“牛仔”走进一座普通的屋子。摆设有些凌乱，灶台上是黑铁锅，用风箱、柴火烧饭，墙上挂着蓑衣。“牛仔”话不多，普通话很生硬，交谈时我常误会他的意思，至于在他家里操持的母亲和下地种田的妻子，我就更感到难以沟通了。晚上吃饭时，两位女性只是哧哧笑着往我碗里夹菜，虽无语言交流，却让我感到客家人的好客、纯朴、善良。

晚饭后，送我回去的路上，“牛仔”的车子骑得很快。还兼任民兵队长的他向我解释，他要赶回来值勤。由于皇岗村紧贴界河，是偷渡客优先选择的偷渡点。他还告诉我，村里的年轻人一大半在香港谋生，并无限制。由于历史原因，村中的部分耕地被划在界河另一侧，村民持有两边承认的“过境耕地证”自由往来。“牛仔”还说，他中学同班的同学，留在深圳的就剩下他一个人了。

工程继续着。我盼望尽早结束工程，远离与香港一河之隔的深圳。

很快到了 1979 年夏季，深圳西部的蛇口在香港招商局主持下投入大规模开发。一时间，全国各地的精英云集海湾，开山炮惊天动地，推土机滚滚而来。仅仅一年多，一个生机勃勃、环境优美、交通便利的现代化海滨新城就呈现在人们眼前。一切简直快得像神话。

邓小平说："蛇口快的原因是给了他们一点权力。"这一点权力却催生出一整套新颖的经营理念和做法，即人们所说的"蛇口模式"。

"蛇口模式"的主要内容有：工业区机构精简，减少层次，因事设人，不搞上下对口；实行严格的经理负责制，企业定岗位、定成本、定利润；干部不划级别，被招聘者原职位只能存档，根据需要和能力重新聘用；废除干部职务终身制，各级干部每年接受一次群众信任投票，票数不够者，自然淘汰；允许员工和人才合理流动，工厂可以解雇工人，工人也可以辞职。

今天听起来普通的观念，当时对许多人却是石破天惊的。

命运的选择

深圳工程结束后，我仍然在铁路沿线穿梭。然而，工作状态始终无法兴奋。我并不喜欢自己所从事的技术工作，更向往理想主义色彩浓郁、浪漫刺激、充满悬念的生涯，我曾梦想成为悬壶济世的医生、福尔摩斯式的神探、战争风云中的巴顿、漂洋过海的航海者、无线电工程师……

然而，现实生活中我却一直被选择：17岁当兵时希望当个无线电兵，却在茫茫戈壁做了5年驾驶兵；1973年复员时已经22岁，当时的愿望是上大学，学医学或法律，但能选择的却是就业，而复员办公室给出的职业却是司机或锅炉铆工，二选一，讨厌驾驶的我选择了每月配给49斤粮票的锅炉铆工；一年的重体力活儿换来了一个大学生名额，但却不是自己选择的学校，更不是自己喜欢的专业；大学毕业后分配到南方广州，我喜欢岭南的风光，喜欢广州对外交流的现代气息，却不喜欢所从事的职业。

只是，你不喜欢从事的职业，但如果有选择，做什么呢？少年时代的梦想已成为过去，已接近而立之年的我要选择的目标是什么却仍然混沌一团。只有一点我是清楚的：在机会来临之前要学习，抓紧一切时间学习，做知识储备，否则机会来了也抓不住。

当兵时的王石

在铁路沿线出差途中我总会捧着一本书，晚饭后也往往独自一个人关在房间里做读书笔记，直至凌晨；即使是节假日，我也会去上英语课。

学习外语期间，我结识了暨南大学外语系的主任曾昭科先生。曾先生有在港英政府警署任高级督察的生涯，对香港的政治、经济、社会、人文环境了如指掌。跟他学习，无意打开了一扇了解香港社会的大门。

一个周末，广州友谊剧院的音乐会。香港小提琴演奏家刘元生先生与广州乐团联袂演奏小提琴协奏曲《梁祝》。我太喜欢这首爱情至上的协奏曲，所以演出结束后跑到后台向演奏者祝贺，刘先生送了我一盘他个人演奏的《梁祝》协奏曲录音带。当时我怎么也想不到，这盘录音带竟会成为我们交往的开始。而刘先生也在日后成为我到深圳创建万科的生意伙伴、公司上市之后的大股东之一。

时间过得很快。1980 年 8 月 26 日，全国人大委员会委员长叶剑英主持第五届全国人大第十五次会议，批准了《广东省经济特区条例》。这一天，就是深圳经济特区的成立日。

也就在 1980 年，我通过参加招聘，脱离了铁路系统，进入广东省外经委，做招商引资工作。我活跃在春秋两季的“广交会”上，经常出入高级宾馆，生活方式有点鸟枪换炮的味道。太阳每天都是新的，一切都是新课题，一切都那么刺激新鲜！我每天早起晚归，努力工作，要把耽误的青春补回来！1981年，广州市面出现第一批日本铃木牌125CC摩托车。处里购买了两辆，其中一辆分配给曾驾驶过5年汽车的“小王”。我头顶安全盔，驾驶着红色铃木，在广州新建成的环市路上兜风，阵阵颤动的快感袭上心头。

就在满怀热情的忘我工作中，问题出现了。

1982年春季交易会，东方宾馆。我同科长安排接待一位重要的厂商，其中有一个环节是外经委主任宴请。宴会上为了调节气氛，我主动讲了一些轻松话题活跃气氛。事情进行得很顺利，主任和外商边吃边谈，显得自在轻松，心情愉快的外商还两次夸奖“王先生的干练”，我也不免满足了两次小小的虚荣心。

筵席散去，科长却把我拽到一边，严肃提醒：“你怎么把主任的风头都抢去了，还有处长、科长，哪轮到你表现？想想你平时的情况，是不是滋长着一种骄傲自满的情绪？‘枪打出头鸟’知道吗？要注意啊。”科长一席话语重心长。我无言以对。

在论资排辈的传统气氛中，我的自我实现、自我追求的工作表现欲受到了强烈的抑制。

自此，我上班不早到一分钟，下班到点前就收拾妥办公桌上的文件。只分配10%的精力用在工作上，90%的精力用在业余爱好上，如越野摩托车、乒乓球和象棋。

一晃年底。年终总结工作，领导却觉得我发生了令人欣喜的变化，评价王石变得稳重成熟了，“这样的人不培养，培养什么人呢？”哎哟，努力工作却受到批评，精力几乎全用在业余时间却得到表扬和赏识，这简直是莫大的讽刺。我再一次想到了离开。可去哪呢？出国留学还是应聘远洋公司当海员？

此时，在距离广州 130 公里的深圳蛇口开发区，开拓者袁庚提出了“时间就是金钱，效率就是生命”的口号。浑然不觉间，深圳已经成为一个被世界瞩目的建筑大工地。应国务院、中央军委的调遣，两万名中国人民解放军基建部队官兵日夜兼程奔赴深圳参加基建大会战。

转眼 1983 年春。“牛仔”夫妇带着打捞的鲜虾、一箱新奇士橙、一箱加州红苹果，来广州探望我的岳父母。“牛仔”穿着一件台湾制的浅色夹克，头发也光鲜了许多，最称奇的是“牛仔”村长的夫人烫了个卷发头，问她是哪儿烫的，她只是低头掩嘴嗤嗤地笑，脸也红了起来。短短三年时间，深圳到底发生了什么？

“牛仔”兴奋地告诉我们这些广州人：整个深圳成了大工地，罗湖区的两座山头都被铲平了。

“铲下的土方倒进海里？”

“罗湖区是个洼地，铲平山头填洼地。”

“规划者很高明啊。”我不禁感叹。

“牛仔”还说，一些年轻人从香港跑回来，开辆二手的 8 吨泥头车（翻斗车）运送工地的泥土，赚的钱比在香港还要多，“呵呵，这样发展下去，我这支书也好当多了”。

最让我感兴趣的是“牛仔”对驻扎在皇岗村附近的一支基建工程兵部队的描述：“突然大部队开进，吃住水电供应都是问题；村里腾出的土地很有限，施工机械堆放不下，我找到卢胜海团长，一个很爽快的北方人协调。看到住在简陋的工棚中的战士没有蔬菜，我亲自到香港采购去慰问。施工机械很快运到工地施工……”

5 年服兵役的生活浮现在脑海里，一股英雄主义的豪迈气概从胸中升起，我豁然开朗：应该去深圳特区施展个人的才干，实现个人的抱负。

1974 年，部队复员后旅游北京

这时候，我已经 33 岁，当过兵，做过工人，在政府机关工作了三年，有一定的阅历，有一定的信心，更有我所喜欢的《红与黑》一书中主人翁于连的那种不甘于平庸，以个人之力奋斗拼搏的野心。

我相信，自己将在深圳实现个人的梦想。

烟尘滚滚的深圳特区

1983 年 5 月 7 日，我乘广深铁路抵达深圳。

“牛仔”来车站接我。一辆破烂的日本轿车已经取代了国产的加重自行车。

轿车在坑坑洼洼的路基上颠簸着行驶，车门嘎吱嘎吱地晃荡，似乎随时可能掉下来。车门外，满目吊塔林立，头顶安全盔的施工队伍如同人龙；柴油发动机声震耳欲聋；土黄色的载重翻斗车一辆接一辆，烟尘滚滚遮天蔽日。鼻腔蒙上一层灰尘；舌头舔舔嘴唇，是涩涩的土腥味。兴奋、狂喜、恐惧的感觉一股脑儿涌了出来，手心汗津津的，肾上腺素猛增。

三年之后再到皇岗村，一切都变了：村边北侧一片帐篷、铁皮房混杂区；稻田开挖成一溜鱼塘；村里路旁堆满了废旧轮胎、施工废弃的模板，水塘里漂浮着白色塑料发泡块、可口可乐瓶子；蒙上一层尘土的竹丛变成了土灰色；一辆巨大的翻斗车横在路的转角处，满身油泥的小伙子仰躺在底盘下面捣鼓着什么。“牛仔”告诉我，修理车的小伙子叫发仔，三年前去了香港打工，年初返回来开翻斗车。

“运输成了村里的主要收入来源？”我问。

“牛仔”指指路两边堆成小山似的旧轮胎：“香港收购这些，还有施工废弃的五合板，然后卖给北方买主，生意好得做不过来。你想做生意跟着一起做吧。”

我没心思倒腾破烂，但却强烈感受到这块尘土飞扬的大工地孕育着巨大的机会。我的突破口在哪儿呢？

婉言拒绝了“牛仔”的邀请，当晚返回市区，在深圳东门一家招待所住了下来。招待所设在一栋宿舍楼，2~5 楼是客房，一楼是一家小型半导体收音机装配作坊，作坊有三十几位员工，由一位香港小老板投资经营。

来深圳之前，我已经打定主意，到深圳当时最有影响力的公司——深圳市特区经济发展公司（简称特发）谋求发展。

这是一家特别的企业，其前身是深圳经济特区管理委员会，在初期的引资中，许多项目都是管委会负责谈判并签合同具体实施，另一方面还行使特区政府职能。特区政府正式成立后，管委会撤销，其原班人马组建成特发公司，行使政府审批进出口业务的权利仍然保留，只是，其掌管的进出口审批红色章印上有个（2）字，简称政府（2）号章，以示区别政府的（1）号章。

一家公司有审批进出口的权力，其权力之大可想而知。

我带着省外经委的介绍信找到了特发的掌舵人孙凯峰先生。孙先生到深圳前任广东省体工大队（相当于现在的体育局）党委书记，江苏人，微胖，气色红润，面带福相。

通过会面，达成了一个还算令人满意的结果：我作为省外经委派出的人员，同特发合作做生意，特发提供营业许可、银行账号，但不提供资金，赢利部分省外经委同特发五五分成。简单说，省外经委不提供资金，只提供一个人挂靠在深圳特发，赢利双方便可各拿一半。

翌日，我就到特发贸易部报到。同一天报到的还有一位名叫张西甫的转业军人，“文革”前他曾被选送到飞行航校学飞行，但“文革”时受父亲牵连转业当工人，父亲复出后他又穿回绿军装，现在是二次转业，自愿到特区闯荡。

接待我们两人的是特发贸易部总经理——陆润灵先生，瘦瘦的，客家人，东江纵队老战士，来深圳之前在韶关某报纸任总编。长期从事宣传工作的陆总说起话来极具煽动性且言简意赅：“贸易部没有钱，但有‘三张皮’，那就是纸皮——批文，地皮——土地，牛皮——鼓吹改革的特区优惠。要走正路，一不做违法的事，二靠大树——依托北京各部委的资源，三傍大款——把国际财团吸引到特区……”

我和张西甫被分配到贸易一科，科长是单璇女士，北京人；业务员邱其浩，一位老大学生，大家叫他邱工；还有本地人蔡作幸和广州外语学院刚毕业的陈超等。

贸易部没有现成的业务，全凭个人的关系或送上门的机会做进出口买卖。来自北京医药局的单科长跑北京的进口医疗器械单，来自七机部的邱工正忙着给七机部的研究院进口计算机需要的CPU（中央处理器），个子瘦高的小蔡忙着进口小额装修材料，张西甫一上班就把电话打到广州钢厂基建处，争取开门红……

张西甫

我做什么呢？心里没一点数。

凡事总要先从了解和熟悉情况开始。在走访了深圳的几家进出口公司后，我发现深圳最畅销的进口产品竟然是台湾产的折叠伞和日本制造的味之素（味精），只要弄上几千打折叠伞或半吨味精的批文，就有需求方将钱打过来，这么做，转手赚几万、十几万块钱没有问题。但我既没有选择做折叠伞，也没有跟风去申请味精批文。我想，现在申请批文、订货，待交货时，说不定市场已过剩，供过于求。

一天，乘小巴去蛇口。从深南路拐进蛇口的丁字路口，望见路北一侧耸立着几个高大的白铁皮金属罐。在蛇口码头边也见到三座类似的金属罐。我好奇地向周围的人打听，得知是饲料厂的玉米储藏仓。位于丁字路口的是泰国正大集团、美国大陆谷物公司与深圳养鸡公司合资的饲料生产企业——正大康地；依托蛇口码头的饲料厂是新加坡远东集团投资的面粉加工以及饲料厂——蛇口远东金钱面粉饲料企业。

“玉米？广东不生产玉米啊，这些玉米哪来的？“

“从香港。”

“香港也不产玉米啊？”

再问，得知这些玉米来自美国、泰国和中国东北。

“为什么厂家不直接从东北采购？”我带着疑问找到正大康地。接待我的是卢达民先生，个子高高的，戴副眼镜，说话不紧不慢，潮州口音：“公司也想从东北直接采购，以降低原料成本，只是解决不了运输。”

“我解决运输工具，铁路、海运都没问题，组织来的玉米你们要吗？”

“要！马上就可以签合同！厂里正在试运转，设计能力为30万吨/年，70%的成分就是玉米，平均每个月的需求量在1.7万吨左右。”

乖乖，这一开始就是大生意！“正大康地能先开L/C（信用证）吗？”我小心翼翼地问。只要正大康地肯给卖方开信用证，我就可以背书开给真正的卖方，“空手套白狼”了。

“签合同之后就开出去。”卢先生应承得很爽快。

“付的是外汇吗？”

“对我们来讲，付外汇、人民币都一样。”

“货是外贸部门提供，我要求付外汇。”

“OK。”

我并不清楚东北到深圳的运输情况，但在巨大生意机会的驱动下，我必须硬着头皮往前闯。

首先，我找到赤湾码头询问航线情况。码头经理告诉我，刚建成的赤湾港目前只有从北欧进口的散装化肥货源，还没有开通各地的航线。

“能接受多大载重的货轮？”

“万吨轮没有问题。”

然后，我找到广州远洋公司询问有无开通大连—赤湾航线的可能。

回答是：近海的航线归广州海运局。

探听到广州海运局总部设在沙面，我再次联系。

海运局回答：只要有货源，随时开通。

“每月至少两万吨的运输量。”我神气起来，胸有成竹：正大康地、远东金钱各一万吨。

玉米生意就这样开始了。

经陆总批准，成立了饲料贸易组，独立于贸易一科，王石任组长，独立核算。

现在的问题是要雇请个帮手了。

我想到了招待所楼下那座无线电器件装配车间，每天上下楼都会闻到一股硫酸味。找到监工，试探其能否推荐一名打工仔。瘦瘦的监工扭头冲着一个正端着喷灯吹化着锡条的工人，“就他行吗？”

看那模样又瘦又小，像个童工，我压制着心中的不满，嘴上却回答：“行！”

“多大年纪了？”我问。

“18岁。”就这样，邓奕权成为我聘请的第一位员工。

燕雀焉知鸿鹄之志

第一单到的货是30吨的玉米，装了一个车皮，卖给深圳养鸡公司（该公司是后来的上市公司康达尔的前身）。

深圳养鸡公司将30吨的玉米拉走了，我也要去公司收钱了。骑着自行车，后座上夹着两个条纹塑料大口袋，一边骑，我一边想：“这30吨的玉米现金用自行车驮回去，不会遇到打劫的吧？可得小心点儿。”

到了红岭路的养鸡公司。我对公司的袁经理扬了扬提着的编织袋：“货你都拉走了，我来收钱了。”

正抽着烟的袁经理看着我：“发票呢？”

发票？我有点懵了。

在省外经委三年，对合同、信用证等常识还比较熟悉，但却不知道发票是何物。又不好意思问，就猜想可能是收据一类的凭证，“你要发票呀，我回去给你拿。”

回到特发公司，找到财务部要求开个证明。会计是一位刚从暨南大学财会大专班毕业分配来的女生，叫张敏。

“小张，给我开个收款的证明。”

“开什么证明？”身材有些单薄的小张会计疑惑地问我。

“你就写‘卖了30吨玉米给深圳养鸡公司，每吨人民币1 300元，共计3.9万元，特此证明’，就行啦。”

“从来没有开过这种证明啊？”

“你就开吧，客户要求的。”

小张给我开了证明，上面盖了财务章。

骑着自行车，后座依然夹着塑料编织袋，到了养鸡公司。把证明递袁经理：“给，发票。”

袁经理接过那张证明条，瞥了一眼，乐得呛着了喉咙，一边咳嗽着一边说：“来，小王跟我来。”

把我领到财务室，袁从财务抽屉里拿出一本发票：“呐，发票上有国家税务专用章。这是专门印制的，证明不能作为发票。你回去告诉财务要发票，她就清楚了。”

再次返回公司，对张敏说：“他们要发票。”

张敏笑了：“早开好了，我还纳闷怎么不拿发票就能收到钱？”

发票送到养鸡公司财务手上，对方给了我一式二联的银行转账单。

再次敲门，进了财务室隔壁的袁经理办公室。

“怎么没有给钱，却给了两张这样的东西？”我彻底糊涂了。

袁经理又乐了：“小王啊，你回去把这两张单交给财务，其中一联是给银行的，银行见票就会把钱划拨到特发财务。”

半信半疑回到公司，将转账单交给张敏："这就是钱吗？"

"如果银行弹票，就说明养鸡公司银行账号上没有钱。不过，这种情况很少发生。应该没有问题。"张敏耐心解释，我释然。

这两来两往，让我深刻感受到业务知识的贫乏，尤其财务方面，我更是个门外汉。我开始规定自己：每晚下班后，无论多晚都要看两个小时的财务书。通过自学，我才了解到什么是资产负债表，什么是资产平衡表。为了加深对财务的理解，我就在日常经营中进行练习，自己开始学着记账，将每天的交易、支出、收入记下来，下月初的时候，同张敏的财务账对照比较。

三个月过去，阅读财务报表没有障碍了。

赚了钱，买了一辆 1.5 吨的丰田小卡车。一人多职：组长、推销员、货场搬运、司机……忙得不可开交。

随着业务的拓展，就是三头六臂，每天 24 小时连轴转也顾不过来。一个助手已经不能应对业务的拓展。我招聘了第二名助手，一位本地民办教师，黄世浩。陆陆续续的招聘，加上特发的关系介绍，饲料贸易组的人手增加到 7 人。

邓奕权虽然个子瘦小，人却机灵，也肯卖力气，星期天的时间还悄悄把"王经理"（他从不叫我"王组长"）的脏衣服给洗了。他小学文化程度，文字表述能力奇差，数学也不行。除了民办教师出身的黄世浩，其余的农民工，文化程度同邓仔差不多。我决定给这些农村孩子开文化课。规定每星期三个晚上上课，每次一个小时，数学和语文轮流上。给他们上完课后，我自己一个人自学财务课程至零点。睡觉前，再听半个小时音乐磁带，威瓦尔第的《四季》、德沃夏克的《新大陆》、莫扎特的《弥撒曲》成为伴我入眠的天籁。

四个月过去了。一天中午，省外经委的一位同僚来深圳办事，顺便来探望我。恰逢午饭时间，他表示吃过了，但可以陪我午餐。我说："不用，很快就可以打发。"顺手撕开一袋方便面，倒了一杯温开水，咯哧咯哧，就着温水，嚼咽了起来。三分钟时间，拍拍手上的面渣，"瞧，午餐结束了。"

"你就这样对付，是不是艰苦了点？胃受得了吗？"广州的朋友很惊讶，我却一点不觉得，反而喜欢这种富有激情的特区节奏。虽然未来的道路有许多不确定性，但正是这种不确定性才使你充满了对未来的憧憬。

"艰苦？"我反问了一句，"在新疆戈壁滩上开汽车的时候，冬天零下30几度，夏天零上40度，一天两顿饭，连续十几个小时驾驶，有时候驾驶着汽车就睡着了，汽车一偏斜就脱离公路驶进戈壁滩，呵，好在那时候公路上行驶的车辆不多。"

5年部队生活，当时年轻，并不解其中滋味。到了深圳创业，才感觉到部队磨炼出的吃苦精神、坚忍不拔的耐性对创业者来说，是多么的弥足珍贵。

业务开展得顺风顺水，航线开通了，远东金钱饲料厂和正大康地的业务十分顺利。随着时间推移，特发公司财务部的饲料组专项账户上资金越滚越多。风言风语也伴随而来：王石自成体系，借用特发名义，却背着特发贸易部赚大钱。贴着4分钱邮票的匿名信纷纷向特发总经理办公室飞去……

特发总办主任李守芬曾任宝安县政府办公室主任，个矮壮实，黑白发间杂。大概是抽烟太多的原因，话音有些嘶哑。我申请进口饲料指标或其他业务前往总办时，碰到李总往往只是点点头，算是礼节性的招呼。但有一次，李主任把我唤进他的办公室，从抽屉里掏出一沓撕开的信封："你干得很好，总办清楚。这些信的内容就没有必要告诉你了。"

临走时，这位当地出身的干部拍拍我的肩膀："去闯吧，不要有后顾之忧。"听到这位老干部的鼓励，心里暖融融的。

去特发经常打交道的除了财务部的几位人员，还有业务秘书曾国华。健谈的曾秘书属老三届，毕业于宝安一中，善思考，同其谈话有种快感。去总办办事，总要同曾秘书聊上一会儿，最感兴趣的话题是社会主义国家的改制问题，比如匈牙利经济学家科尔内的一些观点很值得借鉴等。风言风语的环境中，能遇到一位谈得来的同事，真是很愉快的事。

工作中的兴奋点之一是新的玉米又到了笋岗北站。我带上邓奕权到笋岗，雇请好民工就指挥着他们装卸玉米包，就像一位战地指挥官。有时候，忍不住自己也加入装卸玉米的行列。仗着年轻，150 斤的玉米包，肩头一抗，来回十几趟。一次中间休息，一位民工不解地问："一个城里人，随便做什么不成，不用和我们一起扛麻袋啊。"

我淡淡一笑，没吱声，心里想：燕雀焉知鸿鹄之志！

两条三五烟的贿赂

饲料组将玉米卖给饲料厂的同时，也开始拓展成品鸡、猪饲料的销售业务。公司的客户分散在珠三角和湖南、江西、广西等华南地区。饲料产品很受饲养户欢迎，许多销售公司提着现款等货，一包包印着"正大康地"商标的新出炉的饲料散发着略带鱼腥味的香味等待运送各地。交通一时成了销售的瓶颈。从成本的角度考虑，超过 200 公里距离，通过铁路运输较划算，但特区内的饲料产品并没有纳入铁道部门的货运计划。要想利用铁路运送成品饲料只有申请计划外指标。打听下来，计划外指标却很难申请到……

了解到笋岗北站货运主任姓姚，抽烟，也得知了他的住处。怎么同姚主任套近乎呢？交代邓奕权花了 20 元买两条三五牌香烟给姚主任送去，"烟放下，什么也不要说就回来。"

两个小时后，邓奕权提着香烟回来了，"主任不收。"

"真没用，两条烟都送不出去！不会赚钱，还不会花钱？"

我决定亲自出马。骑自行车到了铁路宿舍。敲门进了屋，将两条烟放到了桌子上，动作却不大自然。为了获得商业上的某种好处给对方送礼，我还是第一遭。

“要车皮的吧？”干练的货运主任笑吟吟地问。

这种开门见山的询问，让我反而不知该怎么回答。说“是”，突兀了点；说“不是”，我来干吗？“能给批两个计划外车皮吗？”

姚主任将两条烟递到我手上：“呐，烟你拿回去，明天你或小伙计直接去货运办公室找我。别说两个车皮，就是10个也批给你。”

我愣住了。

“我早注意到你了，你不知道吧？在货场，常看到一个城市模样的年轻人同民工一起卸玉米，不像是犯错误的惩罚，也不像包工头。我觉得这位年轻人想干一番事业，很想帮忙。但我能帮什么呢？我搞货运的，能提供帮助的就是计划外车皮。没想到你还找上门来了。你知道计划外车皮的行情吗？”

“什么行情？”我一头雾水。

主任伸出两个手指头：“一个车皮红包100元，两条烟只是行情的1/10。”

带着两条烟返回东门招待所。躺在床上脑海里浮现着姚主任的那张笑脸，是嫌两条烟太少还是真想帮忙？辗转反侧，一宿难眠。

翌日，顺利办下两个计划外车皮指标。

通过这件事，我悟出一个道理：在商业社会里，金钱不是万能的，金钱是买不来尊重和荣誉的。而货运主任对我所诉求的正是后者。货运主任的精神需求很简单：欣赏这位城市年轻人的做事态度和吃苦精神，愿意无偿伸出援助之手，从支持行为中获得精神的满足感。既然是在做令人敬佩的事业，为什么还要通过物质的诉求，直白地讲，用行贿手法来获取计划外车皮呢？

人的需求是两个层面的，物质的和精神的。前者可以用金钱和物质来满足，后者则不然。人与人的关系也有两种，一种是赤裸裸的物质关系，另一种是尊重和荣誉。既然人有两面性，何不用自己的行为引发他人精神层面的共鸣呢？想想送烟的动机，不禁让我汗颜！

想通了，也清楚了经营企业的底线：绝不行贿！

在东南亚某些国家，贿赂已经成为社会的隐性规则，企业不行贿很难生存，如果企业坚持不行贿就可能出现生存问题。中国的市场改革试验中也存在着行贿受贿的不良风气，中国也会步东南亚某些国家的后尘吗？果真如此，不行贿能生存吗？我无法预测未来中国社会风气的走向，我只能假定：中国的改革不会步东南亚某些国家的后尘。如果这一假定是错的，我宁可是个失败者也不愿意同流合污。

破产边缘、困兽犹斗

1983年8月，香港媒体的新闻报道：鸡饲料中发现致癌物质。

一夜间，香港人不再吃鸡肉，改吃肉鸽。珠三角出口香港的肉鸡也在瞬间失去了市场，饲养主不再购买饲料养鸡，饲料厂也暂时停产。再次来到正大康地，看到了触目惊心的一幕：刚孵化出来的种鸡苗成千上万只地推送进焚化炉烧掉！过去只从书本上读到：经济危机发生时，积压的牛奶成千吨地倒进海里，刚出生的牛犊就被宰杀；而眼前的场景则如出一辙。残酷和浪费就展现在眼前！细想之下，看似残酷的行为却有其合理性：继续将雏鸡饲养大而又没有市场接受，经济损失会更大。残酷的选择未必不是合理的选择。

城墙失火殃及池鱼。王石饲料组的畅销玉米也成了滞销货。

月内，铁路在途的近千吨玉米陆续抵达笋岗北站。车站的仓库塞满了玉米包；站台也码满了玉米堆；装玉米的车皮仍在抵达，没地方卸货就临时甩在铁路边上……通知到货的车皮数量在不可遏制地增加着。我感觉有点不对劲儿。拿到相关表单，核对的结果让我大吃一惊，本月到达的玉米是原计划的4倍：4 000吨！

怎么会增加这么多？打电报询问发货单位：原来计划内发往香港的玉米因香港方面不开信用证而临时改计划发给了王石。没有“致癌素”事件，玉米多多益善，可现在的情形却让人欲哭无泪。

这下子，整个笋岗北站，到处都是堆放着的玉米，还有二十几辆待卸的玉米车皮。

没几日，台风肆虐深圳。台风过去，我来到货场，只见遮盖玉米的帆布破口处冒着白沫，如同大闸蟹吐沫的情形。怎么回事？原来，破口处灌进雨水，玉米受潮，加之闷热发酵便产生气泡……整个空气中，都弥漫着一股酸酸的味道。继续捂下去，不是酿成酸醋就是玉米酒！我急忙动员全组人员，雇请20个民工摊开帆布，打开麻袋，晾晒潮湿的玉米，剔除发霉变质的玉米。

将麻袋的封线剪开，再将150斤重的麻袋拎起，将玉米抖出来，摊开。干着干着，突然发现麻袋口上血迹斑斑。哪来的血迹？张开手掌，自己的十指被磨破，血淋淋的，却没有感到一丝疼痛。

每天上午晾晒玉米，下午则开着小卡车，在方圆半径150公里的珠江三角洲地区推销玉米，就像篦篦子一样将顺德、东莞、佛山、惠阳地区生产大队一级的饲养场篦了一遍。但香港人不吃鸡了，谁还有心思养鸡？生意好的时候，买家最少批量采购30吨，现在却是多少不限，我还负责送玉米上门。

一次，黄世浩兴冲冲地介绍了一个买主：他过去任教学校的一位老师，购买1.5吨玉米，条件是还要无偿运送2吨猪饲料。我爽快答应了，送完一吨半玉米，再开车来到一处偏远的养鸡场。这位经营家庭农场的民办老师指着一堆清理出的鸡粪："这就是喂猪的饲料，装车吧。"我二话没说，脱鞋袜、挽裤腿，赤脚站到鸡粪里，屏住呼吸，抡起铁锹往丰田小卡车箱里甩鸡巴巴。难道这位老师是教授生物的？鸡屙出的巴巴，没有完全消化的蛋白质再送到猪的胃里接着消化？就这么干到半夜才返回深圳东门，浑身全是鸡粪味道。

香港人不吃鸡，珠江三角洲的人却照吃不误。销售玉米的目标便随之对准内销，对准珠江三角洲的养鸡场。

电话联系到惠阳养鸡公司的霍经理，经过劝说，对方的订单从 30 吨增加到 150 吨，条件是货到 45 天后付款。

"下个星期我们从惠阳去深圳拉玉米，王经理，你们把货准备好。"

"我给你送货，明天我亲自押运。"

"仓库还没准备好。"

"一言为定，明天下午 4 点钟前 200 吨玉米送到。"

"150 吨，怎么又加码了？"

"啊……"

放下电话，我驾驶着卡车来到皇岗村。"牛仔"去香港了，也没有找到发仔。打听到村里的翻斗车都在深南S路段运送施工沙料。滚滚沙尘飞扬工地，觅到发仔的泥头车，追上去按喇叭，"喂，发仔，动员全村的泥头车明早到笋岗北装玉米去趟惠阳。"

"不行啊，这里的活得干一个星期。"

"后天继续干嘛。"

"不行啊，要罚款的。"

"运输费按双倍价钱去不去？"

"需要多少辆？"

“多多益善。”

“什么意思？”

“能来的全来！”

第二天，发仔带着38辆卡车到了笋岗北站，其中有21辆8吨翻斗车。5吨的载重量我们装7吨，8吨的载重量我们装11~12吨，总计装载了360吨。

作为饲料组长，我驾驶丰田小卡车在前面引路，38辆运送玉米的车队浩浩荡荡杀过去。下午4点半抵达惠阳养鸡公司。霍经理吓了一跳。我安慰霍经理，“你不需要的算我的，暂存。”

无论如何，放到这里，算上路费也比堆到站台的仓租便宜。铁路仓库的堆场费是每3天3角/吨,3天之后6角，再三天之后上涨到1.2元，之后是2.4元，4.8元，9.6元，19.2元……便宜货存放一个月，其价值还不够付仓租费。

“王经理呀，我没有那么大仓库哇。”瘦瘦的霍经理无能为力的样子。

但拉来的货总不能再拉回去吧。养鸡公司旁边是座小学校，暑假期间没有学生，联络校方，腾出三个教室做临时仓库。

返回深圳途中播放《新大陆》，紧绷了多少天的神经总算松弛了一些。

谁料更大的打击正等待着不胜疲劳的王石。

黑夜回到深圳东门。邓仔一脸愁容递给我一张通知单，单上写着：鉴于货主的积压货已妨碍全特区人民的粮食、煤炭的正常卸载，如不能三日内清理货站的玉米，将视货主藐视管理部门，对其货物没收并重罚云云。落款：深圳市政府交通指挥部。

哎呀呀，岂敢藐视，实在是一没市场二没仓库。我暗自叫苦。

打听到交通指挥部焦主任的居住地址，我抱了个西瓜，连夜敲门赔罪。让进会客室，焦主任气恼地质问：“我们还在纳闷，这货主何方神圣？玉米把地方全占了，煤炭、大米、面粉全都卸不下来。必须三天将玉米清理干净，否则重罚。”

“给宽限一个星期吧。”

“没有商量余地，就三天，再拖延一切后果自负。”

从焦经理家里出来，开车到皇岗村。村里已经没有灯光，只星点传来几声狗吠。咚咚咚，敲响“牛仔”家的木门，睡眼惺忪的村支书问：“什么事，不能明天商量？”

“给你生意机会。”

“赚钱也不能不睡觉呀。”

讲明原委，“牛仔”思索了一会问：“我能做什么？”

“港商在你们村投了那么多鱼塘，我想玉米也可以喂鱼。”

“这么急，鱼老板还不杀你个血本无归？”

“顾不了那么多了，焦主任上纲上线，我现在已成了破坏特区居民安定生活的祸首，看那架势三天不清理干净要拘留我呐。”

“还是跟着我做旧轮胎生意吧，不辛苦，也没有什么风险。”村支书忧虑地望着憔悴疲劳的同龄人。

“呐，第一，你现在就通知鱼老板，明天上午10点钟在笋岗北站参加拍卖库存玉米；第二，通知其他村的干部，让附近鱼塘的老板全去参加拍卖，也得现在通知。拜托啦。”

翌日10点钟。我站在一垛玉米堆上，下面围着二十几位鱼塘老板或代理人。我抬高嗓门：“这一堆30吨，你们看到有些玉米浸水发霉，但大部分是好的，就是发霉的也可以喂鱼。成本价4万块，起价2万块，有人要吗？”没人应价。“1万8。”“3 000。”一位鱼塘佬举手应价。

“你说的是美金吧？”众笑。

“1万7”，我故作镇静，心口却一阵痉挛，好似被捅了一刀。

“1万6”，我仍固执地每一叫价只降低1 000块钱。

“5 000”，第二个应价。叫价应价几轮下来，30 吨玉米 1 万 2 成交，相当于每吨 400 块。接着第二堆、第三堆、第四堆……

下午接着一堆一堆拍卖，拍卖一直持续到夕阳染红笋岗北站，那似乎是鲜血的颜色……

一天下来，拍卖出 400 吨，明天继续淌血，无论如何后天要清理干净仓库和站台。

当天晚上，东门宿舍来了几位不速之客。自报是深圳华侨光明农场的，听说这里有大量便宜的玉米出手。来主介绍：光明农场饲养奶牛，为香港维它奶提供鲜奶，价钱合适，数量不限，希望有长期合作关系。“每吨 700 元，全部扫光。怎么样，王经理？”

“这是卖麻袋！你们是趁火打劫呀。”我脸上很不情愿的样子，心里却盘算着：同鱼塘佬接受的价格相比，每吨多卖了 300 块，仅此一项，少损失近 100 万元。问题是从未同光明农场打过交道，是实盘吗？

“OK！”我伸出手表示接受买价。

第二天，聚集在笋岗北站的鱼塘老板们得知没有便宜玉米拍卖了，痛心得直嘬牙花子。

港人不吃鸡，我就认栽！

整个一役下来，赔了 110 万，把白手起家赚的 40 万搭进去，还有负资产 70 万。只要供货方催逼货款，我随时可能破产。怎么办？

足足睡了 24 小时。我起来打点行装，踏上北去的火车，再从广州搭上飞大连的航班，找到大连粮油进出口公司，询问对方还有多少库存玉米？

“1.5 万吨。”

“全收了，我派船，在当地港口交货，付款条件是到达目的地深圳蛇口

100 天再付。”我清楚，外贸急于出手积压的库存，再苛刻的条件也会接受。第二站天津，第三站青岛，把外贸库存的玉米全买下来，总共 3 万多吨。

我不相信香港人从此之后不再吃鸡。只要吃鸡就得养鸡，就得消耗大量的玉米，而玉米只有我王石手中有现货。现在谁都不要玉米，市场价是最低的。问题的要点不在香港人是否吃鸡，这个答案是肯定的，要点是，香港人什么时候开始吃鸡？如果玉米运到深圳，香港人还没有唤起吃鸡的热情，就会造成更大量的玉米积压；如果玉米到了深圳 100 天后香港人仍然固执地“以鸽代鸡”，那我只有彻底认输。

第一条万吨散装船在大连装载了 7 000 吨玉米，启程经渤海过黄海向南海驶过来。随着海轮距深圳的路程缩短，我也开始紧张起来，天天盯着报纸电视，“香港人啊，你们吃鸡啊吃鸡啊……”

1983 年的夏天，台风来得特别频繁。7 000 吨玉米船却没有误期，按时抵达南海海域，并向珠江口进发。

还没有香港人开始吃鸡的消息，7 000 吨的玉米船却距离深圳越来越近。夜深人静，我在莫扎特《弥撒曲》声中默念：台风啊，南海的台风，你刮吧，刮吧，阻滞这条船，最好能把它打沉。反正船运合同保了自然灾害险。

差两天，7 000 吨船就要停靠蛇口赤湾码头了。香港报纸刊登了一条消息：之前的报道有误，饲料中不存在致癌物质。

这消息如同及时雨！香港人再次开始享受吃白斩鸡、盐焗鸡的快乐！

来到皇岗村，找到发仔，预订 20 台 8 吨翻斗卡车，装卸 7 000 吨玉米。

来到赤湾港。我站在一个高台上。看着万吨巨轮耸立眼前，载重翻斗车一辆接一辆。起重门吊上的吊网一兜是 8 吨玉米包，轻轻抓起，滑轮滑动到停车的位置，一松网兜，100 多包玉米落进翻斗，卡车启动，后面一辆轰隆隆补上位等待装包。向正大康地、远东金钱驶去的装载卡车队掀起尘烟滚滚。我双手叉腰仰望天空，天空是那么的蓝，云朵是那么的白……

第二役，我不仅补回赔掉的钱，还赚了300多万元。

玉米变成了金豆子。深圳的许多企业纷纷派业务员到北方收购玉米。来自北方的玉米从港口、铁路、公路源源流入深圳，流入珠江三角洲。蛇口港露天货场堆满了玉米包，还有大大小小待卸的玉米船。供需失衡，11月份，玉米真的过剩了。

此时，特发贸易部升格为贸易公司，原来贸易一科孵化出单璇领导的医疗器械科、张西甫任科长的科学仪器科，饲料组跟着水涨船高也升格为饲料科。

某天一上班，我被陆总一个电话叫进他的办公室。

“怎么回事？”编辑出身的陆总将一摞报纸递过来。

我瞥了一眼手中的《深圳特区报》，一篇评论员文章在赫然的位置，批评特区企业盲目进玉米造成的大量积压和浪费，还点了特发贸易公司的名。进陆总办公室之前我已经看到这篇评论。

“什么怎么回事？”我平静地反问。

“大量积压玉米损失严重，尤其是特发贸易部在蛇口码头的积压，一上班孙总就交代秘书追问此事，要我立即写出书面材料。这篓子捅大了。”

“蛇口码头积压玉米？不知道啊。”

“都上报啦，还打马虎眼。我现在就去蛇口，你跟我一起去！”

去就去。

坐上陆总的丰田皇冠，风驰般到了蛇口码头。

好家伙，满眼全都是帆布盖着的玉米堆。玉米垛的上部被帆布遮盖得严严实实，下部分露出一溜黄麻袋，因为潮湿和气温，玉米发出的嫩芽已经顽强地钻出麻袋缝隙，齐刷刷蹿出绿油油的玉米苗。

指着玉米苗，这位当年东江纵队的红小鬼发火了：“你如何解释？”

我只是淡淡说了句“这不是我的”，心里却有种莫名快感。

“那是谁的？”

“现在几乎所有的公司都在买进玉米，不大清楚是哪家的。饲料科已经停止从北方进货一个月了。我们现在的做法是拉着正大康地的买手在珠三角采购现货，中间倒一下手，赚得少一些，但是没有风险。”

“为什么正大康地不直接自己做？”

“相信王石嘛。这种做法符合‘走正道、靠大树、傍财神’的九字经。”

“咳，呵呵……”陆总眉头舒展，开心地笑了。

小小的风波过去了。饲料生意的前景引起陆总的关注，他在特发公司的办公会议上建议成立饲料公司。

此时，我已在急流勇退。我不认为饲料行业在中国能够成为一个有前途的行业，见好就收吧。我的兴趣转移到科学仪器科，协助西甫做电脑、复印机进口业务。

我退出饲料行业5年之后，1989年，四川新津的刘永行、刘永好几兄弟决定进入饲料行业。到90年代中期，刘氏兄弟的希望集团成为仅次于泰国正大集团的大陆第二大饲料生产厂家，亦成为中国最大的民营企业。

我曾同刘永行、刘永好先生半开玩笑地说：“如果当年坚持做饲料生意，中国的饲料大王应该是我啊。”其实，放弃饲料业务，除了不看好饲料行业的前景外，还觉得这门生意风险大利润薄，忒辛苦。然而，刘氏兄弟顺应饲料行业兴起的大势，兴趣不在“买卖”的倒货盈利上，而是脚踏实地建起饲料厂，并凭着走实业的道路成为90年代民营企业的佼佼者。

小平访问深圳的那一年

1984年1月24日。

我骑着自行车从特发总部出来返东门。途经国贸大厦：警车、警察，还有聚集的人群。这情形引起了我的好奇。人群中晃动着一个高个头的身形……那不是特发的高林副总经理吗？便凑前问："什么事情啊？"

高林把我招呼到一边，低声说："小平同志在深圳。市委通知清理现场，准备让中央首长到国贸顶层俯瞰特区全貌。我正在陪公安局的同志检查安全措施。小王，不要对外说啊。"

"噢。"我继续骑上自行车返回东门。

几天后，《深圳特区报》头版报道：邓小平在王震、杨尚昆等中央首长陪同下首次视察深圳，受到特区建设者的热烈欢迎。视察中，邓小平听取了深圳市委领导的汇报，登上20层高的国际商业大厦，眺望正在建设中的新城区市容，参观了一家电子厂，访问了渔民村，了解企业生产和群众生活情况，并题词："深圳的发展和经验证明，我们建立经济特区的政策是正确的。"

的确，短短几年里，深圳已由一个边陲小镇发展成了有40万人的新型中等城市。

特区经济蒸蒸日上，孙凯峰、高林率领的特发集团功不可没。从西部宝安县城进入管理线开始，路边的加油站，蛇口的赤湾码头，进入市区前的香蜜湖度假村，特区第一座高尔夫球场，东门老街开发的新华楼、水贝工业区，沿盘山公路绕到沙头角、小梅沙度假村，一路向东直至出二线关口的背山面海陵园都和特发有关系，可谓业务无所不包。

不甘特发之后的市属企业还有深圳贸易进出口集团、深圳进出口贸易服务集团、深圳友谊集团、深圳免税公司、深圳物资总公司。

按照特区政策，进口特区的国外产品不能销售到特区外，但不限制特区外客户在特区内购买的商品运出特区。深圳现代科教仪器展销中心应运而生。

1984年5月，深圳现代科教仪器展销中心筹建，选址在建设路1号，展销进口办公设备、视频器材。由陈露任经理，蔡作幸任副经理。陈露女士是“文革”前的大学生，与先生一起从韶关移民深圳，外贸业务能力强，性格倔强，筹建还不到一个月，在展厅的装修风格上她就同我争执起来。两人互不相让，争着争着，陈露从经理椅站起来，将一串钥匙往桌子上一放，“经理我不当了！”推门走了。

1984 年在深圳现代科教仪器展销中心成立大会上

第二天，张西甫找到我摊开双手，“彻底撂挑子了，怎么办？同陆经理商量了，你当法人代表。”

“我属于省外经委的人，帮忙筹办没有问题，但是兼任经理就涉及到了分成问题。”

“饲料科的利润分成不变，展销中心广东省外经委不用投一分钱，三七成，但亏损也要按比例分担，怎么样？”

“很合理啊，我马上向省里汇报。”

然而省外经委的主管领导另有考虑，认为不能接受承担亏损的风险，并提出终止饲料生意，我尽快返回广州上班的要求。这样，我就面临着要么终止饲料业务返回省里，要么脱离广东省外经委留在特发公司的选择。

我无意走回头路。

行政关系离开外经委前，外经委同特发合作的饲料业务要有个了断。我提议：算个大概数，按 200 万元利润分配。陆总前一天爽快地点头，第二天却改变了主意，理由是“有人反映，没有年终决算就分配利润，要是利润不实怎么办？”

还要等到年终决算，我有点着急。

可是，没过两天，陆总又在电话里告诉我："不用审计了，就按你说的200万元利润分配。"

听说是负责往来账的钱会计师做了专题汇报之后，陆总改变了年终决算分配的决定。钱会计师汇报了什么不得而知，但账目很清楚：王石专项往来账上的盈余不低于300万，年底决算，省外经委应得的绝不止王石说的数。

随着一张85万元（100万，扣去15%所得税）的支票汇给广东省外经委指定的账号，我心中的一块石头落了地。我总算结束了"一仆二主"的尴尬角色，随即走马上任科教仪器展销中心经理。

一仆二主的结束

1984年9月21日，展销中心正式开张。西甫请来了常务副市长周鼎，算是给足了面子。香港仁达公司的刘元生先生、香港冠都公司的张恭泰先生均到现场祝贺。在筹建期间，这两家公司就已经成为我们的供货商。开幕式结束，西甫掏出一瓶"仙女散花"商标的茅台，参加会议的嘉宾轮流对着瓷瓶嘴抿上一口，庆祝科学仪器科旗下第一间公司的诞生。

展销中心占据罗湖区建设路南口一座多层建筑的整个二层。顶层竖立着硕大无比的红蓝绿公司标识和公司名称的霓虹灯，到了夜晚，彩色的霓虹灯在程序的控制下跳跃着，流光溢彩。整个建筑物坐东朝西，面对着高架铁路，凡夜间进出特区的火车乘客都会被"现代科教仪器展销中心"的霓虹灯招牌所吸引。

位于二楼的卖场陈列着摄像机、录像机、投影机、复印机及部分办公文具。顾名思义，公司应该主营教学器材。但从展场的商品来看，除了影视商品可以称得上教学器材之外，经营的产品内容同公司名称并不相符合。当北京师范大学和北京协和医科大学的采购部门慕名专程到现代科教仪器展销中心采购教学器材时，我才意识到公司名称对消费者的误导。但是，名字已经登记注册，也只好暂不做他想。

展销中心的经营手法同做玉米的空手道没有大的区别：先收内地需货企业货款的25%作为定金，然后向港商订货，按同样比例付款给港商，待货到深圳后，买方付清余款提货，收到款再付给供货商。关键是收取买家人民币，而付给香港的则通常是美金或者港币。展销中心的业务之一就是把人民币兑换为外汇，其开展业务量的大小完全取决于换取外币的能力，开张的头两个月，平均每个月换取港币500万元。

而调剂外汇在当时深圳进出口贸易中是这样进行的：如果一家企业需要同外商进行贸易往来并用外汇结算，不仅需要具有进口许可证，还需要联系到具有外汇出口创汇份额的单位。

开张时，公司员工七十几个人，年底120人，平均年龄25岁。

职员主要由这么几部分构成：一部分来自于特发公司或者通过特发介绍来的，比如蔡作幸、杨燕飞、黄胜全、赵晓峰、王小玲、车伟清、张笑美、蔡文波、钟艺琳；而周世平、李耀辉、黄涛、廖德贤则来自广州省计委信息中心；还从广州职业中学招收了一批电子班毕业生。此时，热气腾腾的展销中心还向文艺体育人才敞开了大门：三位篮球健将——前八一队场上队长苏晨、广东省队场上队长蒋晓明和神投手高楚雄（组建的篮球队打遍深圳无敌手）；文艺人才有钢琴家刘孝伟、舞蹈家富兰、画家翟亚申，还有鼓手、女高音歌唱家等，开起晚会来热闹异常。

但就员工的平均文化程度来看，有大专以上学历的还不到30%。为此，公司特意招聘了一位老知识分子程志良先生，专门负责职工文化教育，组织初中文化程度的职员接受深圳成人高中教育。

从饲料科转行到展销中心的邓奕权做报关业务。对这位小学文化程度的老职员，我特别要求必须达到大专文化程度，因其汉字写得七扭八歪，还额外要求每天一页正楷抄写。7年后的某一天，仍是做报关员的邓仔敲开董事长办公室的门，手中握着一张文科大专毕业证书。

自来深圳那一天我就想：如果我能掌管一家企业，就要给年轻人提供充分发挥聪明才智的机会，不要像我那样经历委曲求全、十年媳妇熬成婆；要尊重年轻人的选择，机会均等，尊重个人隐私。改革开放中的中国人应该享有有尊严、荣誉、责任、理想的工作生活。

中国的传统文化在很大程度上是压抑人的个性的。个人的一切往往要服从于群体的目标，经常没有选择可言。宣传中曾有一种口号，要求大家做螺丝钉，钉在哪里就在哪里发挥作用。结婚由组织介绍，离婚绝对不行。工作要服从革命需要、服从组织分配，死也无法自由选择。自杀那是自绝于党，自绝于人民。从生到死，个人基本上没有选择的权利，隐私权就更谈不上。“文革”期间有句口号叫“狠斗灵魂深处‘私’字一闪念”。生活在这种环境里，人就像玻璃缸里的金鱼，无时无刻不处于众目之下。公司成立伊始，我就把对个人的尊重、坚持员工的选择权利和尊重隐私作为管理的底线之一。

公司成立不久，一位女职员结婚，结婚仪式非常隆重。两个月之后，这位女职员找我，说她想离婚，问我的意见。我回应：“离不离婚，是你个人的事，公司不干涉。但如果这件事处理不好，可能影响你的工作，这同公司就有关系了。这样吧，公司出面聘请律师来帮你处理。”如果按传统观念，恐怕要动员工会、共青团、妇联来做“不要轻易离婚”的劝说工作。尽管不干涉的处理办法显得有些冰冷，却体现了公司对个人隐私和生活选择的尊重。

还有一位叫卢小安的同事从广州一家塑胶厂辞职应聘到中心，弹得一手好吉他，从事行政工作，非常踏实，工作也做得很出色。几个月之后，公司准备提小卢当主管，负责人事的同事找他谈话，小卢却回答他根本就不喜欢干行政。

“哎，看你工作很踏实呀。”

“踏实工作是为了引起领导的重视。”

“那你喜欢做什么呢？”

“做贸易。碰杯把盏之间便把合同签了，多浪漫啊。”

听取了人事汇报，尽管我觉得他不太适合做业务，他的性格和职业积累都不适合做贸易，但还是尊重本人的意愿，安排他到贸易部工作。做了 4 个月，小卢提出回行政部做原来的工作。实际上，选择本身也伴随着牺牲。因为这一来一去，小卢失去了一次提升主管的机会。

天上掉下的馅饼？！

1984 年秋天，特区经济建设丰收的季节。

在香江酒家，张西甫和业务员王向宁向我引荐一位客人，北京新时代公司的王春堂先生。一口京腔的王向宁介绍：新时代公司有大量出口外汇留成，可以调汇 3 000 万美金，换汇比率为 1 美元兑换人民币 3 元 7 角。

王春堂一米八几的身高、坐姿笔挺、面带和蔼笑容，给人可以信赖的感觉。但新时代公司哪来的 3 000 万美金？调汇比率之优惠更是不可想象。官方汇价是 1 美元兑换 2.8 元人民币，“市场”汇价是 1 美元兑换 4.2 元人民币，而王先生给出的汇价是 1 美元兑换 3.7 元，每兑换 1 美元较“市场”汇价便宜 0.5 元。3 000 万美金的兑换后，市场兑换差价就达到人民币 1 500 万元！难道，天下掉馅饼啦？

王向宁还介绍："王春堂先生已经同深圳特区发展公司孙凯峰总经理签订了调汇协议，如果展销中心需要外汇，可以分配一部分。"

我只是笑笑，没有太当回事，心想：这北京丫头口气也忒大了点。

20天之后接到西甫的电话："北京的外汇到了，你要多少？"

"什么外汇？"我还没有反应过来。

"新时代的3 000万美金到了深圳特区发展公司的账号，你要多少？"

我算了下：汇率是1美元兑换3.7元人民币，1 000万美元就需要3 700万人民币。

"能给1 000万吗？"

"行，没问题，另外1 000万给'国商'吧，李锦全一直盯着呢。"李锦全曾任孙凯峰秘书，现任新开张的国际商贸百货广场总经理，业务蒸蒸日上。

于是，展销中心从中国银行顺利贷款人民币2 000万元，加上账上现金，将3 700万人民币汇给北京新时代公司，特发财务同时将1 000万美元打入展销中心的美元账户。

随着1 000万美元到账，展销中心的经营态势也随着节节攀高。

这时候，公司形成了骨干人员的初步配置：从特发财务部挖过来的张敏顶替钟艺琳任财务经理，詹洪祥任营销部经理，梁毅任储运部经理，李耀辉负责技术维修部，广告部由苏晨任经理，赵晓峰则负责行政和来料加工。

一时间，公司开始大量进口录像机、复印机、放大机、电脑。香港仁达公司和冠都公司则为供应展销中心的订货满负荷地运转。

1 000万美金消耗得很快，能否再调汇1 000万美金呢？公司直接同北京新时代公司进行联络。得到了肯定的答复后，我委派黄胜全专程飞北京全权办理。

与此同时，展销中心在广州和北京设立了业务代表处，由周世平负责广

1985 年北京国际视频器材展销会上（左起为：客户叶尧水、王石、香港经销商吴俊华先生、加拿大厂家工程师、副经理郑晓文、展销中心北京分公司经理蔡顺成）

州方面的业务，蔡顺成和郑晓文负责北京的业务。在展销中心的办公设备源源不断销往北方时，北京一家贸易公司也南下珠三角，以黑马之态开始同当地公司“抢”货源，并租用军队货机空运北京，以运输交货速度的优势迅速形成竞争之势。该公司的全称为“北京华远贸易公司”，归属北京西城区政府，法人代表戴小明，其杀到珠三角的买卖手就是后来北京华远的第二任掌门人任志强。

在展销中心热衷于以贸易实现原始资本积累的时候，深圳特区的几大集团公司已开始将兴趣点聚焦在罗湖区建造高楼大厦上。物业大厦、友谊大厦、国际贸易中心大厦、渣打大厦、亚洲大厦、特区大厦，一座座大厦工地灯火通明、打桩机铿锵。

1985年伊始，进口机电产品市场可没有像“深圳速度”一样节节高，而是日渐萎缩。展销中心的销售对象也开始集中在北京中央部委机关的电教部门、各地方省台的设备科、教委南方采购中心，形成了深圳本部调汇、进货，广州储运，北京销售的“三点一线”模式。

市场不好，特区各大集团贸易业务的生意都冷清了下来。外汇管制异常严厉，公安机关立案侦查违规调汇行为，涉案人员被问询、刑事拘留是经常的事。

展销中心也卷入了一起“4 000万美金调汇案”，此案被立为全国几大逃汇案之一。

逃汇？一切都是按正规手续，银行走账，花外汇更是按进口批文、合同付款，怎么可能逃汇？我十分茫然。

北京专程派出两个调查组到深圳，分别来自中纪委和军纪委。因为北京新时代公司归属国防科工委系统，属于部队编制。

4 000万美元中，展销中心了解其中3 000万的去向，“坐享”1 000万，第二个1 000万参与整个调汇过程并单独使用。特区检察院配合两个工作组，查封了展销中心有关合同和往来账本以及用汇去向。

展销中心被查询的有王石、黄胜全、张敏。

查询中，我强烈表示不理解哪一点涉及逃汇。

中纪委小组解释：“新时代公司在使用留成的外汇上，手续不齐备。”

“那银行怎么能同意将美元汇到特区呢？”

军纪委小组解释：“赵紫阳总理到国防科工委视察听取汇报时同意其下属公司的出口留成外汇灵活使用，搞活经济。新时代公司是按照总理的精神办理的，只是国务院没有正式下文。”

我微妙地感到两个调查组的不同态度。

随着调查的深入，关键的节点集中于这样一点：在签订两份调汇合同

(3 000 万美元与 1 000 万美元）的过程中，有无行贿受贿行为?

展销中心的 1 000 万美元交易比较简单：王石明确黄胜全办理此事，没有安排任何礼品馈赠。特发的 3 000 万美元交易中，我是知情人，本来也可以参与交易过程，只是当时我不相信有如此的好事而置身事外，不过是 3 000 万的用汇者之一。

签订 3 000 万美元的当事人，面临着数台电视机是送还是代买的定性问题，前者属行贿受贿行为。果然如此，3 000 万美元的双方交易参与者将面临刑事起诉。

此时，北方理论界正在讨论特区是“姓资还是姓社”的问题。我第一次感觉到个人的命运同特区的命运以及北京决策者的态度是如此密切相关。

据知情人透露：调查组已经提请深圳检察院拘留张西甫来配合案情调查。动议提交到深圳市委常委会。市委书记兼市长梁湘认为证据不足，反对抓人。对于涉及案件的性质和人员来讲，梁湘书记拒绝逮捕张西甫的决定保护了一批特区建设事业的改革者。

随着时间推移，案件淡化了。

一箱钱岂能满足我?

1984 年秋，十二届三中全会通过了《中共中央关于经济体制改革的决定》，“商品经济”首次写入了中央纲领性文件。挣脱旧有经济制度枷锁的种种努力得到了中央文件的认同，商品经济大潮已如惊涛拍岸，势不可挡。

展览中心的营业厅每天挤满了交款的购物客户，交款的工作台边也挤满了人。总经理的办公室同营业厅隔着一层通体玻璃隔墙，营业厅的情况一目了然。

从通透的办公室中望出去，我却看到一个人穿着一身当时流行的猎装静静地站在旁边，似乎和排队的人没有任何关系。更让人好奇的是，他戴着一顶水獭毛的皮帽子，下面拴着带子，就如同电影中走出的人物。

我让秘书将戴皮帽子的男子请进办公室。

“您有何贵干？”

“我想见总经理。”

“我就是。有什么事情吗？”

“想买投影机和录像机。”

“哦，您戴皮帽子是……？”

“引起你的注意啊。你看排队的有那么多人，啥时能轮到我？”

就这样，我认识了陈宇光。按陈宇光的货单，我安排秘书给他办了提货手续。谈话之中得知，他还有两个弟弟宇安、宇建，公司位于成都，卖羊毛衫起家，后改为经营电器。

随后，陈先生差不多每个礼拜来一次，带着一张十几万限额的支票，开过提货单便即刻赶到展销中心位于广州的仓库提货。

一天，接近下班时间。一个男子跌跌撞撞走进销售展厅，头额还缠裹着绷带。我迎过去，却不想竟是陈宇光，绷带上滴渗着血痕、衣衫不整、狼狈不堪。

我吃了一惊：“陈先生，发生什么事了？”

“从广州打的过来，在东莞车翻了，受了伤。到医院包扎了一下又租了一辆车赶过来。”

“你这不是玩命嘛。休息好再赚钱，不至于休息两天生意就没了啊。”

“我实话跟你说，我这儿是空手道，拿的是客户的钱，我应承说款到给货。如果不能马上到你这里拿到提货单，再返回广州仓库提货，我就露馅儿了。”

陈宇光

“哦，明白了，我让秘书办手续……”

一个星期之后，再次见到陈宇光，额头上的绷带换成了创可贴。

我请吃饭。饭桌上，我问：“设备、机器在我的仓库里，客户怎会把支票交给你呢？”

他露出狡黠的笑容：“呵呵，这还不简单，你的仓库就是我的仓库啊。”

“……？”

“我领着客户去看你展销中心的仓库。”

“这又怎么样？”

“嘿嘿，你们仓库负责提货的两个小女孩被我两包天府花生就搞熟了，再夸奖她们打扮得像模特，女孩经不起这么夸奖呀……你可不要批评她们，我告诉她们说，如果我领着客户看货，你们就问，‘陈老板，你这么多货什么时候取走啊。’呵呵，可不要批评她们。你王石还有虚荣心呢。何况小姑娘，呵呵……”

我也笑了起来。这个勤快狡黠的狐狸！

1985 年春节，一天清早。门突然响了，“当、当……”

谁会在这么早的时候拜年？

打开门，是陈宇光，手上提着一个公文皮箱和一个塑料提兜。

“这么早拜年？太太和女儿还在睡觉呢，轻点声……坐吧。”

陈先生把皮箱平放到玻璃茶几上，“嗒、嗒”两声打开，10 元一张，一捆捆整齐码好，簇新簇新的一箱钱。

“今年做生意赚了 30 万，都是和贵公司做的，没有其他意思，表示一下心意。”

“你了解我吗？”

“我知道你对钱看得很轻。怕你误会，生意做完了才来表示心意。”

我笑了：“我这个人志向很大，这一箱钱岂能满足我的欲望。”

宇光愣住了，多少有点尴尬。按照他的逻辑，经营过程中送礼是免不了的，看仓库的还需要两包花生打点呢，更何况一家公司的总经理，看他的眼神，似乎是，“是不是嫌钱少了？”

“误会啦。我的志趣在做一番事业。国营公司有国营公司的逻辑，私收生意关系上的礼品可就是受贿。我要是要钱的话，早就干个体了。和你合作不是要私下获取你的好处，你帮助我们销售就是对我最大的帮助。新的一年，我们继续合作。你最让我感动的，就是受了伤也要赶到深圳换取货单，你看重的是经营中的信用，这也是我看重的。一诺千金！”

他笑了，“这一袋里的冬虫夏草和天府花生留下来吧。”

“冬虫夏草拿走，天府花生留下，免得拿去收买仓库提货员。”

割喉式价格大战

1985 年，深圳到广州尚没有高速公路，路上需要过三个渡口，至少要走 4 个小时。有时，在深圳吃过晚饭后赶去广州，我同客户谈判会谈到凌晨两点，驱车返回深圳已是凌晨 6 点，就干脆窝在驾驶室里睡一个多小时，用冷水洗把脸，继续上班。

一次晚间去广州，梁毅开面包车，我躺在后排座上睡着了。路上一个急刹车，我“咣当”一声滚到了车地板上，却浑然不觉。梁毅吓坏了，以为我被摔晕了。摇晃了半天，我迷迷糊糊地问：“到广州了吗？”

可不管工作多么繁忙，睡眠多么少，我到了星期六仍要约上公司的一帮小伙子到小梅沙游泳，星期天再约另一拨年轻人踢足球。

然而，市场的一次刹车让我游泳和踢球的爱好都变成了奢侈品。进入1985年，国务院对计划外调汇和机电产品进口进行全面清理，银行也开始收紧银根，进口电子器材、影视器材市场不再热闹如昔，市场萎缩出现端倪。但头脑发热的珠三角商人们仍沉浸在供不应求的假象中。

录像机、摄像机的进口批文受到国务院机电办公室的严格限制，放像机不在限制目录上，因此成为进口的热门。展销中心进口放像机的完税成本是1 900元人民币/台，批发出去2 100~2 300元/台，市面零售2 700~2 800元/台，各个环节都有利润空间。

展销中心新签的放像机合同为2万台，45天后到货。

货到之前的订货会上的买手却不活跃，我感受到市场趋冷的态势。通过进口代理商、海关、省计委进口审批处等信息渠道了解到：在展销中心2万台到货的同一时期，其他公司进口的还有5万台，累计7万台。我意识到，一旦7万台全部到货，放像机将即刻变成滞销品，价格将直线下降。一个寒冷的冬天即将来临。2万台放像机已在途中，不能中途退货，必须采取措施！

广告投放部经理苏晨拿着记事本走进总经理室。

“我口述一则声明：‘由于台风原因，本展销中心的放像机无法按预订时间送达客户，为保证履行合同急购2万台放像机。’”

广告经理合上记录本，迷惑地望着我，“头儿，咱们不是卖放像机吗，怎么变成买了，我耳朵没有听错吧？”

“是急购 2 万台。”

“咱们马上到货的 2 万台怎么办呢？”

“你是老总我是老总？”

“当然你是老总！”

“那就不要问那么多，明天就刊登在《羊城晚报》和《南方日报》上。”

广告登出，售卖放像机的电报雪片似地飞来，200 台、700 台、1 200 台、3 000 台、5 000 台……颇有戏剧性的是，在急购广告上方的位置，同样大小的版面刊登着某商家有大量放像机待售的声明。

由技术维修部出面，我们组织了 4 个验货小组到珠三角求售的公司验货，除了个别小批量，大都是期货，采购人员咬定：必须看到现货检验之后才能签订合同。放像机没有进一台，市场零售价却微妙地从 2 700 元上扬到 2 900 元。市场暂时稳住了。

内部销售分析会上，我表述了对市场发展的看法，“必须迅速走货，不惜亏本，溜得越快损失会越少；资金回笼了做新的生意，将亏的赚回来。”当时展销中心的分销商中，有家底的国营公司活力不够，有活力的又没能力一次吃下太多。

“我建议启用成都八一科仪公司陈氏三兄弟。2 万台已经预订出 5 000 台，余下的 15 000 台全部给陈宇光。你们的意见？”

“目前给分销商赊销最大的金额没有超过 200 万的，”张敏慢条斯理地表达她的担心，“15 000 台的金额高达 3 000 万！几千万的货放给一家个体户，他卖了货，卷款溜了怎么办？”

“我相信陈宇光的信用，你们记得有一次他浑身血淋淋地赶到公司开提货单……”

大伙没有再表示不同的意见。

在我的办公室。成都八一科仪贸易公司的陈宇光相对而坐。

“放像机你能不能再多下些订单？”

“那就看你出的价格了。”一双乌黑放光的眼睛，充满希望、野性、浪漫、不确定性的眼神。

“你能吃 15 000 台吗？”平淡地问句。

“我哪有那么多钱？”陈老板吓了一跳。

“给你赊销。”

“嘿嘿，你想开溜啊。什么价格？”

“1 500 元。”

陈宇光笑了：“你急着出货也不用价格这么低，按成本价格 1 900 元卖给我就可以了，不能让王老板亏本啊。”

“快出货。我的要求就是迅速资金回笼，绝不允许你用回笼款滚动做其他生意。我预计这担买卖银码大，你或许不会赚到多少钱，但在西南市场你将是大销售商了。我这里已草拟好合同，你看一下。”

放像机陆续到货。许多商家还在幻想王老板的大订单的时候，展销中心的放像机已经开始通过陈氏兄弟的渠道消化，资金一笔一笔地回笼。市场开始不大敏感，零售价在 2 500~2 650 元浮动着，进口批发价缓慢地下滑到 2100 元。醒悟过来的商家开始降价抛货，2 000、1 900、1 700、1 600、1 300、1 100、900……

批发价格下跌至 1 000 元是没有预料到的，直觉告诉我：补回损失的机会出现了。

在价格跌到 800 元时，我交代：只要不超过 1 000 元，市场的存货全收。

打电话给陈宇光：“我继续向你供货，价格 1 100~1 200 元。”

“我可以买到低于 1 000 块的为什么要进 1 100 的？”

“我要弥补前期削价的损失；目前零售价可以卖到 1 300 左右，给你留有利润空间。不许你直接进货，你的回款现金必须流进我这儿。”

尽管精明的宇光老大不情愿，还是接受了继续从展销中心进货的安排。

这一役打下来不仅补了之前亏损的 600 万，还盈利 400 万。相当一段时间，有意经营放像机的，大都会从展销中心进货，流行的说法是：“想进口就找王石，千万别同他较劲。”

老鼠与老猫的游戏

公司解决了存货积压，资金迅速回笼。但是不得不面对赢利能力下降，市场萎缩的现实。公司面临着勉强维持还是裁员、轻装上阵的选择？

我清楚裁员是必需的选择。创建公司的本意之一就是给五湖四海来的年轻人创造一个实现价值的舞台，让员工可以充满激情实现梦想；但残酷的现实却是要把一些年轻人从舞台上轰下去。

公司被迫裁员 20%。这是我创业以来最不愿意看到的一幕。

裁员不仅使被裁员工感到痛苦，没有被裁的员工同样会受到巨大的伤害，他们怎么可能满怀激情地工作？怎么可能没有后顾之忧地去努力？

我思忖：公司扩张一定要清醒地控制风险，不要因为决策的失误和为了公司的生存不得不第二次、第三次裁员。

1985 年，国家对计划外外汇做了新的规定：冻结企业手中的外汇，国家银行以官价收购，企业银行里留存着同等数量的外汇额度，企业获得允许使用时再用官方的价格买回外汇。在冻结外汇时，展销中心的账户上还有 800 万美元，官方以 1 ：2.8 买回，批准使用时再按当时的官价赎回。这一严格得近似苛刻的外汇管理，使调汇成本上升，同时隐藏着人民币贬值带来的风险。另一方面，地下调汇市场异常活跃。

一天晚餐时间。我正在海丰苑大厦一楼的一间理发店理发。

躺在理发椅上，腮帮子涂满了肥皂沫，理发师手握亮闪闪的剃刀，仔细地为我刮着胡须。透过理发师脑袋和肩膀之间的空隙，我注视着高挂在墙壁上的电视屏幕。

中央电视台新闻联播"……新华社消息：中国人民银行宣布：人民币同美元汇率贬值18%，从1美元兑2.8元人民币贬值1美元兑3.3元人民币。"我感觉脖颈上如同被割了一刀！现在赎回800万美元要用1∶3.3汇价，仅此一项直接账面损失就有400万，而去年全年利润也就是500多万啊！

第二天一切照常，如同任何事也没有发生过。

我内心却感到个人前途、公司前途是如此渺茫——任何一个政策变化都可能决定你的生死。公司能不能够发展下去，市场经济能走多远？明年公司应该朝何处去？我想不清楚，更谈不上未来规划。可是，我却没有抱怨情绪，因为你所走的路是自己选择的，即使渺茫也要走下去……

外部环境变幻莫测，公司内部也出现了问题，这就是展销中心和深圳特区发展公司的矛盾。

事情源于1984年夏天，深圳特区发展公司决定兴建高达165.3米的特区发展大厦，钢结构、玻璃幕墙，由美国C.R.S设计公司设计。投资贷款来自日本北海道拓殖银行。

一年后，还款期到了，特发总部财务上却没有多少外汇。怎么办呢？财务告诉孙凯峰总经理，展销中心在中国银行里有800万美元额度。

我被召进特发公司孙凯峰总经理办公室。

"王石啊，这一段表现很不错，准备把你调到总公司当副总。你也知道发展大厦需付贷款的首期，你那800万额度先调拨给总公司吧。"孙总慢条斯理，控制着局面。

“我要是不同意调呢？”我那意思是既不同意上调总部，也不同意无偿划拨800万美元额度。在展销中心困难的时候，将800万美元额度调走无疑是雪上加霜，我再“高升”离开，这公司的气数就尽了。

“你不同意调拨有用吗？”孙总不动声色，“先把你调离，新上任老总第一件事就是划拨800万额度。”

“只要我一天是法人代表，就一天不同意调拨外汇。”

两个礼拜后，一纸通知到了我的手中，通知我参加深圳党校处级培训班第四期，为期一个月。我没有理会，公司正处在动荡之中：裁人后遗症，推销积压电器，融通外汇指标，银行贷款延期，广州、北京展销会。此时，我怎能离开？

一个月过去了。又接到一个通知：参加深圳党校处级培训班第五期，为期一个月。我勉强去党校报到，住了一个晚上，第二天开学典礼。第三天开溜回到展销中心。

我面对的是特发的一纸新任命：鉴于王石同志参加党校学习，撤销其展销中心经理职务，任命欣大同为展销中心经理。我没有再回党校学习，而是继续主持工作，新任命的老总也没有露头。事情就这样不了了之。

特发总办的彭国华把我和孙总的冲突形容为“老鼠同老猫的捉迷藏游戏”。

为了防止再发生类似的变故，我找到张西甫商量对策。最后决定在科学仪器科的基础上创建新一代企业有限公司，由张西甫任总经理，王石兼副总经理。从行政上，展销中心归属新一代公司。这样，中心与特发总部就隔着特发贸易公司和新一代公司两个层次，有点“山高皇帝远”了。

老鼠与老猫的游戏继续着。

800万美元额度仍属展销中心。但中国银行获得特发公司的通知：不经特发的同意，下属的展销中心不得动用800万额度。

我是棵“摇钱树”！

自辞去饲料科长的职务，我就不再过问饲料科的业务，同正大康地也就没有了来往。

一天，我却接到正大康地卢达民先生的电话，约定一起吃饭。曾经是买卖手的关系，私人之间也建立了情谊，我爽快应约。

卢不善酒，一喝就满脸通红红到脖子根，我也一样，红脸对红脸。一杯啤酒下肚，卢先生笑着：“你还有笔钱在正大康地。”

卢先生是汕头人，“文革”后移民香港，从业卜峰集团，该集团同美国大陆饲料公司建立饲料厂后，被派到正大康地采购部做买手。

“你搞错了吧。我做生意向来小葱拌豆腐一清二楚，我没有欠正大康地一分钱，正大康地也不欠我一分钱。何来我的一笔钱存在你那里呢？”

一张被酒精润红的脸庞在我面前娓娓道来。“饲料行业有个行规：凡解决了新的采购来源而节省了成本的，有佣金。正大康地也遵守这一行规，千分之五的佣金。知道你的为人，担心误会，所以做生意时没有提这事。现在生意全部做完了，你也转行了，可这笔佣金还在账上，你说是不是有笔钱还在账上待处理啊。港币 20 万元出头，是给你的佣金，绝不存在行贿，你放心。存在香港，还是汇到哪里，你说句话就行了。”

“我不要。”

卢达民很为难的样子：“这笔钱公司已经打入成本。正大康地严格按国际会计标准记账，你不要，我们还真不好办了，有避税之嫌。”

“这样啊，看来非要不可了。这样吧，正大康地用这钱买辆豪华面包车送给特发公司不就解决了？!”

“这不行啊，给深圳特区发展公司送辆车。那其他供货商也要求正大康地送车，我们送不送？”

“这个钱是不是我的？”

“是呀。”

“那你们就买辆车送给特发吧。”

实际上，这笔钱买了一辆豪华面包还没花完，又添了两辆摩托车，一起送给了特发公司。很多年后，特区发展公司都不知道送车的缘由。

佣金在流通领域是很正常的事。我清楚正大康地不是行贿，因为已经没有生意上的利害和交易。但按我的做人准则，这钱不能要。如果公司是我私人所有，收下来没有问题，然而特发属国有公司性质。国有企业有国有企业的逻辑和判断标准；如果我接受了，将很难说清楚，既然说不清楚，就不要去做。

我的志趣不在如何为个人挣大钱，但要说王石是“圣人不爱财”那也不是。我不是不喜欢钱，也不是不需要钱。公司房改时，我也买了一套房子，装修之后，买家私时还借了同事的钱。客厅很大，但电视机却还是5年前买的，21英寸，同房间的格局搭配得并不合适。客人都说应该换台大屏幕的电视，我说没钱买，谁都不相信，认为我装穷。穷倒是不穷，但个人财富需要通过努力达到，一步步完成财富积累，这样才是正确的路径。

尽管我洁身自好，但却不能阻止某些人的想象。“人为财死，鸟为食亡。你这样拼命挣钱，不为财又为了什么呢？你显然是装相，钱全藏到香港去了。”

一天，我被通知到深圳市纪委开会。走进会议室，里面只有两位纪检委的处长。

处长甲开门见山：“有关你的举报信，详细列举了你在香港的存款数和购置的房产，还不止一处。”

“王石同志，”处长乙接上话茬，“叫你‘同志’说明还是把你当自己人。但如果不能自己把问题说清楚，是不是同志就很难说了。”

“说我有多少存款、买了几套房子？”

“这就要你讲了，”处长甲扬扬手中的一摞材料，“你说和我说的性质是有差别的。”

“既然接到了检举信，就直接揭发吧。”

处长乙：“在香港买房子有存款不一定就有问题，比如说根据《管理条例》，没经市政府批准，不允许国营公司到香港投资置业，但是为了方便开展业务，公司以你私人名义在香港买房子、存一些现金是可以理解的。解释清楚就可以了。千万不要产生抵触和对抗的想法。”

“告诉我有多少我的存款吧。”我显得有些不耐烦。

“不少哪，二十几万。”

“只二十几万，”我实在忍不住了，“请你们转告写举报信的人，再举报王石的话最好在存款的尾数增加两个‘0’。为了区区 20 万，犯得上吗？你们告诉他，我王石是棵摇钱树，一晃树枝，就哗哗地往下掉钱，犯不上偷偷摸摸干犯法的勾当。”

两个处长哪遇到过这样张扬的嫌疑人，没有再追问，算是结束了谈话。

这次约谈实在令人无法释怀。为什么总有一批人不干活，用着 4 分钱邮票告黑状，可我却和同事们一起没夜没日地干，这世界怎么这样？

情绪低落，就一个人在屋子里把音响开得大大的，放莫扎特的《安魂曲》……

改革，是一场社会大变革，各种观念、各种习惯、人与人之间的关系都在进行较量。

改革，就是要创出一条新路，一旦失误，就会掉下马来。

既然是改革者，势必站在风口浪尖上。一名改革高手就得骑着马飞驰向前，不能被来自于暗处的利箭射中。而改革者也必须自己站得正，立得直。如果不幸被人弄倒了，十之八九是由于改革者的不坚定或者种种纰漏。

如此想想，不平静的心安静了下来。

之后，如果一段时间没有被议论，我反而有种被冷落感。

股份制与“空降兵”

1986年，展销中心从深圳建设路1号迁往和平路50号。这里曾是一栋海关单身宿舍楼，展销中心租期5年，将其改建成写字楼。楼身简洁的几何外形用镜面玻璃包装，显得现代、简约、富有时代气息，当镜面玻璃上映衬着的蓝天上的白色云朵缓缓移动时，你会感到这座建筑物正在慢慢行走。

搬进新楼的还有一家新成立的中外合资企业：深圳国际企业服务公司（简称“国企”），总经理黄胜全；此前还和北京协和医科大学合资成立了协和医疗器材公司，梁健任总经理。

“国企”的业务集中于会展，办公楼的一层二层开辟为展厅。公司合资比例中，展销中心占75%，香港冠都有限公司占25%。明白人一眼看出：25%是享受中外合资企业优惠待遇的最低限。参股的冠都老板是张恭泰先生，毕业于北京医科大学，20世纪80年代初移民香港，其岳父为泰国著名侨领蚁美厚先生。

“国企”承接的第一单展览业务是深圳市委组织部、宣传部联合举办的“党性教育展览”，之后虽然展览业务一个接一个，但“国企”的一帮年轻人并不满足，将展览业务转向更具挑战的广告行业，并迅速成为特区最具创造力的广告公司。西安美院的教师陈绍华先生来到深圳后，也加入了“国企”。深圳特美思香烟、金威啤酒、三九胃泰的CI均出自“国企”。

1986年5月，梁湘辞去深圳市委书记，李灏继任。同年10月15日，深圳市政府颁布了《深圳经济特区国营企业股份化试点暂行规定》，鼓励深圳大型国营企业进行股份制改造。

在国营企业股份化的座谈会上，新上任的市委书记认为：国营企业的出路在股份化，大型国营企业尤为如此。

然而，政府下属的几家大企业（深圳特区发展公司、贸易进出口公司、贸易发展公司、物资总公司）没有一家响应。

李灏与市民交谈

一个偶然的机会，我看到了《暂行规定》的影印件，如获至宝。《暂行规定》分为总则、股东、股份和股票、股份有限公司的组织机构、劳动人事制度、税收和分配、企业股份制改造程序和附则等 7 章 62 条条款，完全具备可操作性。

进入 1987 年，公司的名字从“现代科教仪器展销中心”更名为“深圳现代科仪中心”，有点去繁就简的意味。这时的公司虽然在行政管理上同特发隔着两个层次，但防火墙的作用还是相当有限。理论上，王石随时会被一纸调令调离。行政上的人事风险大过经营风险。我预感：《暂行规定》鼓励的股份制改造，分离企业所有权和经营权，是防范企业人事风险的最佳选择。公司的决策层很快统一了思想，要把科仪中心改造成一家符合现代企业规范的股份公司。

但怎么改造，能否完成改造，我却没有把握。

不久，由深圳市政府体制改革办公室主任徐景安主持，新鸿基证券主办，召开了一个关于股份制改造的研讨会。会上，新鸿基代表邱小菲女士详细介绍了股份化的具体过程和做法以及香港企业上市的情况。我茅塞顿开，对新鸿基证券发给的文件如获至宝。科仪中心开始按一间上市企业的标准来设计股份改制。

要成为一家公众信任的公司，首先公司操作要规范，经营和财务要透明，其财务年终决算需要通过会计师事务所审查。

筹备股改的第一件事是找到蛇口中华会计师事务所。在张敏陪同下，我见到了精明的事务所主任朱祺珩先生，主动要求对科仪中心财务进行历年的审计。按规定，深圳国营企业每年财务检查由财政局负责，会计师事务所只负责审计三资企业。尽管有这样的规定，一些三资企业还含含糊糊的，不愿意接受审计，一家国营公司却主动上门接受审计，是不是有什么财务问题，希望借助审查让会计师事务所出具合法证明？

但是，经过我的解释，朱主任仍接受了聘请。一年过去，彼此熟悉了，朱主任的手下才将当初的顾虑说了出来。

股份制改造有了方向，内部管理层却出现了大裂痕。

蔡作幸，深圳本地蔡屋围人，为人诚实、办事认真，是一把生意好手，只是平时孤言寡语，不善交际。他在展销中心作为我的副手工作一年后，因不适应高速运转的节奏和压力辞职，自己组建了一间贸易公司，经营毛料和音像器材。

我提拔了刚进公司的杜小腾作为副手，同杜小腾一起进公司的刘善乐被任命营销部经理。两人都是广东人，来自广东商业厅储运公司。他们是我第一次从正规的商业企业招聘的专业人士。万科原来的管理团队成员来自机关、学校、部队、出版社……包括我在内，都没有运转一间商业企业的经验。表面上，生意红火，企业管理却很粗放，以仓库管理举例，如何进货出货、如何核销都没有成文的规章制度，可谓急待改进。两人不负众望，表现出出色的职业素质，管理逻辑清晰，销售渠道也处在稳定扩张的阶段。加强管理，意味着对原来习惯做法的修正乃至否定。在遇到他们同老职员发生冲突时，我都是坚定地站在两位专业人士一边。

两人当中，刘善乐的性格就像他的名字，善于同人交往，无论与客户还是员工，他都能融洽相处；个子瘦高，大眼睛、鹰钩鼻的杜小腾聪明过人，谈吐利索，锋芒毕露，免不了开罪一些老骨干。随着工作的深入，新老骨干之间也开始出现嫌隙。在我的压制下，老骨干还算顾全大局。负责储运的周世平干起活来如同拼命三郎，着装上却是西装革履，无论怎样熬夜加班，皮鞋仍是亮闪闪的呈现倒影，如此讲究完美的人，自然遇到不服气的事绝不会轻易忍让。自然，杜和周的矛盾越发尖锐，公开冲突不可避免。

一天下班之后，周世平向我提出建议：开整风会，给领导提意见，改善工作方法，否则一线公司的效率会大打折扣。显然给领导提意见是冲着杜小腾去的。打电话征求团队成员的看法，出乎预料的是：老骨干都明确表态支持周世平的倡议。改革派受到了孤立。

约杜小腾交换看法，感到压力的小腾满腹牢骚。我好言安慰。

再约周世平谈话，我问："你们是不是串起来要轰跑小腾？"

"不是。提意见是我个人的事，你说老人支持我，我还蒙在鼓里。只要小腾的作风改一改，我仍然服从他领导。"

有这句话，我放心了。

从广州回深圳的路上，我和杜小腾乘一辆车。路上，我想，只要小腾摆出虚心的姿态，这场风波也就可以先行化解很多。杜小腾先开了口："老员工集体反对不可怕，说明我的改革触到了实处。但容忍周世平这样的人在科仪中心，我就没法工作了。在我和周世平之间，有他没我，有我没他。"

没想到小腾表现出不妥协的姿态，我一晚上未能入睡。

第二天约杜小腾吃晚餐。我表明态度，新老骨干发生冲突是免不了的，但你“有我无他，有他无我”的排他选择我是不能接受的。尽管老员工有抵触情绪，周世平挑头站出来使矛盾激化，但并不是以你离开作为目标。你如果放弃排他选择，总会找到解决的方法。

“不陪着玩了。”小腾表现出对我的失望。

第三天，杜小腾、刘善乐两人一起辞职。

第一次引进专业人士，却以失败告终。在杜小腾离职后，我提升北京公司经理蔡顺成为我的助手。

这场风波给我的教训是，在管理团队的改造上，引进“空降兵”是容易的做法，但却孕育着很大的风险，如何使新老团队融合，思想融合要比技术层面的改善更为重要。价值观是第一的，一旦新老骨干的价值观念相左，发生冲突就无法弥合。

生活在深圳这座移民城市，对共同价值观的感受比在别的地方强烈得多。1987 年 6 月，深圳市委以“开拓、创新、献身”6 个字概括“特区精神”，市委书记李灏和副书记秦文俊非常同意这个提法。他们认为，特区人来自五湖四海，需要用进步的精神来进行鼓舞，通过培养“特区精神”，使人们的精神风貌同特区事业发展相适应，与时代潮流合拍。

今天，深圳有不少企业都发展得很好，像华为、中兴、平安保险、招商银行、华侨城、中集等，作为企业中的佼佼者，它们都有 20 年左右的历史，而不像珠江三角洲一些民企“各领风骚三五年”，我觉得其中一个重要的原因，就是文化上的开放性和兼容性。而万科的成长，也正得益于此。

爱恨情仇话东瀛

1987 年，科仪中心面对着股份制改造的机遇，也面对着业务转型的重大挑战。

严格的外汇管制，使得我们必须调整过去的战略。

这年夏天，科仪中心兴办了第一个工业投资项目“精时企业有限公司”。一个炎热的日子，我一个人跑到苏州手表总厂，在传达室填了进厂登记册，转了一圈；当晚乘火车去上海，第二天飞回广州，再乘车回深圳，与苏州手表厂的代表唐景炬先生、印尼一家驻港企业代表签订协议，成立“精时企业有限公司”，制造手表。唐景炬任总经理。

外汇管制还迫使公司转向出口创汇业务，以期平衡进口消耗的外汇。

公司一度选择生铁为突破口。

梁毅陪着我到山西临汾钢铁厂洽谈出口生铁业务。临汾钢铁厂的技术副厂长盛情款待特区客人，举起酒杯，“感情深，一口闷；感情浅，舔一舔”。我和梁毅都不善酒，见到桌上摆着的两瓶汾酒，不禁面面相觑，但仍要硬着头皮应酬。很快，梁毅就招架不住了，我把梁毅的酒杯拿过来，“我替他喝”，随即仰脖而尽。筵席结束，我踉跄着返回招待所，进了房间，坐在椅子上，身体已经无法动弹，目送离开的技术副厂长，嘴里嘟囔着：“不送了，不送了。”门一关上，我再也无法坐稳，“咣当”一声摔倒在地板上。我讨厌应酬，主要的原因就是不得不喝酒，但却有个原则，绝不让部属替自己喝，有时见到部属喝得难受，还会慷慨献身。

1987年，公司主要的赢利业务仍集中在摄录像设备。

为扶植民族视频产业，国务院机电进口管理办公室批准的进口批文改整机进口为散件（俗称SKD）进口，不可直接进口整机，只能进口散件，再在国内组装、销售。

做SKD进口生意，必须有相当的数量支撑才能赢利，但专业机器的数量不可能上万台下单，每次订货1 000台已是大的订单。为了适应进口政策的要求，日本厂家先将整机拆分成SKD，进口后再在中国大陆组装。整机拆散增加费用，散件再装配起来又需要增加费用，但产品的市场价却不会相应提升。随着进口的边际利润下降，同日本厂家的价格谈判也越来越艰难。

同索尼谈判时，蔡顺成为我方主谈代表。

一米九零个头的大蔡当过兵，做过电台机要，有过背记密电码的训练，记电话号码那是一绝，过目不忘。更精彩的是大蔡一张 24 小时都会灿烂的外交笑脸，面对再苛刻的谈判对手都会笑容可掬。但在SKD的谈判上，他却经常陷入僵局。谈判在技术改造、散件价格、运输时间等等细节安排上都遇到了麻烦，日方一些谈判人员的藐视态度也让中方无法忍受。

在我过问谈判进展的情况时，大蔡咬牙切齿地回答："小日本太坏了！……"

大蔡在人民卫生出版社工作时，曾同日本书商合作出版针灸方面的书，在日本待过一段时间，对日本抱有一定好感。谈判的不顺，让他对日本也来了气。

我们这一代人是看电影《地雷战》、《地道战》成长起来的，本能上觉得日本民族侵略成性，屠杀无辜……60 年代时，我开始点滴了解到一个和影片中不同的日本。当时可以看到中国乒乓球队出访国外（好多次比赛的出访国家就是日本）进行乒乓球比赛的纪录片，快速的新干线、繁华的都市、美丽的田园风光……这些都给人非常好的印象。

我 20 世纪 60 年代末参军入伍。70 年代初，军队内部放映《啊，海军》、《山本五十六》等片子，目的是批判日本复活军国主义，但通过影片也更直观地感受到：在第二次世界大战期间，包括天皇家族的日本上层，在战争的态度上同军部的当权派是有分歧的；战争期间，老百姓同样也是受害者。我对日本反战被刺的政治家表示敬意，对老百姓的苦难也感到同情。

在展销中心做进口生意时，我开始接触一个另一层面上的日本。1986 年第一次到日本，结束在索尼公司的考察交流后，我在大蔡的日本朋友陪同下，参观寺院和精神病院，同大学学者、国会议员接触。我感觉到日本国民中的大多数人，同样热爱和平，反对战争，日本许多现代化的做法也值得中国人学习。

在电影上看到快速的新干线和美丽的富士山，但到日本才发觉，城市的很多街道很狭窄，电线杆的电线也同中国许多城市一样分布得乱七八糟。然而，公共设施虽然陈旧，保养得却非常好，电线杆虽然历经年月，却也干干净净，没有一丝尘垢。

一次在东京街头散步，我看到一个工人在修补石子路面，态度非常认真，一点一点地修补，似在雕刻工艺品。记得《毛主席语录》里有这样一句话，“世界上怕就怕‘认真’二字。”置身日本才发现，或许，日本民族才是最讲认真的民族。

参观日本工厂时，有几点给我留下了深刻的印象：环境保护意识强，厂区环境营造得如同花园；人员管理上的很多做法同中国大型的企业有相通之处，如强调团队合作精神，召开动员大会，举行竞赛小红旗评比，两人之间组建“一对红”的形式等等。

为什么日本能跻身七大工业国行列？当你置身日本，目睹日本企业的优越性时，你对日本是佩服还是反感？是学习还是拒绝？

在北京燕京饭店酒吧，我同大蔡、郑小文探讨如何打破SKD僵局。

谈了三个小时，接近零点。

“呐，大蔡，我们购买的SKD进口后还需要工厂组装付组装费，我们认为购买散件的价格要低过整机这是理所当然的。而对索尼呢，它也需要将整机拆散，再重新包装，其成本高过了整机成本，所以价格上锱铢必较。理解这一点很重要。近腾（索尼的谈判代表）确实态度蛮横无理，谈判桌上抽烟斗不说，还在抽完之后目无旁人地清洁烟斗，傲慢态度我也受不了，早生20年，这家伙一定是特遣神风队队员。但感情上的情绪化不能成为理直气壮压价的理由。我们也需要调整心态，耐心同索尼沟通。”

“听你的。”

谈判继续。

与此同时，科仪中心派技术小组参观9家国家定点生产摄录像机设备的厂家，选定北京广播器材厂、北京电视机厂、上海无线电十三厂作为装配厂家。

科仪中心分别同索尼、JVC达成协议，并委托中国仪器进出口公司进口摄录像设备的SKD散件；再组织厂家的技术人员飞赴日本索尼厚木工厂、JVC群马工厂接受技术培训。

就这样，科仪中心开始进口散件，国内装配，基本上改变了1986年以前直接进口整机销售的情况。在同三家装配工厂的交道中，北京广播器材厂的厂长王殿甫给我留下深刻印象：个头不高、壮实，性格爽朗，处理事情果断，谈判中谈笑风生，具有大将风度。他在1991年升任中国电子工业总公司总经济师，后来到深圳任赛格集团董事长，2004年后任创维董事局主席，是中国电子工业中一个响当当的人物。

随着索尼专业录像机SKD进口业务顺利展开，我的心里也平静下来。

鉴于索尼在中国大陆建立了7家维修站，我也有了在深圳建立一家新的索尼设备维修站的兴趣，以扩大市场影响。

正式向香港索尼公司提出了申请。索尼方回函：索尼维修站的合理覆盖半径为300公里，目前在广州建立了维修站，故不考虑在深圳建站。

我仍不放弃，再次向索尼发出建站邀请，理由是：深圳的索尼维修站的运营费不需要索尼买单，索尼公司只需要有偿提供维修配件即可。为了打动索尼，特意列出科仪中心的技术能力，“李耀辉工程师率领的技术维修部自1984年以来就从事视频设备的维修任务，不仅维修索尼设备，还胜任松下、

深圳天景花园

JVC、飞利浦品牌的维修服务。”

建立索尼维修站却不需要索尼公司投资的提议引起香港索尼公司的兴趣。但他们对我方的维修能力提出严重质疑：能够维修各种品牌的技术水平只能是半桶水，无法为使用索尼设备的客户提供精专的服务；得不到精专服务对客户将是一种损失，是索尼的售后服务理念所不允许的。索尼的维修站必须有两名在索尼培训一年的电器工程师。

索尼更提出建议：科仪中心选出技术人员参加索尼公司举办的一年期的培训班，但要通过全国的统一考试，一年之后毕业再筹建深圳维修站；此外，索尼已经在中国大陆举办了7期培训班，学员主要分布在各个省电视台技术部门，公司可以考虑“挖”两名具备资格的维修工程师。

科仪中心采用“两条腿走路”的方式，选送技术员接受索尼一年期的培训的同时，从广东电视台“挖”了两名索尼认可的工程师。这样，才诞生了深圳索尼设备维修站。

这次经历对我有很深的启发。我第一次感受到什么是售后服务，感受到索尼对客户负责的鲜明态度。初期，我想到的只是公司出钱建立维修站，促进销售业务。但索尼却始终从客户的利益考虑问题。这就是索尼口碑好的内涵所在。原来只知道索尼的设备技术含量高，质量一流，现在才体会到：在一流设备的后面，还有一个为客户着想的精益求精的售后服务的技术保障体系。

两年之后，万科投资的一个房地产项目——深圳天景花园交付使用。那时我们还不大懂什么是物业管理，但索尼的“售后服务意识”却已植入公司的经营理念，万科成立了深圳第一家业主管理委员会，并制定了服务业主的管理章程。不经意中，优秀物业管理成为万科地产品牌的内涵之一。

第二章

喧哗与骚动

（1988~1994）

做最规范的企业

1987年底，深圳还发生了一件不被我注意，但却和万科未来，和中国城市化未来有着密不可分关系的事件。

12月1日的深圳会堂。一块面积为8 588平方米，有50年使用权的土地正在拍卖中。拍卖官是后来担任深圳市规划国土局局长的刘佳胜。

44家企业举牌竞投。拍卖从下午4点半开始，在刘佳胜开出200万元的底价后，角逐正式开始。每当拍卖官喊出新的价码时，总有几十个竞争者举牌应价，有的还边举牌边喊价。角逐到17分钟，深圳经济特区房地产公司老总骆锦星再次举牌。

“525万元、一次叫价。”刘佳胜站在拍卖台上，高举着木槌，望着台下黑压压的围观者，其中80%是来自北京、港澳和特区的媒体。

“525万、二次叫价！”仍没有响应。鸦雀无声。

“525万、第三次叫价！”伴随着槌子落地的声音，个子不高、有些瘦弱的骆锦星成为当天的特区明星。

媒体这样报道："这场拍卖，破天荒地将土地的所有权与使用权相分离，是对传统的国有土地管理体制的重大突破。中共中央政治局委员、国家体改委主任李铁映观看了这次拍卖会。"

主持拍卖的市府副秘书长王炬满意地答记者："这个地价比政府的期望价要高得多。7 月 1 日市政府土地管理改革方案出台以来，包括 12 月 1 日公开拍卖在内，已用三种不同形式有偿转让了三块土地，得到了 2 336.88 万元的土地使用费。在这之前的 1985、1986 两年，全特区收取的土地使用费不过是 2 300 多万元。"

这场土地拍卖会之后的第 28 天，也就是 12 月 29 日，广东省人大常委会通过了《深圳经济特区土地管理条例》，《条例》规定土地使用权可以有偿出让、转让。

其后，全国许多城市参照深圳的做法，实行国有土地有偿转让制度。

1988 年 4 月 12 日，七届全国人大第一次会议通过了《中华人民共和国宪法修正草案》，把禁止出租土地的"出租"二字删去，规定"土地的使用权可以照法律的规定转让"。

中国房地产业发展的最根本的基石，就此奠定。

与此同期，深圳现代科仪中心的名字只用了一年，便更名为"深圳现代企业有限公司"（英文字母缩写MEC）。

1988 年 3 月 1 日，深圳市政府发出红头文件：赛格集团、城建开发集团、物资总公司、石化总公司等 6 家大型国营企业实行股份化。

深圳现代企业有限公司全力以赴进行股份化筹备的推进。

新成立的股份化筹备小组招聘了三位秀才：清华大学青年教师孙路、来自武汉的青年干部李杰和西南财大研究生冯佳。孙路负责文件起草和宣讲，李杰负责同各职能部门的联络协调，冯佳则扮演智囊及吸收社会资金。

深圳首次公开拍卖土地

看着三位新鲜面孔围着我团团转，总部的老职员自然看不惯，销售部经理詹洪祥公开表示藐视："别看他们忙活儿，赚钱还得靠销售部。"一些老职员在一起议论时，更干脆称三位秀才为"老板身边的三位'公公'"。

"我们在一线搞产业化，搞散件组装，搞融资，搞贸易推销，怎么突然冒出来三位'公公'鼓唇弄舌，安的什么心？"员工对股份化改制的抵触情绪逐渐显现。

作为国营公司，即使是特区新建立的企业，员工仍不愿放弃旱涝保收的"大锅饭"和"铁饭碗"。老员工推荐了詹洪祥、高建明为代表向我摊牌："公司股份化改革完成了就不是终身制了，我们突然失去了靠山，要是被公司开除了不得上街要饭？干脆把这几年赚的钱分光，之后，你怎么做都行。"接着，在召集的老员工座谈会上，有人发出了"先于股改进行住宅私有化"的呼声。

根据蛇口中华会计事务所的审计报告（截至 1988 年 10 月），公司净资产为1 300万元。

其中住宅资产占了500万，如果把这部分资产分了，公司资产将缩小近1/2，不利于增资扩股。我自然不会妥协。

通过轰炸式的宣讲、恳谈会等形式进行解释说服后，尽管仍旧有些老员工持不同看法，但大多数人还是愿意公司进行股改。

在顾问公司香港新鸿基证券的指导下，公司反复酌协，经过17次修改，招股通函最终定稿。

对招股通函上公司要遵循“规范、透明、守法”的条款，管理层进行了热烈的争论。遵守还是不遵守？多数认为：在不规范市场的现实下，大多数企业不规范，我们规范无疑束缚自己的手脚，死路一条，所以，不能一味书呆子气地对规范化动真格；作为少数派，我坚持：同过去决裂，走规范化的道路，可能有走不通的风险，但将来市场规范了，我们不仅能继续生存下去，还会处在一个制高点，走在前头成为标兵榜样。

“我们最初靠贸易起家，在开放之初的深圳，搞贸易往往需要搞关系、倒批文，钻政策和法律的空子。公司要发展，成就一番事业，就不能再走老路，从现在开始就要规范。中国要进入市场经济，规范是必不可少的前提。我们力图按照国际上通行的惯例来做。从谋求股份制改造开始，我们就需要把规范化放在核心的地位。要做中国最规范的企业。”

熬夜至凌晨两点钟，规范化的专题会还在进行。我突然问孙路：“孙路啊，你们这几个秀才还真得琢磨琢磨，今天做的方案，10年、20年以后，能不能继续下去，还有没有意义？”

此时此刻，我舒展一下疲劳的身体，兴奋的大脑里飘荡着一面旗帜，一面创新企业的旗帜，领跑在创新改革的大路上，飘啊，飘啊……

接下来，是向市府体改办公室提交股改报告。随后，金田和原野两家企业也递交了股份化改造的申请。

体制改革办公室很兴奋：终于有响应股份化号召的国营企业了。

就跳不出如来佛的手心？

接受公司股改的申请案，体改办主任徐景安带领企业处长王林到和平路50号现场办公。申请报告中最敏感的部分是：1 300万净资产按照5 ：5划分，国家和企业职工各一半。

难题推到了主管体制改革的副市长朱悦宁的办公桌上。

望着这位曾是国家经委研究室笔杆子的朱副市长，我先开口："从法律上看，公司持国营牌照，风险由国家承担，但从资金投入的角度看，国家却没投一分钱，说全是国家的也不合适，因为资产是我和员工们赤手空拳做起来的。既然如此，各一半，五五分成如何？"

朱副市长用欣赏的眼光望着急于改革的创业者："五五不行吧，四六。"

"你四我六？"

"怎么能让国家占小头呢？哈哈哈，当然是国家六你四啦。"

"呵呵呵……君子一言，驷马难追。"我心里想：别说四六了，二八，甚至一九我都干！产权界定清楚就好办！

离开副市长办公室时，朱副市长不经意地问了一句："你们向主管公司报告了吗？"

"啊，报体改委的申请副本抄送给了特发一份。"

"那好，明天市政府办公厅就下发批准你们股改的申请。

第二天上午，正望眼欲穿地等着办公厅机要室的红头文件，却被电话告知特发副总李景全正带领一拨人在市府办公厅请愿，强烈要求办公厅撤回批准现代企业公司股份制改造的文件，理由是政府越权干涉企业内部的正常管理，这是无视基层领导的越级行为。

我打电话给体改委徐景安主任，没有人接听；电话打到朱副市长办公室，秘书说，朱副市长胃病发作住院了。

鉴于特发的强烈反对，办公厅暂停下发同意现代企业股份公司股份改造的文件，待现代企业公司与上级公司协调好以后再另行上报审批。

按原计划，招股通函在《深圳特区报》上发布的版面已经安排妥当，首届股东大会的筹备工作已紧锣密鼓地准备，只等红头文件一到手，股改工作就可按部就班地进行了。暂停的消息犹如当头被泼了一盆冷水。

股改小组紧急商量对策。这时已没有后路，对激烈反对的总公司只有硬着头皮面对。

此时孙凯峰已离任特发，继任者袁陶仁是北京电子部前计算机局局长。

特发集团总部会议室。听完我的解释，没有表现出喜怒的袁总开腔："你王石一贯天马行空，独往独来，现在感觉到了吧，你跳十万八千里也跳不出如来佛的手心。"

坐在袁总一旁的李景全发言："国商也在谋求股份化改制，报告也打到了体改办，但我们是通过特发集团批准上报的。但不知道为什么，你们越权的报告却下了红头文件，而国商却没有一点回信。如果特发下属的企业都像你王石的企业那样越权，管理不乱了套？"

我听得心里痒痒的：好啊，你李景全办的好事，袁陶仁刚从内地调来知道什么？还不是你捣的鬼，非得第一个股改。就凭你"官大压死人"的做法，我非得在国商之前完成股改不可。

特发管理层拒绝了现代企业公司的股改申请。

怎么办？当然不能坐以待毙。

新一代公司的王晓敏来自长春，同政府中一批长春背景的干部有交往，建议我"以王石的名义邀请市委、市政府的秘书班子聚聚"，介绍股份制改造遇到的困难，在舆论上抢占先机。

王晓敏做联络员，邀请信发了20多份，原以为能到1/3就不错了，没想到全到齐了。聚会的效果不错，在王晓敏的协助下，公司给年轻的秘书们上了一堂股改课。

按照股份化筹备小组应急方案的建议，我与张西甫一起直接约见市委书记兼市长李灏。

过去和李灏书记只是在一些座谈会上见过，从来没有单独约见。见面才发现，他的办公室非常小，里面就一张桌子，桌子后一把椅子，前面两个凳子。市委书记穿一件毛背心，腰杆笔直，一边练习毛笔字一边听取汇报。我一边谈一边想："不论怎样，您也该将毛笔放下听我们讲啊。"

待汇报者不言语了，市委书记把毛笔放下："年轻人，要沉住气。改革肯定有阻力，要不怎么叫改革？首先，行政也有系统，政府不能直接管你的公司。我们管各部委局，各部委局管对口的公司，如果我们直接对你们发表意见，中间层面有意见，管理就乱套了；第二，你们的股改方向是正确的，但是不能操之过急。系统需要正常运作。你们要晓得，袁陶仁那么强硬，北京是有关系的呀。以后你们有什么意见，可以直接和我的秘书唐火照联络，但是不要在公开场合会面，要注意方法和策略。"

无独有偶，金田和原野两家企业也遇到同样的遭遇：上级主管公司坚决反对股改。三家同病相怜的小企业不定期地被书记的唐秘书约见，听取改制的进展。这种安排完全避开上级主管部门，多少有点地下工作的味道。

一个星期后，我走进市委副书记秦文俊办公室。这位曾任广东省委政策研究室主任的红色秀才明确表态：支持基层企业的股份制改革的积极性。秦书记爽快地表态，让我又看到了股改的希望。

第二天下午，秦副书记亲自出马去特发公司，做袁陶仁的思想疏通工作。

到这份上，袁总只有顺水推舟了。袁到底有没有北京的上层关系呢？有人说有，但从来没有被证实过。

招股通函首上党报

公司的名字一路改，改到1988年，我比较喜欢“深圳现代企业有限公司”这个名字，简洁、易记、朗朗上口。但在办理股份制手续过程中，却意识到这个名称没有顾及到在国际层面，韩国有一家大公司也叫现代企业。

还得更名。这次要慎重。

为了改名，公司管理层和部分总办人员乘海船，在珠江口海域兜转。在船上也没什么事，唯一能做的就是面对波涛汹涌的大海，插上想象的翅膀，畅想公司的名字和寓意。

返回深圳，把每个人能想到的名字写在大黑板前进行比较选择。

深圳现代企业有限公司的英文名称“Shenzhen Modern Enterprise Company”，缩写是“MEC”。讨论最后集中在如何从三个缩写字母中延展出新的名字，这样同原来的名字有连续性。有人提出，我们干脆就用这个“MEC”，可是，这和日本的“NEC”有些接近，而且“MEC”的发音同当时热播的连续剧《大西洋底来的人》男主角麦克太像，总不能让别人听到公司名字就想到连续剧主角吧？再加上“克”字读上去不响亮，于是又有人考虑将公司名字改成“麦科”，但“麦科”用广东话发音是“特别黑”的意思。如果别人问到公司的名字，公司就成“特别黑公司”了。

讨论来讨论去，一个从深圳大学英文专业毕业的员工潘毅勇想到了“万科”的名字——既然“Marlboro”以中文翻译为“万宝路”，为什么公司的名字不能叫做“万科”呢？

于是，公司正式更名为：深圳万科企业股份有限公司。

《深圳特区报》敏锐地捕捉到万科股份制改造的意义。负责头版、号称《深圳特区报》“五虎上将”的五位编辑全部投入组稿和选稿的工作。就一个选题，五位编辑全部投入是很少见的。在这段时间，我带着万科的孙路、冯佳经常和编辑们聚在一起，通宵讨论宣传策略，度过了激动人心的日日夜夜！

1988 年 11 月 21 日，深圳市政府批准股份化改造方案，中国人民银行深圳分行批准发行万科股票，公司定名为“深圳万科企业股份有限公司”。原现代企业公司以净资产 1 324 万元折合 1 324 万股入股，国家占 60%，职员占 40%，公开募集社会资金 2 800 万元，其中 1 000 万元为特别人民币股，由境外投资者购买。深圳特区发展公司则从上级主管公司变为持股 30% 的第一大股东。

万言招股通函递送到了《深圳特区报》广告部。

广告部主任审核着这份占两个整版的招股通函，为难了，上报值班副总编辑审核，副总编辑不敢做主，递到总编辑。总编辑批示：公司募集资金的文件在党报上刊登不妥；党报宣传股改同党报刊登招股通函的性质不同，不能刊登招股通函。

招股通函被退了回来。

参照香港资金市场公开招募资金的规定，募集资金的企业必须将募集资金文件在公开刊物上刊载。如果不在公开刊物上刊登招股说明书，就相当于私募资金，意思就全变了。怎么办？再次想到主管体制改革、意识形态的秦文俊副书记。

再次走进市委大楼，求见秦文俊副书记。

听完陈述，秦副书记沉吟了一会儿，打开笔帽，在摊开的招股通函上批道：新生事物，应当支持。

接到有秦副书记批示的招股通函，总编辑批给广告部：全文刊登，免费。

1988年12月6日上午，在深圳市和平路50号三楼会议室，公司召开了万科企业股份有限公司的第一次发起股东会议，会议通过了公司章程等一系列重要决议。

12月22日，中国人民银行深圳经济特区分行批复了“发行深圳万科企业股份有限公司股票申请书”，同意公司申请的各项股票发行事宜。

同日，万科企业股份有限公司筹备委员会与深圳经济特区证券公司签订了《股票事务协议书》和《深圳万科企业股份有限公司股票包销合同》。

12月24日上午，仍然是在和平路50号三楼会议室，召开了万科第二次发起股东会议，会上全体发起股东一致选举我为万科法人代表。

12月25日，与中国银行深圳国际信托咨询公司签订股票代销合同。

12月27日，我们的招股通函首次在当日的《深圳特区报》第二版登载，这是国内第一份按照国际惯例面向社会公众在报纸上刊登的招股通函。或许，免费刊登的情况，只有这一次。

贩股票与弃股权

万科股票是在1988年12月28日公开发行的。

深圳证券公司和中国银行信托公司作为包销商和承销商，两家各自承担了600万股。对20世纪80年代末的深圳移民社会来讲，他们熟悉黄土滚滚的大工地，清楚各种进口批文的含金量，也晓得了土地的商业价值，但对股票是什么却仍然懵懵懂懂。

1987年12月22日，深圳特区内的6家农村信用社通过股份制的方式创立了深圳特区发展银行，同时通过私募的形式向社会发行股票。为了表示对股份制改革创新的支持，李灏书记号召市委机关大院的干部认购，自己带头将多年的储蓄款取出认购了股票。但响应李书记的认购者寥寥，摇旗呐喊是一回事，真金白银掏自己的钱包就是另一回事了。5年之后，小平南方谈话，全国仅有的几只股票价格如直升机般蹿升，尤其是金融业的“深发展”更是身价百倍。当年为支持股改而奉献的李灏书记持有的股票票面值亦上升到七八位数。这是后话。

1988年的12月，同一年前没有什么变化。即使万科是通过公募的形式，特区党报摇旗呐喊，企业、市民仍不买账。

为推销股票，秀才孙路设计了“龙年计划”实施方案，我任总指挥。

首先，我领衔一个招股推广小组，拿着一根细长的教杆，杆不离身地宣讲股份制，向一些机构团体推销万科发行的股票，农业银行、建设银行、发展银行、物资总公司、免税公司、梧桐山隧道公司、物业总公司、建设总公司、工程勘测公司、华西建筑公司、江苏建安深圳分公司、香蜜湖度假村、石岩湖度假村、蛇口海上世界、华侨光明农场……从银行讲到商业企业，再从施工企业讲到旅游行业，像篦头发一样将深圳的大企业梳理了一遍。事后回忆，孙路说：“当时就差没有到海上渔船向渔民兜售了。”

孙路带领另一个小组负责零售，每天一早夹个大皮包出门，带着证明和收据本，晚上返回公司。通过其皮包的鼓胀程度就可以判定一天的战绩如何。清晨，拥挤的菜市场也成为孙路小组推销万科股票的场所，阿公、阿婆好奇，凑上三五百元地买，一天也能卖出四五千股。有一次，通过市工商管理局联系到个体工商协会，请协会出面邀请个体户开会，戴着宽边眼镜的孙路还没介绍三分钟，下面听众已经不耐烦了，嚷嚷着：“别讲了，你就开个数，摊派多少？”

距截止日期还有一个星期，股票还有700万股没有认购出去，推进的难度比想象的要大得多。

推销分析会结束时，已经是凌晨1点。

“去哪里夜宵？”孙路问。

万科首次发行股票，群众认股时的场面

“不想夜宵。我领你去个地方。”

东门室内旱冰场通宵营业。闪烁的彩灯场内空无一人。

“老板，咱们大老爷们半夜滑旱冰，哈哈哈。”孙路心态复杂地乐了起来。

“憋得难受，得找个发泄的方式。”

穿上滑轮鞋，上场趔趄两下就硬生生地摔到水泥地上。站起来，没滑两步，吧唧，又是个脆跟头。进了场的孙路也一路摔跟头。一个小时下来，手掌、膝盖、小腿上破皮、渗血、红肿。压抑的心情却得到了松弛。脱旱冰鞋的时候，脑海里冒出袁陶仁的那句话，“你孙悟空一个跟头十万八千里也跳不出我如来佛的手心”。真的跳不出吗？

冯佳秀才报来一个好消息：华为对万科的推广小组热情招待，老总任正非详细地询问了股份制的内容，不仅认购了20万股，还解释说公司流动资金有限，本应该多买一些。当时的华为还是一家名不见经传的公司，处在艰难的创业初期，但任总对新生事物的敏感和态度已显出其不同常人的判断和行为。冯佳得意地说：“任总请万科人吃了一顿丰盛的烤乳鸽，哎，孙路，你有被股民请吃乳鸽吗？”

最后一天认购日。还有350万股没有推销出去，看来是完不成了。谋事在人，成事在天啊。

下午，距下班还有一个半小时。

一个电话打来，自报北京中国创业总公司财务总监王越陇，“蛇口的王建国介绍万科公司发股票，昨天从北京紧赶慢赶，到了深圳都半夜了。今天研究了你们的招股通函，请示了张晓兵总经理，我们希望认购400万股，行吗？”

“当然可以。”这王建国是谁呀，真得好好谢谢他。

1989年3月8日，蛇口中华会计师事务所正式出具《关于深圳万科企业股份有限公司股本验证的报告书》，核定原现代企业有限公司截止到1988年10月31日，资产净额为人民币13 246 680.17元。加上发行股票到账的2 800万元现金，总计是人民币41 246 680.17元。

3月28日上午9点，深圳会堂，万科企业股份有限公司第一届股东例会召开。

座无虚席。回答股东提问。一位股东站起来，手握话筒：“请问王石先生，您个人自己买了多少股票？”

我从西装内侧口袋里掏出一张认股权证，“我个人存款一共25 000块钱，取出2万块钱买了万科股票。”台下一片热烈掌声和叫好声。

当晚第一届董事会上，我被推选为万科第一任董事长，董事会由王石、蔡顺成、刘元生等11人组成。

4 100万股的股份中，万科职工股应得的股票约500万出头。这部分股票怎么分配呢？按照市府办公厅下发的股改文件，这部分股票只能有10%允许量化到个人名下，其余的由集体持有。

我明确了想法，放弃其中我应得的个人股份。

我放弃的想法基于三点：

一、社会价值取向。“不患寡，患不均”是中国社会根深蒂固的传统观念，社会也向来有种仇富心态。个人突然有了钱，会把自己摆在一个极其不利的地位，尤其是像我如此爱出风头，天马行空独来独往，如果很有钱，弄不好会惹来杀身之祸。名利之间只能选择一项，或默不出声地赚钱，或两袖清风实现一番事业。我选择了后者。

二、讨嫌暴发户形象。少年时代阅读了雨果、巴尔扎克、狄更斯、莎士比亚的作品，反感暴发户。当发现自己可能成为这一类人时，自然采取回避。

三、家族没有掌管财富的DNA。我祖籍安徽，但从来没有回去过，股改过程中，专门翻阅了家乡堂弟邮寄来的族谱，上溯20代，农民世家，没有一代成为地主的，我没有信心对钱财妥善处置，传统农民有了钱做什么呢？修祠堂，娶小老婆，赌博。

我放弃个人股份的想法也征求了家人的意见。太太没有反对，她本来就没有指望王石发大财，半开玩笑地问我："什么时候能住上别墅？"

我回答："别墅会有的，别墅太早住进去会不得安宁。"

我放弃了，管理层也放弃。而且，管理层提议：将职工股成立一个基金，只要在万科的职员，新老都有享用权；由职工代表会产生出管理委员会的成员。资金用途：职员的福利，重点照顾1988年以前进入万科的职员的福利；另外的用于回馈社会，做公益活动。

联姻前的离婚合同

1988年，伴随着股改的成功，万科的业务也节节上升。

这一年，万科与香港仁达公司合资兴办了"深圳彩视电分有限公司"，专业经营电子分色制版；与意大利第四大K金首饰制造厂家合资兴办"华意首饰制造有限公司"，制造K金首饰；与美国富兰克林铸币有限公司合办

在水贝的办公室

“深圳现代富兰克林精品加工厂”，制造精品模型车；与中国仪器进出口公司和索尼合作建立索尼技术服务中心深圳分站；与香港厚利有限公司合办“万科厚利来料加工厂”；与英国X-10系统有限公司合办“深圳X-10电气公司”，加工遥控电气开关；成立“万科录像机配件制造有限公司”。

这些新成立的合资、合作、来料加工项目中，重点是与总部在美国费城的富兰克林铸币公司合办的精品车模加工厂，位于深圳水贝工业区14栋的6层工业厂房是万科为开展这一工业项目购置的物业。

当时，万科为吸引投资项目，开始在美国的《时代》、《读者文摘》等英文刊物上登招商广告。美国富兰克林铸币公司看到英文广告，同万科取得联系。

通过富兰克林铸币公司的宣传册，我感觉到这是一家专业性很强的金属、陶瓷礼品制造公司，一般香港的来料加工厂同其生产的规模相比，不可同日而语。我感到，这个合作机会是个“金娃娃”，要抱住不放。

最先同万科接触的是位名为Peter的香港人，两个星期后对方换了个美籍德国人。一个月之后继续谈判，又换了一位美籍日裔小个子的陌生面孔。一个星期后，一位律师又接过手，美籍犹太人。签合同时，真正的老板，一位美籍爱尔兰人才出现。

谈判过程中，我对大个子美籍德国人留下了深刻印象。他自我介绍：1968年在越南战场上服兵役，是直升机驾驶员。恰好那时我也在服役，当汽车团驾驶兵，所在连队曾准备进入越南参战，后被另一支部队取代，连队调防到新疆。我无限感慨："差点在战场上短兵相接的冤家，现在却在深圳特区成了合作伙伴。"

开始，我没太注意富兰克林的谈判代表的变换情况。随着谈判的深入，我才开始理解频繁更换谈判人员的含义。谈判代表的选派是根据流水作业法来制定的，有规律可循：首先来的香港人，是一位中国大陆通，负责对万科能力及潜力的评估；德国人来谈工艺流程设计，产品组装的工序环节卡到以"秒"为单位；日裔小个子是位工艺产品成本控制师，计算每件产品加工费的最经济支出；犹太律师来了，不是谈怎么保障合同执行，而是探讨终止合同时的双方义务和责任的详细条款——甚至包括厂房内的一扇玻璃更换后，结束合作时这扇玻璃窗是否恢复到原状这样的细节。

我很不适应这种漫长的折磨人的谈判方式，却发现仍有讨价还价的余地，但必须讲明理由，必须回答对方的"Why"。

讨论租用层数时，对方最初提出租用两层，给对方五层及六层，他们表示满意，认为高处视野好，空气也较低层新鲜。而后，对方提出增加一层，再给第四层，价钱与最上面两层相同。随着谈判接近尾声，他们又提出再增加一层，并指明第二层。这一层万科原想留给自己用，就有意识抬高价格，比原来的租金增加了50%。

"Why？"

没想到对方追根究底，我随口说出："因为二层方便啊。二层不用电梯，停电的时候，员工还可以非常迅速地上下楼。"深圳工业区经常停电是事实，但这理由实在牵强，更何况富兰克林计划在一楼自备电站。

我笑了。"鬼佬"们也呵呵笑了起来，接受了报价，认为解释的理由可以接受。

谈判终于结束。签合同时，发现一摞合同文本比招股说明书还厚。负责起草的是美国一家法律事务所驻香港公司，仅律师费一项，富兰克林就支付了300万港币。我心想：花这么多钱调查万科，还不如把钱直接给万科，能做多少事啊！

此时我才体会到：同富兰克林合作，赚钱固然重要，但从方法论上，学习对方的人才组合、严谨的工作方式、强调效率的做法、尊重法律的商业精神更具有价值。

从此，万科与合作伙伴签署的合作文本也变得厚了起来。

"你们的合作手续是不是太烦琐了？"许多合作者不理解。最不理解的还是合作文本中的"离婚"条款。对方没有我们这样的经历，很生气：还没开始合作呢，怎么就开始考虑分手的事？什么意思啊？太像犹太人了。

富兰克林合同上对万科有很苛刻的约束，做不到将受到如何如何的惩罚。我有些担心万科履行合同的能力。

事实上，担心是多余的。负责此项目的赵晓峰团队尽心尽责，超水平发挥；而且，尽管合同条款非常苛刻，但在具体执行合同中，富兰克林仍在合同的执行上把握着一定的弹性。

和富兰克林合作的过程，也是万科进一步学习国际化，学习严谨的思维方式和规范化工作方法的过程。

合同签下来，水贝14栋进入紧张的装修。哒哒哒的电钻声、刺耳的锯木板声……

合同上规定：万科负责在水贝工业区附近提供1 200名工人的居住宿舍。水贝工业区的工人宿舍人满为患，哪去挖掘出1 200个床位呢?

14栋厂房的东侧400米，隔马路相望是座郁郁葱葱的山丘。绿荫遮蔽下，是一排排随地势起伏的单层养鸡棚。

赵晓峰汇报："和养鸡公司谈妥了，把鸡场租下来，租金比养鸡的收入还多，嘿嘿。"他笑着点了一根万宝路香烟，"把鸡粪清走，防疫消毒，打上水泥，换门窗，铺设给排水系统，建锅炉房、澡堂、食堂，保证三个月内1 200人住进去。嘿嘿，鸡场里树荫真好，菠萝蜜结果的时候，有那么大个……"他双手比划着篮球大小。

"能行？"

"能行，有个条件，你得把姚牧民调给我。"

昂贵的地产行业入场券

1988年的深圳，开发房地产的门槛比现在还高：非建筑行业的企业要想进入房地产开发必须通过招投标，拿到土地才批给单项开发权。

11月，万科参加了威登别墅地块的土地拍卖。

这时，万科股份化改造已告一段落，秀才冯佳加入了房地产的策划小组。组长杨海生，军队子弟，肯吃苦，只是脾气倔，性格有点像他的父亲——野战军某坦克旅旅长；副组长张雨，来自武汉，文质彬彬，秘书出身。

深圳会堂拍卖会。拍卖官还是刘佳胜。

我左边坐着冯佳，右手坐着握着牌号的杨海生。

竞投开始，价格一路飙升。最后只剩下万科同另外一家轮流叫价，互不相让，进入白热化。如果不是举牌者主动出价，拍卖官会按50万元升幅叫价。万科是志在必夺！如果对方也是呢？不免暗暗叫苦。对方再次举牌，拍卖官一次叫价、两次叫价，咦，杨海生怎么不举牌？

拍卖官举起槌子。

我本能地抓过杨海生手中的牌子举起，喊了一个跳升的报价。

拍卖官报新的叫价，一次、两次，全场鸦雀无声。

三次叫价，一锤定音。

按照拍卖的土地成本计算，楼面地价已经高于这块土地周边的住宅产品的平均售价。换句话来说，按市场价，把附近的住宅楼买下来，拆掉再重新建的土地成本价都低于万科获得的这块土地的价格。

拍卖现场，我代表公司上台签订土地转让协议。刘佳胜望着我，劈头就是一句："怎么出这么高的价格？简直是瞎胡闹。不管怎么说，还是祝贺你们。"

进入房地产的敲门砖已经拿到手，只是代价高了些，谁让万科遇到了一位疯子。哪家企业如此咄咄逼人？经查核是深圳振华实业公司，私营企业，老板是湖南郴州人，带家乡子弟兵到深圳创业，捡破烂起家，现在开发工业地产、夜总会娱乐项目。怪不得如此死缠烂打。对方最后手软时，也一定认为遇到了疯子。

当务之急是先应付记者这一关。明天怎么答复记者问？

回到和平路 50 号。我交代秘书上街，把地摊上有关风水的书全给搜罗回来。通宵阅读论风水的小册子。

第二天对着记者提问，我大谈威登地块的风水龙脉，"你们看到了，地块芦苇茂盛，知道为什么吗？从风水的角度看，聚水，水为财。左青龙右白虎、前朱雀后玄武……"

施工开挖地基，芦苇丛所在位置的地下水不停上涌，止也止不住。威登别墅竣工时，还专门修了一口井，以示纪念。

就这样，2 000 万元“天价”，买了一张进入房地产市场的入场券。

一度，万科团队的主流派视这张入场券为“烫手山芋”，建议毁约，“不执行同国土局签订的合同，大不了交些罚金，否则高地价的经营压力太大”。

我认为：不仅不能毁约，还要继续竞标拿第二块地。

一个月之后，天景地块推出，通过投标，万科再次夺得。深圳地产同行再也不敢轻视万科这只不怕虎的初生牛犊。

万科房地产经营部成立，我兼经理，姚牧民任副经理，刘鹏任工程部经理，林汉彬任财务部经理，冯佳任项目开发部经理，郭兆斌任销售部经理，张雨任办公室主任，后来成为深圳地产公司经理的车伟清此时只是个普通的销售业务员。由 12 个人组成的房地产经营部，除了我（给排水工程师），没有一个人从事过房地产开发、建筑工程行业，个个都是半路出家。

外行也有外行的好处。公司没有条条框框，始终努力寻找优秀的学习对象，也乐于启用年轻人，勇于创新。高峰、付志强两位毕业于同济大学的青年设计师进入了万科的视野。经过几家设计事务所几轮方案的比较，两位设计师的方案接连胜出威登、天景地块的设计竞标。

连续购买两块地块后，万科留给开发的资金绷得紧紧的。天景花园样板房的 100 万元还是靠林汉彬向铁路支行借来的救急款，而交纳天景花园地块和开发伊始所需的部分资金，更是冯佳从茶馆里找来的粤银公司的朋友提供的。刘鹏抢着时间修建天景花园的样板房，夜间停电，就架着摩托车灯继续干，作为销售业务员的车伟清，在星期日还带着孩子在样板间里卖房子……

天景花园启动后，威登别墅项目也开始启动，由于地价高昂，公司在项目整体规划和产品定型等方面都耗费了很长时间。

为加强地产业务，陆续调来很多专业人员，夏南、黄瑞港、娄英平。后来成为万科物业管理老总的陈之平也进了万科，此时，他是检修高低压电的电工。

在地产项目大张旗鼓发展之时，万科的多元化经营也在持续发展。这一年万科成立了影视部，开始拍摄电视剧，郑凯南任总经理；成立了工业供电服务公司，为小型工业区配套供电，涂国庆任总经理。

一步脚印一块钱

1989 年 5 月。

深圳连降暴雨，罗湖区成了泽国。我趟着齐腰身的积水走向和平路 50 号。

三层总部办公室空荡荡的。星期天。

美国三大电视网之一的哥伦比亚电视广播公司摄制组专程从北京飞赴广州，再转深圳采访我。美中蜜月期，美国传媒用欣赏的视角报道中国的市场经济改革。

三大秀才之一的李杰已经调到总办，今天负责接待事务，还有温向东，我的秘书，中山大学英文硕士，由她负责采访的翻译工作。

会议室作为采访现场：灯光、摄像机、主持人汇聚一处，气氛紧张严肃。

摄制小组是根据美国大使馆商务处提供的信息而来的：深圳有家企业已进行股份制改造，其公司创始人是目前中国大陆最成功的企业家之一。

主持人："请问王石先生，您现在的身家有多少资产？"

王石："没有什么资产。"

主持人："不方便透露？"

王石："没有什么不方便的。股份化改造的时候我有 2.5 万元存款，拿出了 2 万元买了万科股票；股改时，公司的资产 4 ∶ 6 分配，职工股为集体持有，我没有要一股。"

"为什么？"

在美国，成功企业家的标志就是你拥有多少财富。你王石没有什么财富怎么会成为大陆最成功的企业家之一？

解释不清楚。

这次采访中，也许是语言和性别相同的机缘，温向东同主持人建立了联系。没过多久，由女权运动积极分子的女主持人提供担保，大家闺秀型的温向东办理了赴美国攻读博士的手续，攻读课题：女权历史研究。同行的还有李杰，其身份为陪读。两人就是在这次采访活动中摩擦出了爱情的火花。

春夏之交，一场政治风波。由于个人原因，我在6月12日离开深圳。蔡顺成代理总经理。冯佳、周世平也相继离开公司。

全国经济走势偏软。这一年，工业的来料加工业务成为万科当年的主要利润来源；房地产业务也呈现良好势头。

朱焕良

我再次返回深圳，是一年后的5月13日。此时，万科股票在深圳证券公司柜台的交易价格在0.88~0.92元之间浮动，挂牌交易的还有发展银行、金田，其股价走势明显好于万科。

我回深圳的当天，柜台交易的万科股票一反常态，急速上升，持续上升。不大的炒股圈子戏言：王石回深圳的路上，一步脚印一块钱。事后看来，这只是时间上的巧合，进入5月，交易柜台的三只股票全面升温。

回到万科，大蔡讲了朱焕良的故事：

1990 年万科股东大会。万科股票已经跌破票面发行价。由于担心股东闹事控制不了局面，公司已经做好了董事会成员紧急撤退股东大会的方案。大会进入股东提意见的阶段，一位个子矮小、黑瘦的中年人站起来发言："这一年，万科管理层做得很好，我很满意，股票低于发行价是大势使然，不必过于在乎。我看好万科发展光明前途。股票下跌的时候，我做多头，一直吃进万科股票。可是你们坐在主席台上的一些大股东却在抛扔股票，我不点名是谁，但我可以再次声明，你抛的股票我照单全收。"他的发言获得热烈掌声。股东大会顺利结束。

"朱焕良是谁？"

"客家人，部队服役，是开汽车的职业兵。复员后到特区倒卖国库券起家，在小股民中有相当的号召力。"

"这个人我要见见。"

同朱焕良见面后，我主动邀请他作为小股东代表加入万科董事会。

1990 年，特发公司开发的深圳发展中心大厦也已经竣工，它骄傲地屹立在蓝天白云下，堪称高科技和艺术结合的结晶。但对于特发的决策层来说，他们不是在考虑乔迁的日子，而是考虑如何迅速脱手回笼资金，偿还债务。

由于万科天景花园销售的成功，特发有意委托万科销售发展大厦。大蔡组织专业小组对发展大厦进行了仔细的勘查、研究。

从江西景德镇军用飞机制造厂租来直升飞机，郑凯南导演带着摄制组登机，接连数天围绕着特发大厦航拍。售楼书也完成了。万事俱备，只差销售。

根据测算，发展大厦的销售可以为万科带来近 1 000 万元的利润。

可就在报纸广告刊登的前一天，特发突然撤回对万科的委托，决定自己销售。只好紧急撤回报纸的广告稿，预订的版面改做万科地产的形象广告。

特发的变卦，刺激我做出了令特发意外的反应：你不是自己卖吗？好，成全你，万科这次是买家，购买你整栋大厦。

特发一下懵了。此时的特发老总是王新民，原在国家经委工作，刚到特发不久，还属熟悉工作阶段。上一任的袁陶仁，没做多长时间就离职了。在销售大厦工作中负责的是总经理助理袁春熙，李灏书记的前秘书。

万科自身筹措资金的能力有限，便通过电话联络香港新鸿基证券、香港天安中国和泰国正大集团。新鸿基证券曾是万科股份化的咨询顾问公司，天安中国是万科的发起股东之一，而正大，是我经营饲料时期熟悉的公司。

前两家公司电话里就谈成了结果，各占25%，现在就差正大集团表态。

在深圳高尔夫俱乐部会所约见到正大掌门人谢国民。寒暄之后，谢先生直截了当地问："王先生，你希望我们占多少股，投资多少钱，告诉我吧。我们信任你。"

谢先生这番话很受用。正是因为过去的一段生意交往，沟通才变得如此顺畅。信用无价呀。

万科牵头，四家联手，正式向特发发出收购大厦要约。参与收购的还有香港的一家财团。

特区发展公司的态度微妙起来，开出的条件逐渐加码。袁春熙助理的砝码明显挪向那家香港财团。

特发管理层的心态是，当年大厦急需还贷，你拒绝上交800万美元的额度，现在竟然反过来要收购这栋大厦。是可忍，孰不可忍！不行！宁赠友邦，不卖家臣。结果可想而知：发展大厦90%的产权卖给了香港那家财团，特发公司留下10%的物业作为集团的新总部。

收购发展大厦的行动失败了，但万科新启动的零售业务却顺利开展。万科购买了罗湖商业大厦的四层作为商业大卖场，与北京祥云集团联手开展连锁业务的谈判也在深入进行。而且，90 年代初的万科人事政策中对北大、清华的学生不问专业，来者不拒的做法也引来了一位年轻人。这天，和平路 50 号董事长办公室接待了一位带着书生气的年轻人。桌子上摆放着履历和一份“商业连锁模式”建议书。求职者叫郁亮，北京大学国际经济专业毕业，之前供职深圳外贸集团，见到万科招聘连锁业务的人才广告前来应聘。

1990 年 12 月 1 日，深圳经济特区证券交易所成立。股票开始通过交易所集中交易，并停止了旧版股票的交易。深交所成立几天前，11 月 26 日，深圳市在香蜜湖宴会大厅举行招待会，隆重庆祝深圳经济特区建立 10 周年。中共中央总书记江泽民和中外来宾及深圳各界人士共 500 余人出席。深圳，进入它的新一个 10 年。

新的一年，1 月 29 日，万科公司股票正式在深圳证券交易所挂牌交易，股票代码：0002。

综合商社之梦

1991 年初，万科的务虚会上正式提出了“综合商社”的概念。

按字面理解，综合商社就是以商贸为主导，兼顾金融、制造、运输业等多种经营的超大型公司。

综合商社的提出与万科靠贸易起家不无关系，也有我对于中国商业现状的一些思考。

我痛切感到，中国近代社会的衰落与商业的不发达有着密切的关系，中国传统的重农轻商和现代的重工轻商思想可以从“农工商”和“工农兵学商”的提法略窥一斑。而日本现代经济的轨迹，明显看得出贸易立国的思想和重商主义的积极作用与重大影响。

建国以来，中国积极推动的一连串五年计划以发展工业为核心，形成了门类齐全的工业体系，万吨水压机启动、万吨巨轮出航、原子弹顺利引炸、卫星上天……相比之下，商业却始终被抑制着。

如果我们换位思考，历史上长期被严重抑制的商业领域恰是最具发展前途的领域。

万科如何实现综合商社的目标呢？

日本综合商社是以金融为纽带，下属企业互相参股，以金融为纽带，通过商贸的上下游关系形成关联的利益集团。然而当时中国的现实，金融为国家所牢牢控制，没有放松的迹象；万科所能拓展的就是流通领域。过去几年的贸易经验告诉我，进口许可制度和出口配额都被利益集团垄断，万科被限制在很窄的贸易空间，所能施展拳脚又大有可为的就是零售业，国外成熟的连锁零售形式是万科模仿的最佳选择。

其次，即使零售业有很高的增长，仅仅依靠万科的自我积累仍是不够，要利用金融杠杆工具，进行企业兼并收购，以股权形式参股控股，这样不仅可以解决产业结构、规模扩大的问题，而且考虑到中国新兴的证券市场，股权投资还有相当高的利润回报。

还有，中国经济发展的资源掌控在大型国有企业手上，民间企业不可能独立发展，只有同大型国有企业同时发展，市场才是健康的。要主动帮助国营企业进行股份化改造，共同发展。

按照新的蓝图，万科将贸易、工业、房地产、文化传播四大支柱细化为 10 个行业：进出口、零售、房地产、投资（包括证券）、影视、广告、饮料、印刷、机械加工、电气工程。

务虚会议之后，为推行和借鉴“综合商社模式”，万科给公司的骨干人员下发了一本 200 多页的小册子《日本的综合商社》。这本小册子万科人是否认真读了，不得而知。至少推荐这本册子时，我还没有认真拜读。

一年之后，飞北京的航班上，当我认真读这本小册子时，边读边冒冷汗：……在日本，能够被称作“综合商社”的企业也仅有 9 家，其中最小的兼松江商，1991 年的营业额为 466 亿美元，相当于同年深圳国民生产总值的 16 倍，排名第一位的伊藤忠商社的营业额则为 1 670 亿美元，超过中国进出口贸易总额。嘿，真是无知者无畏呀。

下了飞机，第一件事是给《万科》周刊总编去了个电话：“郭钧吗，今后万科再不要有‘综合商社’的提法了。”

不再提“综合商社”，贸易王国的梦想依然。

一个炎热的星期日下午，蛇口足球场。

我带领着万科的单身汉正同蛇口“鬼佬联队”厮杀。

汗水、冲撞、拼抢、疼痛、血脉贲张、心脏狂跳……我喜欢这种野性释放的对抗竞技，它使人联想到非洲大裂谷原始人类同野兽搏斗的场面。

中场休息时。一位穿着T恤衫和浅黄棉布料便裤的中年汉子走过来，彬彬有礼地伸出手：“王总你好！刘路明，一直约见您，没想到在这儿见面了。”

“也踢足球？下半场怎么样？”

“呵呵，”爽朗的笑声，“没有准备，没有带运动衣。”

“嘿，踢着玩儿。”

下半场。刘路明活跃在场上，很好辨认，因为光裸着上半身。

这位名叫刘路明的中年人，原是北京财贸学院的讲师，80 年代末留学新西兰，刚回国内谋求发展，足球场成了求职见面的场所。

随后，刘路明被委任连锁零售业务部的经理。同年 12 月，深圳万佳连锁贸易公司成立。但因控股权互不相让，万科同北京祥云集团合组公司的设想告吹。

刘路明物色的第一位零售专家为武汉商场前副总经理吴正波。

短短一年内，深圳友谊大厦万佳商场开张，哈尔滨万佳、武汉万佳、广州万佳、乌鲁木齐万佳、福州万佳，雨后春笋般冒了出来……

参股股份制改造企业，待上市股票增值后套现实现利润，是万科新开设的投资业务，相当于投资银行的风险投资。这方面，毕业于国际经济专业的郁亮显露锋芒。

海南新能源公司被选为第一个项目。

在万科通过拍卖获得第一块土地，进入深圳房地产市场的1988年，我曾邀请成都八一科仪公司的陈宇光一起进入深圳特区的房地产。此时的陈宇光却摆出一大堆设计图纸，他告诉我，他已在海南注册了“海南新能源公司”，并同海军航空兵合作，在机场旁边的一块土地上开发住宅小区“海口椰林山庄”。之后，由于业务纷忙，两人很少联系。

同郁亮飞海南岛。

飞机在海口上空盘旋。俯瞰市区，半截楼工程比比皆是。同炎热的气候相比，市场冷清肃杀。

椰林水庄的外观如同一座城堡，迎门两边的城墙立着两个带尖顶的塔楼，让人联想起迪士尼乐园里白雪公主居住的古堡。工程进度相当快，据说预售不错。

对万科的提议，陈宇光满心喜欢赞成。首先，需要将有限公司变成股份公司。按照上市要求，至少有5家发起股东。这次前访，我们最终确定的5家为：成都八一科仪、深圳万科、海南农业信托、兰州石化和海南中商股份。

在海南期间，我们顺便注册了万科海南贸易公司，专做出口贸易。

1991 年，万科的工业制造突飞猛进。新成立了万科精品制造有限公司；成立了万科服装公司；收购了怡宝饮料公司 51%的股权。

而列为支柱之一的影视文化，在郑凯南总经理领导下，则涉足电影、唱片业。同北影合拍的电影《过年》在东京国际电影节获两项人奖。

抢占上海滩、撤退北部湾

金田公司位于和平路 56 号的泰山大厦，与和平路 50 号的万科总部只是 5 分钟的步行距离。从事纺织行业的金田紧随万科完成股份制改造，和万科同年介入房地产，其在深圳交易所的股票代码是 0003，市场上戏称两家公司为难兄难弟。

金田的创始人黄汉青，潮州人，说话大嗓门，有种江湖上的感染力，年龄较我小，见面直呼我大哥。这位自称小弟的金田掌门人在协议拿地方面的本领却比万科强好多倍，两个公司的拿地能力是 10 ∶ 1，就是说，金田拿到 10 幅地，万科却只有 1 幅。万科强调的运作方式使万科的土地储备明显处于劣势。

一次股份制研讨会中，两人在休息时间谈到特区的房地产市场，黄汉青掏出一份统计表，以夸耀的口吻说：“大哥，你看我这么多项目哪做得完，你要是有兴趣，可以分给万科两个项目。”

如果就这样憋在深圳，确实无法胜出金田。

万科开始寻找跨出深圳的地产投资机会。1991 年 8 月，万科获得上海市国土局古北新区第 24 号地块国际招标的消息，联合香港仲盛参与投标，出价 1 500 万美元成功取得该地块使用权，5 万平方米、容积率 0.5，属别墅用地。

姚牧民率领付志强、黄瑞港一行在西郊宾馆安营扎寨，开始编制设计招标手册等工作。苦于跨地域的行政管理人员短缺，大姚要求总部支援人手。

“什么条件？”我问。

“只要对地产业务感兴趣的，或在其他部门不能发挥作用的我都要。”

嘿，这样的条件容易满足。

在第 24 号地块设计的 88 栋别墅还在草图阶段，已被客户预订一空。市场反应之热烈实在出乎预料。

翌年 4 月，上海万科再次出手，拿的是古北新区高层用地的土地使用权，建万科广场。第一个调配给大姚的文民生，原任万科北京贸易公司副经理，刚到深圳报到就被派到上海任总经理。雷厉风行，说做就做，从不拖泥带水是大姚的一个鲜明风格。他有句口头禅：“表扬提拔不隔天，打击报复不过夜。”

1992 夏天，北海市委书记王庆录和市长帅立国到深圳招商，邀请万科参与北海房地产开发。

待我带着郭兆斌拜访帅市长时，帅市长为难地摊开双手：“你们动手晚了，北海市区的土地已经瓜分光了。”在市长过问下，国土局给万科挤出不到 3 万平方米的两块地，都在新建的火车站附近。

以当时万科的胃口，这样的地块自然不够分量。北海有一个名为冠头岭的山峰，景色很美。登到顶峰，凉风习习。望着山脚下的海湾，沙滩、椰树、海浪。“哎，这一片如何？”“啊，地块已经被中信王军划去了。”

晚饭桌上，我向市长介绍了万科在上海的开发情况后，市长略一沉吟，“这样吧，有一块 40 平方公里的土地，地价可以象征性地付一点，就算送给万科建设开发吧。”

我对帅市长的表态既感到惊讶又兴奋，在深圳不能实现的宏伟蓝图，在北海可以大展身手了。

返回深圳，召开房地产营业部会议研究帅市长的建议。说来奇怪，在图纸上，40 平方公里同 500 亩地块的感觉差不多。换句话，面对如此巨大的面积，我一点感觉也没有。

为了吃透北海政府对这块土地的规划意图，我邀请了经济学家汤学义、城市规划专家孟大强先生一起前往北海。

在北海建委会议室，帅市长请两位专家给建委讲课。

汤学义从基础设施投入分析讲起："深圳特区目前总共开发了 70 平方公里的土地，'三通一平'每平方公里需要两三个亿，70 平方公里的'三通一平'用去了近 200 个亿，也就是说地面上什么还没有就用去了 200 个亿。再看北海这 40 平方公里的荒地滩涂开发，即使这里的劳力、建筑材料比深圳便宜，每平方公里土地也得 1.5 亿~2 亿元，40 平方公里就得 60 亿~80 亿元，如果算上地面上的投资，厂房、公建、发电厂、水厂，少说还得 80 亿，加起来就是 140 亿~160 亿。问题不在投入，更重要的是产出和消费。北海目前的人口不到 15 万，一年的产值不足 10 个亿，如何支撑这么大规模的基本建设？"

听着汤教授的课，后脊梁浸出冷汗。我侧身对孟大强先生耳语："这一算如醍醐灌顶，40 平方公里的土地不能要啊。"

本来请专家给政府上课，却结结实实给狂热的王石上了一堂课。好在有这堂课，否则万科盲目上马，后果不堪设想。

在飞机声中放喉歌唱

1992 年 1 月 19 日至 23 日，88 岁高龄的邓小平在家人陪同下第二次来到深圳。

老人表示"坐不住啊，想到处去看看"后，深圳的老百姓从报纸上知道，小平参观了火车站、皇岗口岸、国贸大厦、先科激光公司、民俗文化村、锦绣中华，还在仙湖植物园种下一棵高山榕。

某日上班，刚进了办公室，电话铃响了。

拿起电话，蛇口王建国的声音："王石，祝贺你呀！"

"小平到你万科视察，厉害呀。"

"咦，我怎么不知道？"

"别保密了，报纸都登了，特区报头版。"

"是吗？秘书，把今天特区报拿进来。"心想，总设计师参观万科下属哪家合资企业也说不定。会是哪一家呢？

歪肩夹着电话筒阅读当天特区报的消息，不由笑了："小平视察的是先科，不是万科。"

"先科还不归你万科管吗？"

"两回事，先科是国家科委投资的项目，同飞利浦合作，做激光唱盘。万科出的《歌迷乐》激光唱盘就是委托先科做的。"

一场令人愉快的小误会。

3 月 26 日，深圳特区报发表了署名陈锡添的《东方风来满眼春——邓小平同志在深圳纪实》长篇通讯。经新华社转发，全国主要报纸均予以转载。以此为发端，全国掀起了新一轮改革开放热潮。事后，当天的这份《深圳特区报》被中国革命历史博物馆作为革命历史文物收藏。

12 年之后的 2004 年 10 月，我在法国公务期间参观了诺曼底地区的卡昂和平博物馆。这座为纪念诺曼底登陆 40 周年建起的博物馆，以对 20 世纪世界战争史内容的回顾，表达了人类祈望和平，拒绝战争的愿望。按时间轴线，展馆分为四个部分：第一次世界大战，第二次世界大战，二战后的美苏对抗，柏林墙倒塌后的多元世界。第四部分有个中国展区，其中陈列了两份报纸：一份是1962年的《人民日报》“九评”；另一份就是1992年3月26日的《深圳特区报》。作为一位经历风风雨雨的特区人，在这种特定的环境里看到这份已经泛黄的报纸上的标题：《东方风来满眼春》，一种荣誉感不禁油然而生。

1992年8月，万科上海公司推荐上海县七宝镇的三块住宅项目土地，每一块500亩。

在万科上海总经理文民生陪同下，我勘查了三块地，不是交通不便就是拆迁量大，要不就是紧贴工业区，地的情况都让人不甚满意。在这之前，金田在七宝吴中路边上拿了一块500亩住宅用地。我不免有些着急。

我约见七宝镇的张贵龙镇长，希望能再介绍新的地块。

浓眉大眼的张镇长眉头一扬：“一看你王石就是做事的人。好，我把保留的一块宝地拿出来，可就是价钱贵一点，位置很好，就在金田地块的斜对面。我和黄汉青是好朋友，他在我面前经常夸你这个大哥。”

驱车到张镇长的风水宝地。

蓝天白云，一望无际的稻田。站立稻田没有两分钟，一阵轰鸣声，一架客机呼啸而过。每隔10分钟或15分钟就有飞机的轰鸣声。

哦，明白了，这是一块机场航线上的稻田。目测来看，稻田距机场的位置不会超过1 500米。难怪一直没有人出手。显然是一块不适合居住的地块。

烈日当头。我双手叉在腰上，一动不动。两个小时过去了，飞机一架一架从头顶飞掠而过。

返回七宝镇，我对张镇长表示：“这块地万科要了。但要检测站的噪音检测报告。”

回到深圳两天，接到文民生电话，吞吞吐吐，大意是：大姚批评上海公司没有把好关，不应该将七宝的项目让董事长去勘察。哪怕接受罚金也要把地块退掉。

“你知道我为什么站在稻田里那么长时间吗？我知道这块地的硬伤，否则怎会轮到万科来挑选？但它的几个优势也是明显的，比如，在上海近郊哪有一块干干净净的500亩地？大都牵涉到几个村庄的拆迁。一涉及到拆迁，可能两个月，也可能半年，还可能一年后几个钉子还钉在那儿。这块地的好处就是时间掌握在我们手里。尽管有飞机轰鸣声，但你想过没有，万科能最快将房子推向市场。对于消费者来说，只有两种选择：买或不买，你不买我没辙，你买就只有我万科有房子，不用担心市场问题。别有压力，姚牧民的工作我来做。”

上海万科城市花园是万科历史上第一个集居住、商业、教育、娱乐和休闲为一体的郊区大型社区。大型社区规划万科没有一点经验，深圳其他开发商的大型市区开发有没有可借鉴的呢？我很欣赏深圳华侨城的规划，华侨城的规划正是新加坡的城市规划师孟大强先生做的。

孟先生，北京人，少年时去了台湾，从荷兰大学毕业后长期在欧洲从事城市规划。他声音有些嘶哑，谈规划时，手势比划幅度很大，话语不多，三言两语点中要害。但生意上却不在行，到各地出差时随身跟随着财务人员，打理生意上的事务。

孟先生主持规划的特点之一就是整个社区的开放性，这同中国传统的院墙住宅文化是一种反叛，但适合现代城市的居住环境；再一点，他始终把人与自然环境的协调放在首位。

设计方案出台。下一步就是建筑队伍的确定。此时的上海，基本建设呈蓬勃之势，建筑公司的活儿都排得满满当当。通过深圳华西建筑公司联系，华西四建一万多人的队伍从四川家乡携家带口涌进了七宝城市花园工地。许多民工的家属不仅携带着鸡鸭，还带来了吱哇乱叫的猪仔。为了维持工地和居住环境的治安，四川方面一个公安派出所整建制地跟了过来。

工地红旗招展、灯火通明，一万人的建筑大军分两班作业，10个小时一轮班，中间交接两个小时，24小时不停顿开工。就是为了抢时间，在第一时间推出上海城市花园。

市场的定位也很简洁：留学日本、回流上海的创业人员。统计资料显示，1992年在日本的上海留学生有8万人，每年以7 000人的速率返回上海创业居留。万科就是专做这个客户群的生意，5个城市花园的开发量也供不应求。社区环境的营造要现代化，接近日本都市社区风格；干洗房、书屋、咖啡店、便利店、美容美发、诊所、体育设施尽可能考虑周全。

半个月，一个轻钢结构的大棚搭建起来，再过半个月，各种规格的样板房在棚内搭建完成。一个星期后，样板房就要对公众开放。望着大棚周边光秃秃的环境，我无不遗憾地说了句："要是春天就好了，种上一层绿草环境就衬托出来了。"

大姚说："放心，接待日那天包你绿草如茵。"

心想：莫非你用绿油漆喷涂？

一个星期后再次来到大棚。大棚周围生长着毛茸茸、嫩绿的青草，可这是11月份啊?!

"哎，大姚你是从哪个温室大棚里移栽过来的？"

"嘿嘿，"大姚做了个鬼脸，"一麻袋麦粒的事嘛，小case。"

万科城市花园推向市场，反应异常火爆。排队的客户两次挤碎了售楼处的玻璃门，交款形成人潮；银行派人携带装款铁皮箱到现场收钱，拖钱箱时，超负荷的重量甚至压坏了大理石地板。定金现钞收了人民币两个多亿。

一石激起千层浪。市场迅速流传抢购万科城市花园的消息，"城市花园在飞机航线下呀。”很多上海市民不理解。

听销售员讲了这么个故事：一位上海市民来到工地现场，一阵飞机的轰鸣声把他吓了回去。过了几天，听周边的人议论城市花园，他不死心，再次来到工地，觉得飞机噪音还是太吵，没有下决心买。又过了几天，听周边的人继续热烈谈论城市花园，他再也待不住，携带了小板凳到工地，索性坐下感受噪音的影响。这一次，觉得飞机声音可以接受，才决定购买。

还有另一个版本：刘善本是销售部的售楼冠军，待客户热情洋溢、礼貌大方，讲话底气足，像受过训练的播音员。其实，他本身是位业余男高音，曾受音乐名师指点。售楼厅里每天都会听到业余男高音的嘹亮歌声，好像是在炫耀：我又成交了一套三房两厅。请教其唱歌售楼的秘诀时，善本笑眯眯地说：“有什么秘诀？飞机过的时候我不唱歌怎么办？尤其图－154 飞过的时候，太可怕了，大地都在颤抖啊，我只好提高嗓音。”

不可否认，时至今日，飞机噪音对于城市花园仍是一个无法回避的负面影响。但在 10 年后的 2004 年，万科地产委托第三方对业主做了一个机场对购房意愿影响的调查，有 73% 的购房者认为飞机噪音确实影响到他们对城市花园的选择，但即使这样，仍然有高达 84% 的居民愿意选择在此长期定居，只有 2% 的人希望离开。

促使这么多人忽略飞机影响选择万科城市花园是什么原因呢？一般人都会不假思索地回答：公司品牌和良好的物业管理。

纯从社区规划的角度来看，开放的社区是万科城市花园独一无二的特征。在这一片方圆数平方公里的土地上，楼盘有上百个，大至上千亩，小至几栋楼，均是封闭形式。无形中，开放的万科城市花园的公共建筑设施成为新市镇的中心，约会、聚餐、购物自然都聚到这里。因为商业旺盛，原来规划的一楼商铺供不应求，不得已，自行车棚改做商铺，现在这里仅餐馆就有 60 家之多。

一份刊物和一个梦想

随着公司经营规模的扩张，加强公司内部沟通和对外传播公司形象的需要也越发显得重要。

这时候，万科相当多的业务骨干都经历过旧有体制，在很多事务工作中习惯于黑箱操作，各忙身边事，信息不透明。尤其是公司的中间层，不仅不能及时透明地主动同管理层及员工层进行沟通，甚至在一些工作中阳奉阴违，隐瞒信息。

如何保证信息的真实性和透明度？根据过去的经历，通过行政命令下发的红头文件在层层传递的过程中间效率不高，更无法满足传播中对方的阅读需求。那么，公司出份每个职员都可以阅读的周报如何？充分宣传企业文化，说明总部提倡什么反对什么，也要求一线公司必须张贴出去，这样，总部的信息就可以迅速传递到最基层的员工。

1992 年春天，刘冀民单打独斗，诞生了《万科周报》。而后，更名为《万科》周刊。

作为万科企业股份有限公司的一份内部刊物，一开始，《万科》周刊担负着上传下达的任务。但在此后的岁月里，它渐渐超越了企业自身的视野，并被赋予了相对独立的刊物风格。作为万科的一扇窗口，《万科》周刊这份起初只有 8 页的刊物，以惊人的速度，迅速成为万科企业文化的重要载体，在中国的经济界、思想界、企业界和新闻界都产生了相当的影响。它充分反映了万科企业的成长轨迹和企业观念的变迁，深刻地打上了万科企业文化的烙印。

周刊出版至今，一共更换了 8 位主编。高屋建瓴的北京大学毕业生郭钧，吐着烟圈纵论格局，总是一副指弹烟灰，一切不在话下的才子形象；林少洲鞭辟入里，潮州秀才的文字绵里藏针；丁长峰意气风发、指点江山，保持着极高的出版效率，干起活来却是忙里偷闲；姜宇文字洗练，情意绵绵，更掳取一位格格写手的芳心；全忠，南开大学编辑专业高手，将周刊版式提升至新一层面；单小海融合岭南秀美和湘江激浪，伴随IT新经济大潮前行；同样毕业于中山大学的的王永飚面对汹涌澎湃的新传媒，奋力支撑周刊的江湖地位；转了一圈，又回到毕业于北京大学的缪川手中，面对专业化的万科和专业化的财经企业管理传媒，周刊全新塑造面对外部读者的形象及定位，又派生出公司员工反应热烈的员工版。

时至现在，《万科》周刊已经出版近500期，成为一本极具特色，在白领和“有教养的公民”人群中拥有相当影响力的杂志。

目前，《万科》周刊的主要内容涵括财经、商业、地产、建筑、人文、外刊资讯、房地产行业资讯等，近年来的几个专题如“新住宅运动”、“寻找城市的脉络”、“中国化现代民居”等，均在传媒界与地产界引起反响。同时，《万科》周刊在2000年创办的互联网论坛www.vankeweekly.com还是目前极具影响力的民间论坛之一，其中的“经济人俱乐部”论坛在成立伊始更是有国内的几位知名中青年学者赵晓、巴曙松、钟伟和高辉清的鼎力相助，“思想评论”、“王石在线”、“笑谈股金”、“游山玩水”等论坛也是风起云涌，汇集了不少热心网友。2004年《万科》员工版的创立，则成为传承万科企业文化的另一面旗帜。

万科要有创造城市文化的责任感，对后代负责，但绝不等于说“赚钱是次要的”，而是阐明万科企业文化的一个简单的逻辑：赚钱是结果，不是目的；赚钱是得到社会承认的必然回报，绝不牟取暴利，合法的赚取高于平均利润的回报却是公司竞争力使然。在这样的企业理念下，《万科》周刊不断演变发展，从刚开始的“企业视角，人文情怀”到今天的“弘扬万科文化，彰显企业价值”，《万科》周刊已经成为一本具有强烈的市场媒体、同人杂志特征的企业内刊，它的关注点远远超越了企业本身，而更多聚焦于社会动态、思想探索、学术普及和人文思考，成为“有教养的公民”的一个精神栖息之所。

万科是《万科》周刊的家园，而《万科》周刊是万科的精神家园。创业20年来，《万科》周刊坚守人文主义的理想，坚持对人的尊重。坚持理想和对人的尊重，这是万科人值得骄傲的资本。

周刊发展到现在，能被公司内外承认，背后付出了巨大的心血。就我的感觉来讲，周刊编辑部这些年轻人，他们付出的心血可能更多。从公司目前可能提供的条件，从编辑部尤其是主编对自己的期望和要求到刊物截稿的时间性，决定了整个周刊编辑部的超负荷工作状态，甚至可以说是夜以继日。在万科整个20年的发展史上，一个部门持续保持着这样的工作状态，也是不多见的。可以说，周刊编辑部的年轻人，他们是在用生命去实现他们的价值，实现他们的理想。

超过25%的利润不做

1992年尾，深圳国土局主办了一次房地产沙龙。

作为万科代表，我在发言时明确告诉与会者：“万科超过25%的利润不做。”

会场哗然。

我解释说：“现在只要手中有一块地，半年还没开发，地价就涨一倍。低于40%的利润不做的说法由此而来。但这正常吗？万科做贸易出身，20世纪80年代做录像机，也做过利润200%~300%的生意。因为是超额利润，许多公司都进口录像机，供过于求，录像机降价，销售的边际利润就开始下降，甚至利润变成负数。今年，我让财务将万科1984年到1992年的贸易记录整理了一遍，赚钱用黑字表示，赔钱用红字表示，结果红字多于黑字。这说明这么多年贸易的结果是赔钱超过赚钱；这也说明市场很公平，先前你怎么暴利赚的钱，之后你都得吐出来，而且还要多吐。

"现在的房地产火爆同80年代的贸易何其相似。如果任由下去，一旦市场逆转，利润空间变窄，你怎么办呢？"

哪有不愿多赚钱的发展商？

与会的国土局官员、开发商、新闻记者不明白我在说什么。

有的与会者嘀咕："唱高调也不是这样的唱法呀。"

还有的更直接："你赚不到25%说明你没本事。"

1993年第一季度。

地价继续上涨，钢铁、水泥、木材价格翻番。

万科三个工地停工，对方要求增加建筑费用，谈判代表理直气壮：不增加建筑费，开工就得赔，停工被罚款也是赔，但至少落个清净。

预售楼花，如果不能按期交付使用，对万科来说损失的不仅是金钱，还有信用。不得已，只好修改合同，增加建筑费。

进入第二季度。建材价格继续上涨。

建筑公司再次停工，要求增加建筑安装费。只有忍气增加。核算下来，万科卖出的楼花已经处于亏损边缘。老天爷呀，你怎么这么不公平呀，难道老老实实做好人就得吃亏吗？

就在我们像热锅上的蚂蚁那样团团转的时候，中央针对股市和房市的泡沫进行调控挤压。三大建材的价格应声而落。房地产价格迅速下降。发展商叫苦不迭。

听到宏观调控的消息，我由衷发出内心的声音："我举双手赞成！"

我要求万科地盘的建筑队停工。

"为什么停工？"

“为什么？三大建材价格降下来了，我们得重新定价。”

万科超过利润 25% 不做的理性思维获得了市场的认可。

在许多发展商艰难度日的宏观调控期间，万科地产的规模以平均 70% 的年均速度递增，到 1998 年，万科突然发现自己排在了沪深两市上市房地产企业的第一名。

在一次研讨会上，我这样概括了万科地产的特点和理念：

第一，万科地产自起步始，就选择参加土地拍卖、高价得地的办法，以突破经营范围的限制，进入房地产市场。由于高地价带来高建设成本，万科地产只有坚持“高来高走”的原则，即建高档房，高售价，才能有利润回报，使新拓展的房地产业继续下去，并使公司在房地产业务的支撑下开展其他业务。房地产业务能否按预期发展，是万科完成股份制改造之后的最关键问题，只能成功不能失败。与此同时，我们也希望以建造高档次、高品位的物业，向社会奉献高尚的居住空间为己任，在高起点上树立万科地产的企业形象。

第二，万科抓住机遇，率先大规模拓展跨地域地产业务。尽管万科在深圳房地产业起步较晚，但是在跨地域经营上却后来居上，1992 年后公司实施了东南沿海开发计划，已经取得多幅土地的开发权。在深圳，万科尚未被承认是“正宗”的房地产公司，但在全国许多大城市，已经形成了规模影响力。

第三，万科地产从单体住宅和小区开发走向规模经营，增长迅速。万科地产开发初期，地域限于深圳，发展的物业规模有限，“天景花园”、“威登别墅”均属小面积住宅区，万科地产的影响力受到限制。随着公司地产业务形成规模经营的态势，万科地产已开发和即将开发的物业面积达数十万平方米。仅以上海城市花园项目为例，其占地面积约 30 万平方米，建筑面积约

42 万平方米，总投资额 8 亿多人民币，整个项目预计用 2.5~3 年时间完成，年营业额约 3 亿元人民币。考虑到万科公司 1992 年全年营业额为 4 亿~4.5 亿元，可以预见万科地产的经营规模在未来几年将呈几何级数增长，其占万科集团经营额的比重及回报都将举足轻重。

第四，万科地产旨在推销一种新的生活方式，这是万科地产与其他房地产公司迥然不同的经营特点。万科开发房地产，不以赢利为唯一目标，也不只是单纯为客户提供居所，而是从满足人们追求舒适、便利、完美的生活方式出发，自始至终为客户的各种合理需求提供尽善尽美的服务。为此，每个项目都力求规划合理，设计完善，施工管理一丝不苟，把高品质的物业交给客户，而且在房产售出之后，注重物业管理，提供成熟配套的服务，保证客户处在优雅、宁静、清洁、安全、便利的生活环境之中，处处感受到万科对他们的关心和尊重，万科还邀请客户参与物业管理，共同营造完美温馨的生活氛围。

除了上述经营特点外，万科地产还在发展中形成了自己的经营理念，称之为“理想主义加实际的操作技巧”。万科不仅要有推销新的生活方式的信念，还要有创造城市文化的责任感，要有将建造的物业变成城市景观一部分的理想，对城市负责，对后代负责，相比之下赚钱反而是次要的，是得到社会承认的必然回报。

震惊中外的“8 · 10”风波

当万科的同事们以“逢山开路，遇水架桥”的气势在房地产领域开疆拓土的时候，深圳的股市可谓芝麻开花节节高。从普通市民到机关干部、从普通职员到公司高官，整个城市似乎都在关心议论同一个话题：股票、股票、股票……

这一时期，万科推动的海南新能源公司股份化也开始进入券商辅导期，上市进入倒计时。

一次，我从外地出差返回到公司总部，无意中发现总部的一些员工不时掏出BB机看着什么。

“他们在看什么啊？”我好奇地凑过去…… 原来是股票行情！炒股之风早已蔓延到万科。可想而知，总部如此， 线公司同样不能避免。

当天下班后，我立即召开总经理办公会，以一种不容商量的口气说：“总部明天就下文，绝不允许员工在上班期间炒股票，不允许上班期间去交易所，一旦发现，便做开除处理。同样，也不允许员工在上班期间用BB机阅读股市行情，发现一次就给予警告，发现两次就没收BB机，第三次就坚决开除！绝不姑息！”

我的直觉告诉我：或许，在下属公司中还会有人动用企业的钱介入股市。股市的诱惑太大了，如果不坚决制止，谁还有心思做本职业务？

郁亮和丁福源提出了建议：职员想投资股票的可以把钱筹集起来，由公司组织专职人员负责。否则，很难令行禁止。

经过审慎考虑，万科专门成立了一个小组来帮助有意股票投资的员工，由一位外表文弱、承受力坚强的广州女孩朱晓兵负责。

经过检查，公司意外发现：国企、工业公司、工业精品公司、彩视电分公司都介入了炒股票的队伍中。国企的两位职员更已经深陷股市，公司还没来得及处理，这两位竟不辞而别。其中一人，更成为股市上小有名气的炒家。

一天，朱焕良进了我的办公室。仍然是一件皱巴巴的夹克衫，但此时的他已经是股市上呼风唤雨的人物，据说更可随时调动资金两三千万。这一时期，炒股票让许多人发了财，过年时，更有一位股民贴出对联，上联是：翻身不忘毛主席，下联是：致富感谢朱焕良。

朱焕良一副笑眯眯的样子："王总，我打算和万科一起搞股权投资，外地的地产项目也行。"

"哦，不想在股票市场上赚快钱啦？"

"跟着王总做点事业更踏实些。"

"就怕你耐不住寂寞。"

"只要你不嫌弃就跟着走。"

"求之不得。"

"那我就把手中70%的股票卖掉，跟着王总投实业。"

在朱焕良出手股票的时候，越来越多的老百姓却从全国四面八方涌向深圳。中国股市的赢利神话将国人的热情燃到极致，人们狂热地追逐新股，这股热浪也最终在8月的深圳达到顶峰。

1992年8月6日，深圳发售500万张新股认购抽签表的消息见报。第二天，深圳市人民银行、工商管理局、公安局、监察局发布1992年新股认购抽签表发售公告，宣布：发行国内公众股5亿股，发售新股认购抽签表500万张，凭身份证认购，每一张身份证可买一张抽签表，每人一次可最多买10张表。适当时候，将一次性抽出50万张有效中签表，中签率为10%，每张中签表可认购本次上市公司发行的股票1 000股。

身份证搜集大战开始了。一连数天，深圳的电话线路被内地长途严重拥堵。邮局的特快专递和包裹里也满是一捆一捆的身份证。公告发布当天，全市300个发售点就开始有人占位，广州至深圳的火车票根本无法买到。

8日一大早，各个发售点已经排起椅子板凳大长龙，到了晚上，长龙又加入了凉席、折叠床。来自全国的数十万人在深圳市303个即将发售认购抽签表的网点通宵排队。

9日，整个深圳满街满巷都是人，每个发售点都是里三层外三层，经过整日暴晒，人反而越聚越多，越来越密，傍晚雷雨临头，湿气蒸腾，依然人潮鼎盛。

这时候的深圳，街巷已被人占据，人们手里揣着大把的身份证和钞票，到处在排队，人人都指望抢到一个发财的机会。据不完全统计，发售抽签表前夕，排队的人超过了100万。市政府也召开紧急会议，决定突击加印1 000万张抽签表（兑换券），以满足市场需求。

然而，发售开始时，部分销售网点的内部人员私分抽签表，秩序混乱；在8月10日上午11点左右，抽签表仅卖了两个多小时，多数网点就亮出“表已售完”的牌子。很多抽签表都被人从后门拿走了。排了几天几夜而买不到表的股民们不愿离去，人群中更有人因不满而起哄。

傍晚，千人在深南大道游行请愿，要求同市长见面，并与公安干警发生冲突，多辆警用及民用车辆被砸坏烧毁，警方不得已使用了高压水枪及催泪弹。后来查实，在全市300个销售点中，有95个点收到群众举报，到12月10日，自查内部截留私买的抽签表达到105 399张之多。

毫不夸张地说，“8 · 10事件”成了深圳股市当年最大的利空消息，早先普遍认为新股抽签表发售势必牵动人气的乐观估计被事实击得粉碎。股灾过后，行情显示屏上尽是卖盘，股价下跌，又一轮熊市降临了。限量发行认购证这种发行方式也在实施不久后被终止。可以说，正是“8 · 10事件”催生了中国证券监管机构的诞生。

在轰动全国的“8 · 10股灾”整个过程中，万科集团没有一人参与。朱焕良也因改变投资方向而躲过了一劫。此时，万科的兴奋点正聚焦在深圳特区外的圈地运动和股权投资上。

常务副总蔡顺成，放弃了钟情的进出口贸易，同黄胜全牵头组建香港银都置业有限公司，投资青岛银都花园，万科占股份40%。这一时候，鉴于跨地域扩张速度与资金紧缺的矛盾，万科始终坚持“0.4”投资法则。

郭钧从《万科》周刊辞去主编职务，领衔天津万兴实业股份有限公司。按照同样的法则，60%的股权由万科最大个人股东刘元生组建的香港太平洋投资、皇岗村的“牛仔”和朱焕良所拥有。

仍兼任国企董事长的鲁东勇则创建鞍山万科东源公司，兴建万科东源大厦，其60%的股权由香港太平洋投资和朱焕良拥有。

大姚的副手郭兆斌在北海建立了北海万科地产公司，除万科的40%股权外，其余60%的股权较为复杂，其中包括太平洋投资、深圳有色金属和海南证券。

外地最大的合作项目——上海万科城市花园60%的投资权益为张恭泰先生的香港冠都公司、深圳李世奇的康芙事业股份有限公司和蛇口钟小剑的爱利国医学科技发展公司所有。

1992年，万科在参与投资的12家企业中共拥有4 280万股，涉及商贸、房地产、饮料、化工、运送、印染机械、机电产品等7个行业，所在地区涵盖了西安、天津、北京、武汉、吐鲁番、海口、沈阳及汕头。

1993年，万科在参与投资的13家企业共拥有8 182万股，新增通信设备生产、汽车制造、高新技术开发、能源、水产养殖、工程机械等行业，所在地区则涵盖长春、顺德、上海、北京、苏州、鞍山、哈尔滨及大连。

如果我们再举个企业作为例证的话，那么，成立于1986年的新疆德隆集团的历史大事记对于1992~1993年是这样记录的：

注册成立新疆德隆实业公司，注册资本人民币800万元，以此为平台开始股权投资，到西安做股份制改造过程中的认购权的买卖。从1992年5月到1993年3月，这一期间共赚了5 000万到8 000万元。

成立新疆德隆房地产公司，与新疆建行所属的宏源信托合作开发了宏源大厦，与新疆维吾尔自治区党委机关事务管理局合作开发了城市大酒店。同年开始进入娱乐、餐饮和房地产投资领域。

可以说，相当多创立于80年代，发轫于90年代初的中国大陆新兴企业的多元化业务构成中，尽管各自涉及的行业五花八门，但进入房地产行业和进行股权投资的做法却是共同的选择。

漫漫B股发行路

进入1993年。万科跨地域拓展房地产项目的节奏加快，对资金的需要也更加急迫。

此时，深圳证券交易所还归人民银行深圳分行管辖。行长王喜义是东北人，从人民银行总行前往深圳工作，作风硬朗、练达、霸气，金融管理处副处长张国庆甚得他的欣赏。

万科第一考虑发行可转债。申请可转债的还有宝安股份有限公司。

可分配的指标有20亿元，在北京、深圳均有良好公共关系的宝安股份一个申请就批到了10个亿。

约见王行长，还没开口，控制局面的王行长先开口："可转债不可能了。发B股吧，新品种，是为了吸引海外投资者特别设计的，只允许海外资金进场买卖。你们回去研究一下。"

行长的话，一言九鼎。新品种一推出就可引起香港券商的极大关注，尽管市场前景有很大的未知数，但哪家香港证券商会愿意错过搭头班车的机会呢？

一位洒脱倜傥的年轻人出现在万科面前。他是香港渣打（亚洲）有限公司副董事宁志翔先生，曾就职于美国所罗门兄弟投资银行，专职大陆新兴的股票市场。宁先生是昆明人，大学毕业后留学欧洲、北美，投资银行业务娴熟，彬彬有礼，工作热情，很快赢得了我的信任和好感。

在我讲述万科业务和构想时，宁志翔明确提出了何为万科主营业务的疑问，同时，他对万科的贸易和地产也表示了自己的判断，“贸易是万科最早发展的业务项目，但今天面临经营分散、不成规模、缺乏长期稳定客户的局面；地产业务干到了一定规模，但尚缺乏统一协调。”

确实，万科除房地产开发外，其他业务的利润率都开始明显降低，进出口业务营业额尽管占到总收入的70%以上，但实现的利润却不足利润总额的1/4；1992年，贸易业务所提供的利润只占16%。与此形成鲜明对比的是，万科在上海的第一个房地产项目西郊花园的销售额占据万科1992年全年总营业收入的5%，利润更占到公司整体利润的20%！

很快，宁志翔带着渣打的团队小组进驻万科。

同渣打一起杀到万科的，还有担任审计的毕马威国际会计公司，任法律顾问的是年利达律师事务所，负责物业估值的是卓德测记师行有限公司。工作人员一到，便开列出一系列的问题清单，涉及万科分布在各个城市物业的各种原始凭证和法律文件。在收集文件过程中，万科暴露出一系列基础管理方面的问题，诸如文件缺失、手续不全的情况时有发生。

万科B股招股书的编纂，是发行工作的核心。从1992年10月到1993年3月定稿，其间共有10个修正版本，每一稿一旦完成，渣打都会迅速传递文件给合作方，随之是一系列会计师、律师和评估师的会计报告、法律意见书和估值报告。110页招股书的背后，是5 000多页的传真纸。香港公司的专业素养和精神给万科留下了深刻的印象，也让万科再一次得以检视自己发展的道路，检讨自身的不足和问题。

就在万科发B股的团队与宁志翔统筹的团队的工作接近尾声时，B股的主承销商角色出现了变数。

“8 · 10股灾”风波引起北京震怒。郑良玉市长因此被调离特区。迫于压力，具体操办证券业务的张国庆考虑离开人民银行。他一方面承担着被指责的精神压力，一方面开始组建一家证券公司。

一天，在人行金融处，张国庆对我表示："过一个月我就离开人行，操作一家证券公司，万科同金田发行的B股都由我来承销。"

面对发行B股生杀大权在握的张处长，你能说"不"？

张处长注册的证券公司就是君安证券。

万科B股承销团的构成如下：主承销为君安证券，副主承销为渣打（亚洲）有限公司，分销商是里昂财务股份（亚洲）有限公司、新鸿基投资服务有限公司和山一国际（香港）有限公司。

君安几乎扮演了不劳而获的角色。

券商承销企业股票的利润来源于承销的手续费，按承销金额的百分比收取，比率视筹资的规模、同行的竞争、发行的风险而定。万科首发4 500万股，每股港币10.53元，筹资港币4.5亿元，手续费5%（费用2%+佣金3%），手续费属于偏高。

然而，事实证明，认为君安不劳而获的想法大错特错。

接近认购截止期，相当比例的股票还没有被认购，市场并不看好B股。在负责发行股票的券商正式签订承销协议之后，企业股票能否顺利售出的风险已经转移到承销商身上。按照协议，承销商必须对未被认购的剩余股票买单。理论上，无论市场好坏，万科都能如期收到4.5亿元港币，不能全额或者超额认购仅仅是个面子问题。

但是，万科的高层们仍旧担心君安证券这家冲劲有余、资金匮乏的券商的偿付能力，毕竟，同一时期，君安也是金田公司的B股承销商。直觉告诉我，君安证券无法在如此短的时间内贷到如此数量的资金。但事实上，万科和金田都按期限收到了全额定向发售的B股资金。

1993年5月份，万科B股在开盘后跌破了发行价，承销商的B股也窝在了手上，君安因此成为万科的大股东之一。两个月后，君安证券总经理张国庆建议万科反贷给君安证券一笔费用，以解决短期资金拆借的燃眉之急。显然，挪用筹资款借贷给证券公司是违规的，也违背发行B股的初衷。

我拒绝了。

万科B股于1993年5月28日正式挂牌交易。在1993年8月26日的香港B股市场推广会上，我坦言："在40多年计划经济的历程中，我们对市场经济已经变得非常陌生，无论是观念还是方法都显得陈旧和僵硬。这次B股发行中，我感觉最强烈的就是观念问题，对于我们这些搞计划经济出身的人来说，有一个自我认识和改造的过程，要力图缩短这种差距。"万科首次发行股票解决了企业的产权界定问题，使企业从僵化体制的束缚中摆脱出来，为长远发展创造了一个契机。而这次B股发行工作，则促使万科深入调整自身的业务架构，并努力促使企业的经营管理状况向国际投资者认可的方向发展。

这次发行B股后，万科继续聘请毕马威国际会计公司为万科的核数师，定期根据国际会计准则进行审核，并定期在香港主要中英文报刊上刊登公司中期和年度公告及有关重大事件的公告，以增加公司透明度和推进规范化。同时，万科同香港证券商、基金等专业机构保持密切联系，以介绍公司最新情况及听取他们对于公司发展的建议和意见。

这次4 500万B股的成功发行，万科共募集资金45 135万港币，帮助公司明确了以扩大资金积累为主的现阶段发展目标，理清了以房地产为主导行业，包括证券（股权投资）、贸易、工业、文化在内的五大业务结构。并使得万科能够在宏观调控的形势下，仍有较充足的资金保障跨地域战略的实施。

由于万科B股市场价低于发行价，君安被迫长期持有。

“8 · 5 大爆炸”的隐喻

1993 年 7 月，结束了在和平路 50 号办公的日子，总部迁往翠竹北水贝二路 14 栋万科工业大厦。此前在这里办公的万科工业公司生产基地迁往特区外的百门前工业区。

8 月 5 日中午 1 点 30 分左右，随着一声闷响，整栋楼都开始震动，门窗和办公桌椅也随之晃动。一瞬间，我感到如同置身波浪。

一切归于平静。我将头伸出门外一探究竟。秘书从桌子下露出头：“老板，我还以为是地震呢。”

没过多久，传来了消防车的警报器声。跑到 6 楼顶层平台，西北侧上方黑色烟柱冉冉升腾。“轰隆”又是一声巨响。坏了，什么地方发生大爆炸！？

原来是 4 公里以外的清水河危险品储运仓库大爆炸！因堆放在一起的氧化剂和还原剂发生化学反应自燃，大爆炸连续两次引发，由硝酸铵、高锰酸钾、硫化碱和硫化镁等危险品组成的“炸药库”燃起熊熊大火，巨大的冲击波把附近的建筑推倒、掀翻，门窗玻璃震碎，钢筋、水泥板、砖石漫天飞舞，正在现场工作和抢救的人们被巨大的气浪高高抛起，还有人被硬物击倒在地。方圆几公里外的人都感到强烈的震动，市中心南洋酒店的门窗被震得无法关合，国贸大厦也在轻微颤动。

5 000 余名公安、武警、消防战士全力灭火抢救。经过 4 个多小时的生死搏斗，一场严重威胁到城市安全的大火终被扑灭。爆炸造成直接经济损失 2 亿多元，15 人死亡，8 人失踪，逾百人受伤。

我尊敬的深圳市公安局副局长杨水桐，在指挥现场英勇殉职。

杨出身贫寒的偏远山区，凭自己的努力在公安战线做到特区的公安局常务副局长，成为家乡的骄傲。90 年代的特区，伴随着经济腾飞，也蔓延着权钱交易的腐化堕落风气。但杨局长的秉公清廉是圈内共知的。知道杨局长殉职的消息，我同丁福源一起去杨局长家里探望，这是机关配给局一级的干部宿舍，虽然宽敞，但除了墙上的字画外，屋内冷清清的，没有什么像样的家具电器，老杨个人喜好字画，写一手好毛笔字。

《深圳商报》头版刊登的大爆炸的蘑菇云照片获得全国新闻摄影金奖。拍摄者张青，得知清水河大爆炸，职业本能，抓上相机冲向火光熊熊的现场，镜头对准救火的现场按动快门。轰隆，第二声爆炸，张青被掀翻的水泥墙、碎石砸倒，大腿严重损伤。我专程去医院探望英雄。躺在病床上的张青意外地瞪着眼睛："老板来了。"他到报社之前，是万科旗下国企的职员。

事故发生有一定的偶然性，但蕴藏着必然。3 年前，安贸公司在仓库中擅自存放易燃易爆的有毒化学品达 45 种之多。而附近 300 米的远处存放着双氧水和煤气罐群。对这一隐患，市消防部门曾在安全检查中提出过立即整改的意见，但因被人"说情"，整改意见没有得到贯彻。令人费解的是，本地媒体对这场爆炸做出的报道更多是浩气凛然、响彻云天的英雄赞歌。确实，应该对救火立功人员赞扬和鼓励，但更需要对这场"意外"爆炸的恶性事故进行反省。难怪有人戏称如此报道宣传是：丧事当作喜事办。

但是，那时的公司没有想到，几个月后，另一场震动同样在等待着万科。

进退申华始末

1987 年 3 月 16 日，上海浦东川沙县农民瞿建国注册了上海申华工贸联合公司，经营小巴客运、贸易，资本金 100 万元；此时，我领导的深圳现代科仪中心已是一间专业进口摄录像机设备的公司，正同日本索尼、JVC 等公司密切合作，改整机进口为散件引进，国内组装、销售。

1990年12月19日，申华在上交所上市，更名为上海申华实业股份有限公司；翌年初，万科在深交所上市。

同深圳的几家上市公司相比，上海的上市公司规模一般只是它们的1/10到1/3，所以被称为小盘股。此时的万科，把股权投资作为四大业务之一，先后在西安、北京、天津、海口和武汉等城市参股了12家企业。

1993年，在万科进入上海房地产的同时，郁亮负责的股权投资部正对沪上市公司做严密研究、筛选。拥有2 700万股流通股的申华第一次进入万科视野。申华的业务有客运业、房地产、酒店旅游业和股权投资，同万科的多元化类似。

由于万科发行B股，针对上海市场的研究暂时放缓。B股发行成功后，万科通过二级市场进行股权投资的想法继续深化。

1993年9月，深圳宝安集团下属的3家企业大举收购上海著名的“老八股”之一，属于“三无概念股”（没有国有股、法人股和职工股）的延中股票，等到9月30日宝安举牌公告时，已经持有了延中17.07%的股份，后来增持到19.8%，成为延中实业第一大股东，并提出改选董事会。延中方面反应强烈，声明要采取反收购措施，延中股价跟着飞涨。双方的激烈交锋惊动了中国证监会，对宝安在收购过程中的违规问题予以处罚，但承认了宝安所获得的股份有效。“宝延风波”成为国内证券市场上第一起上市公司收购案。

上海股市酝酿着更大的风暴，一个多月后就将掀起。

上海申华实业股份有限公司董事长瞿建国对报界发表谈话：“申华资本来自于民间、产业服务于社会、效益回报于社会。欢迎有实力、有管理能力的大公司来做申华的大股东。”这一讲话，引起了郁亮的注意。

通过中间人，我和郁亮在一家僻静的酒家与瞿建国会面。

瞿董事长身着灰色西装，西装袖口上的商标没有撕掉，话不多，但显得诚恳、可信。瞿开门见山表示："我准备移民加拿大，公司要引进有实力的大股东。"

"移民换身份？"我谨慎问了一句。

"就不回来了。"

颇感意外："为什么？"

瞿建国的回答更使我意外："医生诊断我为肺癌。到国外除了静心治病外，就是做慈善事业，我申请注册了建国慈善基金，股票套现的资金都捐赠给公益活动。"

这番话令人佩服。在感慨和伤感之余亦有些欣慰。

瞿建国先生要把自己打造的企业托付给万科算是找对了人家。

我表态："我们想参股申华有三点原因：一、双方的房地产业务的整合；二、通过申华，万科可以进入浦东房地产市场；三、申华是小盘绩优股，有投资价值。如果瞿董事长愿意直接将名下部分股票卖给万科更好。参股进来，仍然希望瞿先生任董事长。"

"都移民走了，还留着股票做什么？最好你们能在二级市场上购买一些，先进入申华董事会，我也好让申华的老人熟悉接受万科后再把我名下的股份过户，这样震动就会最小，对万科、对申华都有利。"

还是上海男人想得周到。为了表示万科的善意，由郁亮陪同，我到上海证管办约见主管主任，介绍万科善意并购申华的意图，得到赞成。

11 月 1 日，万科第四届董事会第五次会议在万科总部会议室召开，这次会议授权我全权负责参股对象的选择及操作步骤的安排。但此项决议附有一项特别的限制，就是参股计划必须以善意方式进行。

就这样，从 10 月 25 日到 11 月 10 日，万科通过二级市场购入申华股票直至触发 5% 的公告点。这次参股，万科一共使用了 3 940 万元资金，购入申华股票135万股，每股平均价格为29.19元。

11月10日上午，我和瞿建国来到上海证券交易所交易大厅，交易所总裁尉文渊也同时出席。交易部经理王强宣布了万科及下属三家公司（上海万科房地产有限公司、深圳万科财务顾问有限公司和深圳国际企业服务有限公司）总共收购135万股申华股票，占申华公司发行在外2 700万普通股5%的消息。

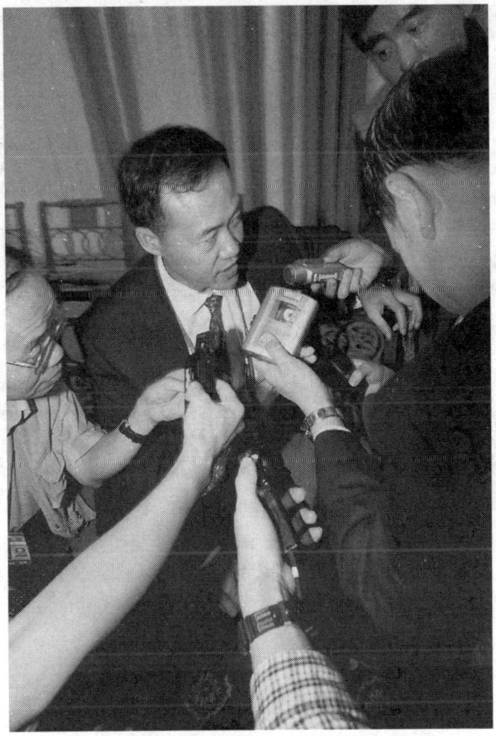

1993年万科参股申华时答记者问

受万科消息的强劲刺激，当日下午上海股市掀起巨大波澜。开盘后，数十万股民争购申华股票，股价最高达到70.99元，并创下了在20分钟内成交近6亿元的纪录，收盘价为45.80元。

11月14日，在与申华联合举行的新闻发布会上，万科宣布接受申华董事会的邀请，委派王石和郁亮进入申华董事会。随后，万科派驻工作小组进入申华，摸底，探讨双方地产方面实质性的合作。

但是很快发现，万科工作小组被严格限制，不能接触广告宣传册以外任何更多的资料。此时，瞿建国先生的态度也发生了微妙的变化，称原来医生诊断的肺癌有误判，不再提移民，也不提过户股票，只是催促万科应承的向建国基金捐赠的500万元款项。既然承诺了，我还是把500万打给了建国基金，但心里却不是个滋味。

万科参股申华实业的新闻发布会上（左起为：亚商咨询顾问公司董事长陈琦伟、申华实业董事长瞿建国、王石）

万科已经是申华的第二大股东，但瞿建国牢牢地掌握着经营权，亦无意让万科继续在股权方面增加比重。

在申华股东年会上，我和郁亮被笑眯眯的瞿建国引上主席台。这是一家老式戏院。

刚坐定，就听到嗡嗡声，台下股民的喧闹声。开始没太注意，越听声音越清晰整齐："王——石——滚——出——去！万——科——滚——出——去！……"会场一片混乱。

瞿建国笑眯眯地坐在主席台中央，没有表现出惊讶，也没有表现出遗憾。简言之，镇静自若。坐在一旁的万科董事长也正襟危坐，面带笑容，故作镇静。

台下股民与维持秩序的保安推搡了起来。一些股民冲上主席台掀台布，嘴里嚷着，满脸怒气。我仍然端坐，脸颊上却再也露不出笑容。

瞿建国转过身来，冲着我："回避一下吧。"

我同郁亮从舞台后门溜之大吉。

如此的董事长、如此的股民，万科如何实施同申华的合作、合并？

又是一间僻静的酒家。万科同瞿建国谈"Bye-bye"。

"瞿先生无意放弃控制权，万科也不会甘心陪衬当二股东。怎么办？成全瞿先生，万科知难而退。捐给建国基金会的500万请退还万科。"

“能留下50万吗？”

“没有问题。”

10个月后，万科持有的申华股票锁定期结束。

万科发布公告，已经售出申华股份140.4万股。1995年2月28日，陈祖望和郁亮辞去申华董事职务，这场被中国证券业称作“中国首宗以善意方式通过二级市场达到参股与经营的成功案例”以失败收场。

万科退出后，瞿建国先生继续积极引进新的大股东。

一场诡异、充满变数的游戏继续上演。

“每股能超过100元！”

1992年12月，海南新能源股份有限公司在深圳交易所挂牌上市。

万科是发起股东之一，我当选为董事。

手中拥有资金，陈氏三兄弟的地产业务扩展到三亚、石梅湾、成都。产品系列从中档住宅到综合商业城、海滨度假新市镇，项目一个比一个大。

在椰林水庄新能源股份总部的会议厅里挂着一幅彩色大照片：在一张海滨新城的模拟挂图前，踌躇满志的陈宇光董事长握着长长的示意木杆，指着彩图讲解。江泽民总书记在倾听，若有所思，一旁还有曾庆红、阮崇武等领导。

彩图描绘出一个5万人口居住规模的滨海新城，立体交叉公路穿越椰林、森林之间，还有塔楼、别墅、直升机、游艇、帆船。这就是20平方公里的石梅湾度假新市镇。作为董事，我到这块海湾勘查，高速路途经石梅湾有个出口：海浪、沙滩、红树林、海鸟，景色非常漂亮。前期施工队伍已经进场，建了两排简易平房，一片网球场。绵延的白沙海滩间杂着沉积的黑色沙，多少有些美中不足。

进驻的小组主要工作是协同县政府测量地块范围和拆迁补偿工作。其中一项是坟地搬迁，报的坟头要填写资料。一些村民为多要补偿就无中生有填人名，有的干脆懒得编，就把家里的活人按死人头往上报。中国人传统上不敬畏鬼神，但敬畏祖先。如今死人也敢造假，还有什么不敢干的呢？

新能源股票上市之后蹿升至70元/股。之前，万科在陆续出售新能源股票。

出售新能源股票的还有另一家发起股东单位海南中商股份。

在董事会上，陈宇光滔滔不绝地描绘已经开工的海口熊猫商业新城的美景，石梅湾的长远赢利能力，还有已经进入拆迁阶段的成都熊猫商业城的连城价值。“信我的，新能源的股票每股能超过100元！”

新能源第二大股东、海南农业信托公司不仅没有卖手中的股票，还联合全国六家农业信托公司，给新能源贷款人民币6个亿，年息15%。其他几家董事单位宁肯相信超过100元/股的保证，而放弃眼前利益。股市无常，怎么不懂“天上的仙鹤，不如手中麻雀”的道理呢？

董事会上，陈宇光公开表示对王石和中商股份董事长张庶平的不满，甚至认为我们抛售股票是背弃朋友的行为。

“哎，生意归生意，朋友归朋友。万科投新能源在第一天就打算适当的时候抛售，买进就是为了卖出。”

“超过100元卖不是赚得更多吗？为什么现在卖？”

“有可能超过100，也有可能跌破发行价。什么时候卖都是个在风险和利润之间拿捏的选择。”

“那就是不相信我陈宇光的能力了。”

“形势比人强，同信不信你没关系。卖新能源的股票就是对你的不信任，这种观点是不是太小农意识了？”张庶平忍不住插话。

“作为董事长需要董事的信任支持，卖股票就是对我的不信任。”

董事会就听三人争论，其他董事都默默听着，包括独立董事、北大经济学家肖灼基教授，一双智慧的大眼睛中略带微笑，静观这场赤裸裸的信任与赢利之辩。

董事会不欢而散。

私下，宇光缓和了口气："同意你们卖也行。你想想，你们一股赚了多少钱？你们赚的钱同意对半分，或四六、三七分，怎么样？呵呵……"

"你啊……如果不是不想让你尴尬，现在我就辞去董事职务。谁买万科股票赚得越多我越开心，你可好，不仅算计别人赚了多少，还要分一份。太小农意识了。"

之后，我同陈宇光的关系疏远了，但董事的职务仍保留着。

1993年11月6日凌晨2点，警车静静包围了海口椰林水庄公寓。陈氏三兄弟的老大陈宇光、老二陈宇安从被窝中被带走，乘早班机押送北京。临走前，上市仅一年的海南新能源股份公司董事长陈宇光写了份授权书：授权王素娟、王石、陈宇建三人共同负责新能源的经营管理。

11月6日上午9点得到消息，11点钟便同赵晓峰一起搭乘飞机前往海口。

海南农业信托公司的法人代表王素娟兼新能源副董事长，此时自动承担董事长的责任；我作为新能源的非执行董事，在这样的非常时期，摈弃前嫌也是责无旁贷；问题是老三陈宇建的身份比较微妙，作为上市公司非家族化的安排，陈宇建并不是董事会成员，任总经理没有疑问，但要加入董事会，则需召开特别股东大会投票通过。

这一时期，由于受6月份宏观调控的影响，新能源的股票大幅下挫，地产泡沫破裂，新能源的石梅湾项目、海口万国商城、成都熊猫城都已被迫停工，当务之急是如何延期到期的银行及金融公司的债务。作为第二大股东的海南农业信托公司，对新能源融资的银团召集人王素娟的处境表示理解，并表示将一如既往地支持新能源。从大股东和最大债权人的角度，如果公司不能转入正常经营，损失最大的将是海南农业信托；而陈氏家族最担心的则是在这次变故中丧失对新能源的控股权。同王素娟交换过意见，也同其他董事会成员通过电话，大家统一了稳定新能源员工队伍，召开临时股东大会，向媒体说明情况，推选陈宇建入主董事会并任命其为总经理，迅速恢复企业正常运转的意见。

一个月过后，特别股东大会顺利召开。股民表现出克制情绪的理性和通情达理的一面。陈宇建当选董事并在新一届的董事会被推选为董事长。一起来的万科集团副总留在海口协助新能源业务发展一段时间后，也撤回深圳。

为什么押解陈氏两兄弟去北京呢？原来是因前海南省委副秘书长李善友诬告案而引发的案中案。

李善友因诬告罪被捕入狱，曾兼任证券办主任的李善友还被查出受贿行为，查封的财产中，还有 2 万股新能源原始股套现的 60 万现金凭证。需要陈氏兄弟证实的是：是否这 2 万原始股是新能源送给李善友的？如果是送的，其受贿价值就不是 2 万元，而是 60 万。

兄弟俩在北京的情况不得而知。

我不相信，陈老大会对李善友行贿。这种判断并不来自于道德层面的把握，而是陈老大的性格使然，在股票大热的 1992 年末，能让李以原始价购买股票就已经很勉强，哪有送的道理？

一年过后，没有结案。陈氏兄弟可以保外就医。换句话，可以半自由地参与新能源的经营管理。

转眼到 1995 年的 7 月，陈氏兄弟无罪释放，陈宇光再次当选新能源董事长。

陈宇光获得自由后，对我第一个表示就是要送 12% 的新能源股份。我笑着回答：“你就是烧成灰还是陈宇光，怎么可能送股票给我？”

此时的新能源，已经今非昔比。1992 年体现的税后利润 5 600 万，1993 年尚有赢利，1994 年首次出现亏损，到了 1995 年更是资不抵债。1996 年初，心有余悸的陈宇光以海外集资为名离开中国大陆逃避，直至 2000 年。这是后话了。

“3 · 30”，君万之争揭幕

1993 年 5 月 28 日万科成功发行B股，6 月旋起宏观调控之风。

此后，万科挟资金优势，攻城略地，地产项目如雨后春笋般发展起来：上海万科城市花园首批业主入主，上海万科广场、深圳荔景大厦竣工；青岛银都花园预售超过预期；北京万科城市花园消费者热捧；天津万科中心顺利发售；鞍山东源大厦封顶，沈阳城市花园开工，深圳海神广场破土。

一切都在不确定的摇摆中寻找着平衡，一切都在机会主义中进行着取舍，于无序中寻求有序：公司的地产项目和投资比重稳定上升。

1994 年 3 月 29 日下午 2 点到 5 点，万科在富临大酒店召开董事会。

提交的方案顺利通过。董事张西甫、董事王越陇委托的代表吴大生没有提出任何疑义。一切都显得平静和正常。

然而，正如美国一本写华尔街 80 年代一桩著名并购案的图书《站在门口的野蛮人》中，将风险投资家比喻为站在上市公司门口的野蛮人那样。进入 1994 年，一群野蛮人已在万科不知不觉间守候多时，万科董事长竟浑然不觉。

3 月 30 日上午 10 点 30 分，君安证券总经理张国庆和副总张汉生走进我的办公室，昨天已经预约。

一在对面坐定，张国庆就开门见山：“君安证券准备给万科的管理层提

海神广场奠基

些意见。”

提意见有必要一二把手一起来么？我觉得有些蹊跷。

“君安准备下午开一个新闻发布会，正式提出对万科的意见。不要误会，对你没有其他的意思，君安是代表中小股东给万科的经营战略提意见，会对万科的长远发展有好处，对你也有好处，对中国证券市场发展更有明显的好处。”

这番话确实让人感到突然，我从他的话里行间感觉出一些火药味道。

“我可以参加下午的新闻发布会么？”我稳住情绪，回应了第一个问题。

张汉生轻描淡写：“你就不要参加了吧，只是因为要给万科提意见，事前通知一下。”

“既然给万科提意见，为什么万科的董事长不能参加呢？”我越发感觉到来者不善。

“你要参加也没有问题，提意见是以‘告万科全体股东书’的形式，并在明天的《深圳特区报》上刊登，建议改组董事会。形式或许会让你觉得有些激烈，但这是为了万科好。改组后的董事会还是由你担任总经理。”张国庆一边说一边起身，表示要告辞了。

两位老总进屋出屋用了五分钟。

给万科准备应对的时间只有两个半小时了。

我赶忙拨打各位董事的电话，告知突发的提意见会，征求对策意见。

30 分钟内，同远在美国、加拿大、北京、青岛、海口、深圳等地的 13 名董事取得了联系。令我吃惊的是：第一大股东新一代、中创、海南证券等三家的董事不仅知道此事而且是此次“意见会”的发起者。

电话中，我对西甫几乎是嚷了起来：“君安事前不打任何招呼，搞突然袭击，登报提意见，还说是为了万科好。你怎么这么糊涂啊！在这个时候，新一代不能参加新闻发布会，绝不能参加，明白吗？”

接通中创代表吴大生的电话，质疑为什么背着万科进行反对万科董事会的结盟。对方在电话中回答：“提意见是股东的权利，以什么形式，只要不违法，是股东选择的自由。”我清楚地感觉到对方语调背后的不友好及不满的情绪。

拨通北京中创总公司王越陇的电话，越陇表态：“总部不知道吴大生的行为，但第一，不同意以这种形式给万科提意见；第二，吴不能参加记者招待会。”

稍微松了口气，我又拨通海南证券公司文哲的电话，我在电话里感受到对方的惊讶：“一个月前张国庆给我电话，说‘股市不好，需要新的操作题材，给万科提意见是创新；再者，万科透明、健康，经得住风吹草动，而选择金田的话，经不起折腾。’我想也是，就同意了。谁想到张国庆搞什么新闻发布会？”

“那是不是撤销作为发起单位呢？”

“没有签署作为发起单位的授权书，但口头上答应了，两边都是朋友，这样吧，君安不能再以海南证券的名义发声明，我也不会发声明让张国庆尴尬。”

好吧，我这生死存亡，您还在两边抹稀泥。

此刻，我意识到，董事长同董事的沟通上出了问题。部分董事联手对付万科，而我事前竟浑然不觉。再联络其他董事，加拿大的刘元生、美国的赵晓峰、深圳的马恭元均表示站在我一边。略松了口气。再一轮电话通知管理层……

君万之争：较量之一

3月30日下午3时，君安证券在阳光酒店召开记者发布会，小型会议室坐满了记者。

会议伊始，办公室主任何伟主持会议，宣布君安代表委托的四家股东——深圳新一代企业有限公司、海南证券公司、香港俊山投资有限公司和创益投资有限公司（四公司共持有万科总股份的10.73%）发起《告万科企业股份有限公司全体股东书》。

《告万科企业股份有限公司全体股东书》首先对万科的业务情况、公司结构、股本构成和股票走势作了概括介绍，并逐一分析了万科的房地产、股权投资、工业、贸易和文化经营五大产业状况。

之后，行文对万科经营和管理中存在的问题，如业务透明度不足、参股申华公司无实效、房地产经营业绩欠佳和股权投资利润不稳定等进行分析，点明万科的产业结构分散了公司的资源和管理层的经营重心，已经不能适应现代市场竞争。因此，倡议书中最后提出了对万科的业务结构和管理层进行重组，包括收缩贸易、商业和工业经营，将安华公司和股权投资公司独立出来，全力发展和充实房地产业务，同时宣布将推荐8~10位董事候选人进入董事会，以及力争在董事会内部设置一个常设的项目审批委员会，对重大政策进行监督，避免和减轻项目的盲目性和随意性。

一万多字的内容，整整念了一个小时。

听着一些熟悉的提法和完整精确的表述，我做了两个判断：这是精心策划和准备的，非十天半个月能准备出来的；"书"的结尾抒情浪漫，把十足的火药味降了下来，很类似前渣打公司副董事宁志翔的文笔风格。这家伙在搅和什么？扮演着什么角色？

我举手要求发言。

主持会议的何伟明确不允许。显然是事先商定好的做法。

记者们嚷嚷起来，"给王总发言嘛。""给万科提意见为什么不给万科的董事长发言呢？""请王总上台讲两句。"……

碍于老记们的提议，张国庆勉强表示同意。

我走上讲台，镇静住情绪："欢迎新老股东提意见。从刚刚听到的内容来看，很专业，是精心准备的。巧合的是，倡议书中提出的改革建议和昨天29日万科召开的董事会决议有80%是相符的。君安指责的万科多元化，特区内的公司有95%都是多元化经营的，既是弱点，也可以说是特点。就万科来讲，多元化是历史形成的，行业多元化的格局并非说压就压、讲减就能马上减掉的。君安特别指责的股权投资，已进入回报期，本身价值不能轻易否定，其优劣，要从实际角度去理解。"对于管理层面的指责，我强调："君安所称的行业透明度不够与公司管理透明度不高有不同的含义，行业特色不明显与公司情况不清晰亦不能混为一谈。"

对于记者的纷纷提问，我简要回答："明天下午两点，万科将召开新闻发布会，发表对《告万科企业股份有限公司全体股东书》的正式回应。"

我表面显得镇静，回答问题也能控制住节奏，可内心却对万科所处的险境深感不安。

君安的动机非常明显：通过告股东万言书，争取万科股东的支持，达到改组万科董事会，从而操纵股票走势的目的。

君安承销万科B股，有1 000万股仍压在手上，成本在12元每股，而目前市场价只有9元每股，按市场价售出将亏损3 000万元。如何既脱手套现，又不亏损呢？就是制造万科被收购题材。收购概念自然刺激股价上涨，只要万科股价上涨，君安就可以一举三得：一、抛售积压的万科股票，资金回笼；二、借小股东的支持控制万科董事会，更方便地操纵股市；三、赢得维护小股东利益、市场创新的好名声。

野蛮的大狗龇牙咧嘴，正向选择的第一个猎物万科扑来！

在股市低迷的情况下，题材往往成为刺激股市的灵丹妙药，而股价上涨是市场共同的心声，恰好君安的“建议书”提供了这种操作题材。问题是，股价上涨之时，也是君安抛售万科股票之日，股票下跌，受损失的却是盲目跟风的中小股民和万科公司本身。

万科能做的是两点。一、瓦解改组万科的联盟，挫败其发起特别股东大会的动议；二、充分向市场披露信息，不要盲目跟进购买万科股票，以免受损。

而这两点都需要时间。

返回水贝，第一件事是交代郁亮申请3月31日停牌。

分析一下联盟10.73%股份的构成：新一代拥有万科6.2%的股份，海南证券公司占1.1%，俊山投资和创益投资共占3.43%。其中俊山投资和创益投资的3.43%就是君安手中积压的万科股票，不用理会。而余下的两家，关键在新一代的6.2%，只要新一代不参与结盟，联盟就土崩瓦解。

下午5点，我安排赵晓峰、徐刚去新一代请西甫到水贝万科总部。同时交代法律室寻找熟悉公司法的法律专家。法律室主任何正大推荐广州君何律师事务所合伙人曾亦军律师。10年前，曾律师是万科聘用的第一个法律顾问，后到英国专攻公司法，回国后创建私人律师事务所。

万科总部三楼小会议室。我同西甫对面而坐。无论如何，西甫是自己人，有什么不能内部协商解决？令我不解的是，“为什么昨天万科董事会上一点风声也不透露呢？”

西甫解释：“一个月前，四家发起股东与君安证券签署了保密协议，不准单方透露内容，所以……”

“如此保密的目的是什么呢？”我仍然不解。

“哦，张国庆说，‘保密能使提意见的效果最有效’，张国庆强调‘王石一般是听不进意见的，突然性才能达到效果，也是为了王石好。’所以就签了保密协议。”

“啊，明白了。事到如今，应该明白君安的意图，发表退出声明吧。”我递过拟好的新一代退出联盟声明和一支打开了笔帽的签字笔。西甫端详着退出声明，不说不签，也没有动笔，面带难色。

两人陷入了僵持。

我理解坐在眼前这位兄长的为难处境。

“文革”期间，西甫的老父亲被打成走资派，西甫提前从空军航校退役，当了一名工人，逆境中结交的朋友成为患难之交。后来，其中一些人来到深圳，在西甫身边谋求发展，西甫都给予了信任，生意上赔钱又得做大哥的担待，而西甫本人也不擅长经营。

某种意义上，西甫作为大家长，勉为其难地支撑着越来越大的摊子。好在身边有几位颇能在商场上厮杀的干将，这里面有新一代的老总丁小明、陈超、丘奇浩、黄晓敏，还有万科的王石。1988 年股份化改造的时候，分给国家的万科股份委托给新一代代管，每年国家股的红利所得也归新一代进账。

在我创业的摸爬滚打中，作为行政的上一级层面，西甫起着保护伞的作用。可以说，我们两个人是互相依存的关系。新一代对待万科与君安，按照常理一眼便可辨识出孰轻孰重，但此刻新一代在这件事情上为什么表现出如此暧昧的态度？这里只有一种解释，就是利益关系发生了变化。

几个月前，新一代拥有的万科股票达到总量的 9%，现在仅有 6.2%，其中 2.8% 被新一代委托君安卖出，但收取的手续费高达 50%。一般人，无法理解为何手续费高至如此，但只要知道法人股必须经证管办特批才能买卖，就不难理解这一情况。君安掌门人同证管办主任具有非同寻常的关系。这笔买卖的总额为 1.1 亿元，50% 的手续费就是 5 500 万。

时间已是晚上 8 点，两人仍泡在会议室。

突然停电，四周一片漆黑。

点上蜡烛。

火苗晃动，映在墙上的黑影也随之左右摇摆。又过了两个小时，坐在对面沉思的西甫望着我笑了笑，那笑容让我悬着的心落了下来。够哥们！张国庆，看你还扑腾什么？

晚 10 点半，赵晓峰陪我来到深圳发展中心大厦君安总部。

张国庆按约定时间等候在这里。

黑黢黢的办公楼，昏暗的蜡烛光摇曳着。我递过去张西甫退出倡议和退出委托君安发出倡议行列的声明。

张国庆瞥了一眼我手中的“重磅炸弹”，递给我一份同样是张西甫签署的文件——这是一份新一代授权君安作为改革倡议行动的财务顾问的委托书。委托书上明确规定：授权在6个月之内不可撤销。委托上还注明了法律顾问：中信律师事务所。

我的心一下子又被揪了起来，暗暗叫苦：西甫啊西甫，你糊涂也不至于糊涂到如此地步呀。我现在手中的声明从法律的角度来讲是废纸一张。

“对于君安来说，西甫的态度已经不重要。”张国庆摆出一切都在控制之中的姿态。

“咱们骑驴看唱本——走着瞧。”我毫不示弱。

君万之争：较量之二

返回水贝已近零点。

刚从广州赶到的曾亦军律师正在翻阅有关文件，摆出了通宵熬夜的架势。

我将曾律师请到我的办公室。

“对不起，刚聘请你就要辞退你。”

“为什么？”精明的女律师惊愕。

我简单解释了与张国庆见面的结果，“对方组织的比我们想象的要充分得多。从君安聘请的中信事务所来看，已不是纯法律之争的比高下了。官司真打到法院去，有时法庭外的较量比法庭上的较量更重要。你同中信较量势单力薄。”

曾亦军无法理解我突然解聘的做法。

我无意继续同曾律师争论，心里已经有了对应中信律师事务所的选择。“哎，你知道傅锐律师在哪家律师事务所吗？”我问坐在一旁的万科法律室主任何律师。“无论如何，一个小时之内找到傅律师在什么地方。”

此时，已是凌晨两点。

彻夜讨论，研究对策。

“西甫的声明还刊登吗？”何律师问。

“为什么不登？”我不解。

“法律上……”

“啊，法律上不起作用，但社会舆论上却会对君安极端不利，看着吧。”

在研究对手的弱点时，我有两个假设：根据告股东书的行文风格，我怀疑这股东书是由宁志翔起草的，假定一，宁志翔是知情人，假定他怀有巨大的私心，知情而有私心的宁志翔会做什么呢？他知道公布“告股东书”就会引起股价上涨，就会在之前建仓购买万科股票。如果这样做，就是违法行为；假定二，宁志翔伙同君安干侵犯广大股东利益的违法勾当。

我相信自己，相信万科的团队是秉公守法的职业团队，但类似的人毕竟是少数啊。

我让郁亮查对近两个月的万科股东变化和新开的户头身份。

万科和君安，王石同张国庆的较量真的开始了。

3 月 31 日清晨，何正大律师乘红眼班机飞上海，搬请公司法起草人之一的华东政法大学顾功耘副教授。

《深圳特区报》全版刊载《告万科企业股份有限公司全体股东书》，而在同一张报纸上刊载着张西甫宣告新一代退出倡议的声明。

上午，万科水贝总部三楼大会议室。万科散落在全国 13 座城市的一线老总火速被召集到总部。

我简单讲述了昨天君安发难和面临的局面。

整个会议室中的气氛沉重。沈阳万科总经理鲁东勇打破了沉默：“我们在前线打仗，后方却着火了，”忍不住呜咽起来，“我突然不知道未来的家在哪里了？”

正在建造美好家园的万科人突然发现，脚下可能就是万丈深渊。

香港年利达律师行的两位“鬼佬”律师赶到水贝。

傅锐律师事务所的律师已经从北京启程飞往深圳。

在发展大厦深圳特区发展公司总部，我拜见总经理王新民。一见面，戴着宽边眼镜的王总就说：“西甫糊涂。怎么能这么干？”

这次见面，王新民将6.2%的万科法人股的股东权益表决权授权给我。

下一站证管办。然而，证管办主任王林的态度却极为不友好。券商登报批评一家上市公司是需要报证管办批准的。为什么证管办没有给万科打一个招呼就批准登报呢？我希望王主任给予解释。

王林却爱理不理地回答：“股东给董事会提意见天经地义。”

望着王主任那张消瘦的脸庞，我忍耐着没有发火，心想：你这是公报私仇！

二年前，王林还在体改办，因职工股归属问题，我同刚提升为体改办副主任的王林争执起来，我拍着桌子质问：“万科股改你最清楚，怎么现在升官就不认账了？”王副主任站起身来，对身边的助手说，“我们走”，拂袖而去。显然，在君万之争上，证管办主任在看我的笑话。隐约感觉，一股反对我的力量隐蔽地聚集在张国庆的麾下。

水贝总部。公司临时安装了一部录音电话。

同宁志翔接通电话，我不由分说就指责他背信弃义，像黑暗中的老鼠攻击万科，“文章的风格一看就是你宁志翔的！”

宁支吾一阵，承认是自己所为。

录音机转动着，记录着谈话过程。

股东近两个月的变化核实：两家新公司，均在君安证券营业处开的户头，一个注册地点为丹东，另一个注册地为太原，总计购买万科股票的金额达到2 000万元人民币，户头持有人为宁志翔。我心中想，“宁先生，你是维吾尔姑娘——小辫子一大把呀。”

就凭这一证据，为保护小股东利益，万科还得停一天牌。

下午两点，水贝二路工业大厦三楼大会议室挤满了媒体记者。在三楼过道和一楼大厅中也围满了采访的记者。

我、副总经理陈祖望和郁亮出场。

我先将公司情况做简要陈述，然后展开反击。

“万科对君安在多份报刊上刊登《告股东书》和《改革倡议》的做法有很多疑点。新一代企业在30日已经退出联盟，31日又发表了取消授权君安作为财务公司的声明；海南证券也从没有书面正式委托君安作为财务顾问进行此类活动。

“……万科董事会只有14名成员，而倡议中同时推举8~10名董事，显然此举是希望耗费最小的代价全面接管万科。

“君安的倡议书尽管从格式和方法上具有专业水准，但具体内容中不实之处颇多，如上海万科城市花园的规划问题，仅仅是重复公司一位员工的意见。作为一个专业的财务报告，其分析立论仅仅出于一个万科内部员工对公司提出意见的水平，其制作者从职业道德和专业水平都有经不起推敲之处。

“……房地产开发是万科的主要业务。1993年万科房地产项目无论是开工还是竣工数量都是历史最高纪录，今后5年，房地产仍是万科的主导业务。股权投资方面万科投入总额计有1.31亿多元，已经回笼9 540余万元，现在仍被占用的资金不足4 000万元，投资的27家公司中，已经有9家在深沪两地上市，在目前已经公布的 12 家控股公司的 1993 年分红方案中，万科现金息收入 452 万元。”

陈祖望随后出示了经深圳证券交易所豁免责任得以公布的财务状况，表明万科去年在宏观调控状况下仍超额完成利润，总资产从 1992 年底的 9.6 亿元发展到现在的 21 亿元，净资产值、股东权益也有一倍以上的增长。

会上，我们又明确表示，已经在今日停牌基础上向深交所申请明日继续停牌。

下午 3 点，新一代企业有限公司在阳光酒店举行新闻发布会。

我坐在张西甫身边出席。

西甫发言，解释新一代授权君安为财务顾问而后取消的始末，随后授权我代表新一代担任这次新闻发布会的发言人。

张西甫离开前表示，新一代曾经在 3 月 28 日委托君安证券为该公司财务顾问，由于对证券及公司内部认识不够专业化，才做出了授权委托，委托有效期为今年 3 月到 9 月。

深圳的记者既兴奋又迷惑：君安和万科之间存在的矛盾究竟是什么？君安倡议书是如何拟定的？新一代昨天还联合声明改组万科，报纸上的告股东书也有新一代的名字，今天又委托王石声明退出？这究竟是怎么回事？

我心里非常清楚，君安还掌握着杀手锏，新一代委托给君安发言的 6.2% 的股权仍是一个无法绕过去的槛儿。中创公司已经退出，君安手中的股票加上新一代还凑不到 10%，不具备法定发起召开临时股东大会的权利，海南证券 1.1% 的股权成为关键；还有，市政府投资管理公司掌握的 2% 国有股已经浮出水面，亦成为争夺的焦点。这些，我和张国庆都很清楚对方会打什么牌，只是媒体的老记们如堕五里雾。

君万之争：较量之三

4 月 1 日，星期五。

郁亮飞往海南岛，寻求 1.1% 的海南证券老总文哲的支持。同机前往的还有君安常务副总张汉生，他同样冲着这生死攸关的 1.1%。

文哲是人际关系高手，仍然两边不得罪：既不书面授权君安，亦不宣布同君安没有关系。在郁亮的劝说下，文哲明确：君安不得再借用海南证券的名义反对万科。

万科向深交所再次递交报告，申请星期六继续停牌。后天是星期天，交易所休息。这样长的时间，市场应该已经消化君安动议的冲击。

深交所表示为难。远在美国公务的深交所总裁夏斌责令星期六（只有半天交易时间）一定要万科复牌。

我打通美国的电话，彼岸还是半夜。我向夏斌申诉继续停牌的理由："有建老鼠仓的证据，如果复牌股市出现异动，出现蒙蔽小股东事情，他们的利益受到损害谁负责？"

彼岸的夏斌仍坚持万科股票必须 4 月 2 日复牌。没得商量。

放下电话，我立即打电话给海南岛的郁亮，让他直飞北京中国证监会。

当天下午，我赶到投资大厦，直奔深圳市投资管理公司宽敞的总裁办公室，寻求 2% 国家股的支持。

夏德明总裁对我认真地解释："君安的张国庆找到了德成（注：李德成，时任投资管理公司董事长），寻求支持股票市场的制度创新；你王石也来寻求支持。也弄不清什么关系，我们谁也不支持，谁也不反对，弃权。"李德成是我敬重的领导，感觉到所处位置的难处，此时对万科来讲，弃权就是对万科的支持。

临下班前，郁亮电话告诉我，证监会同意明天万科股票继续停牌，“给深交所的停牌文件明天一早下发，但已口头传递给深交所。”太好了！几天来同官方的交道中，唯有中国证券交易监督管理委员会旗帜鲜明地秉持公道。

晚上，宝安股份有限公司总部接待室。我与陈政立总裁交换“君万之争”的看法和对策，寻求上市公司的道义支持。

陈总很悲观，认为万科逃不过这一劫，“好在是万科，要是金田，第一天就垮了。”

“未必。万科是来文的，金田的黄汉青可是什么事情都可以做出来的。”

“君安的下一目标会是哪一家呢？”

深圳的上市公司怀着复杂的心情看着君安对万科阻击的演变，悲观情绪弥漫，还有点恐惧。

4 月 2 日万科股票继续停牌。这一招，在君安的进攻方案中是没有预期的。股票不交易，你如何操纵股市？

连续 4 天的停盘，加之星期日一共 5 天，我相信市场足已消化君万之争的信息。

君安在一则刊载在报纸上的声明中再次提到倡议发起者之一的海南证券。

郁亮将君安的声明影印给海南证券。文哲授权万科代海南证券发出声明：海南证券从未授权委托君安……如再冒用其名，将保留诉诸法律的权利。

君安的阵脚乱了。

4 月 4 日，星期一。

上午开盘，万科的股票轻微上升，“嘭……嘭……嘭……”，我感到心跳加重加速。然而，股票的上升随即停止，不再上扬。

整个上午，万科股票异常平静，我交代郁亮，下午开新闻发布会，宣布战斗结束。

下午在水贝万科总部新闻发布会上，我向老记们宣布：“君万之争已经结束。”

“如果君安继续征集小股东投票权，万科有什么对策吗？”

“你的意思是持久战？”我反问，没待回答趁机发挥，“万科是一家成立了 10 年的公司，有一支成熟的管理团队，而君安才成立一年，业务扩展很快，团队还不成熟，要打持久战，君安占不到便宜。”心里却想：嗨，老记们，我攥着君安的小辫子，有北京证监会主持公道，张国庆不具备再发起攻击的能力。

张国庆怎么想呢？

君安召开券商座谈会，又是那个何伟，他声明：只要有一个小股东委托君安，君安都要如何如何。

万科不予理睬。

一个星期之后，中国证监会市场监管部主任张资平来深圳调查“3 · 30 事件”。

某宾馆房间中，张主任同我见了面。

张资平说：“你们的报告刘鸿儒主席已经批复：严格查处。我就是来处理此事的。宁志翔是我五道口（中国人民银行研究生部所在地）的同学，我举起屠刀的手砍不下去。来深圳是一定要调查，但你知道，这调查就像离开码头的船，船的目的地很明确：过河靠岸；但船到了河中间，风大浪急，就由不得你我开船的了，你明白我的意思吗？”

我点点头。

“怎么调查，先看你王石一个态度。”

“与人为善。”

“好，痛快。张国庆那里我来做工作。”

两个小时之后，同一房间。张资平、柯伟祥（深交所副总经理，夏斌不在时代总经理）、张国庆、我坐在一起。

张资平发了话：“柯总在这里，君安就不要再搞什么征集小股东委托投票了。”

张国庆：“既然是主任发话了，就是一盘子臭狗屎让我吃，我也把它咽下去。”

张国庆算是一条汉子，瞅着他闷着一肚子气的样子，我想起中国一句老话：君子报仇，十年不晚。君安的老总哪儿咽得下这口气呢？此役君安没有得逞，梁子是结了下来。

无论如何，君安是一家有影响的券商，而且还持有万科 3.43% 的股票。万科管理层邀请君安委派一名代表加入万科董事会，君安证券副总经理龚华当选万科董事。

没多久，张汉生辞去了君安常务副总经理职务。

君万之争白热化的第四天（4 月 2 日），我的两个表妹到水贝来探望表哥，姐俩中的姐姐在平安保险、妹妹在君安总办公关部。两人前来安慰被攻击的表哥。在办公室，我摸出一副扑克牌，“来，咱们三个人打斗地主”。

打着牌，我解释：“万科没有问题，表哥也没有问题。我现在担心你黄蕾会有问题，我预言：一个月内，你会被君安开除。”语气尽量轻描淡写。

姐俩怔住了。

“呐，我担心你受表哥的牵连。如果君安改组了万科，表妹你平安无事，如果万科平安无事，张国庆定会迁怒你。“

“不可能！你不了解我们张总，”小表妹维护其崇拜的偶像，“我们张总很有魄力，胸怀也很宽广，不可能像你预计的那样。表哥，被君安改组了有什么吗？”

“好了，不说了，打牌。”

如我预料，一个月后黄蕾被解聘。失业的表妹受聘于蛇口一家澳大利亚海上钻井设备公司，并结识了电脑软件工程师胖汤姆，恋爱结婚，随夫移民澳大利亚珀斯。

万佳之变

君万风波之后，1994 年万科在业务上的显著特征之一就是贸易口业务的整合。

素有硬朗管理风格的徐刚在 1989 年接手经营不善的深圳万科协和有限公司，公司前身是 1984 年现代科教仪器展销中心成立后建立的第一家内联企业“现代医学技术交流中心”。渐渐地，徐刚的营销能力崭露头角。在负责万科贸易业务后，他逐步压缩贸易站点，仅保留深圳、广州、海南和杭州四个业务网点，确立了专业化经营的发展思路。

我要求徐刚接手万佳，并利用贸易口的资源加速连锁业务的增长。

徐刚要求派丁福源去万佳接替吴正波的董事长。我同意了。

说到万佳，其前身是创立于 1991 年的深圳万科连锁零售有限公司，后更名为深圳万佳连锁零售有限公司，由北京财经学院毕业、从新西兰返回的刘路明组建公司，随后，又找到武汉百货商厦副总经理吴正波来进行经营管理。

做连锁零售还是万科综合商社梦想时的一个产物。

1991年底，万佳商场在友谊城购物中心B座四楼开业，营业面积达到2 000平方米，率先提出“不满意就退钱”的口号，在深圳零售业产生巨大的反响。

而后，万佳接连在哈尔滨、成都、武汉、福州、乌鲁木齐、广州、深圳开的7家是开一家关一家，一年时间里轰轰烈烈地开张，悄悄地关门。这种“连锁零售”无法完成“连锁”，无论采购还是管理都处于一种分散状态。不但房地产资金靠它靠不住，零售业本身都赔了2 000多万元，经营业绩大幅度下降，甚至位于深圳的万佳也处在亏损边缘。

零售业是个前赴后继的行业，国外统计资料表明，零售业当年开张当年关门的占75%，能坚持到第二年的20%，能坚持到第三年的5%，这5%才是笑到最后的。在万佳接连开张的七家店中，六家没坚持一年，都落在这75%之中。

1993年，万科已经确定了以房地产为主导行业，我的第一个想法是将万佳股份化，然后将万佳转给他人进行经营。然而，其他几家股东在了解了万科的想法后，明确表示：就是因为万科的股份制改造才加入万佳，万科走了，我们就没有兴趣了。

万科依旧作为万佳的第一大股东，占万佳股份35%，广东省核电投资公司占25%，华西建筑占20%，天安占12.58%，还有7.42%职工股。

1994年7月17日，万佳推出仓储式百货零售商场在华强北路华联发大厦一楼开业，营业面积5 000平方米，采用仓储式经营和平价销售模式。这第八家一扫颓态，在深圳零售业引发了一场革命，获得消费者和政府的高度认同。商业同行被触动了，几大老牌商场筹划如何同万佳进行竞争，媒体也被触动了，关于万佳的新闻不时见诸报端。华强北路人气骤旺，很快变成商业黄金地段。

“万佳现象”一时成为热门话题。

万佳的现金流骤然增加，引起股东的关注，并表现出希望挪用现金的强烈兴趣。作为负责运营的万科反对股东挪用流动资金的提议，股东之间的利益发生冲突。

更换董事长成为三家股东联手反对万科的导火索。自刘路明辞职后，万佳由吴正波全权管理，任董事长兼总经理。在万佳进行的促销活动中，总部财务发现，随着销售额的上升，大量的假促销券也开始出现。显然，万佳的管理上有许多漏洞。

如果万佳的管理维持这样的水平，问题显然将会产生得越来越多。万科决定将万佳的管理权和经营权分开，并推荐万科首届监事会主席丁福源当万佳董事长，吴正波做总经理。

我打电话给各股东方，通报万科对万佳管理的担忧和想法，取得股东一致认可。于是，确定召开董事会，履行更换董事长手续。

第二天是召开董事会的日子。晚上我在一家餐馆吃饭时，意外发现万佳股东代表中除万科之外的几位聚在一起吃饭。我感觉有些奇怪，“明天开会，他们几个聚在一块做什么呢？”我预感到，明天的董事会可能会发生什么事。

打电话询问吴正波，联系不到。

打电话给吴正波副手吴冲，也联系不到。

我感觉大事不妙，电话打到股东单位之一的华西公司老总李大海。

李大海没有隐瞒，直言：“吴正波已向我们几家股东反映万科排挤吴正波的问题。我们认为万科对待吴正波不公，丁福源怎能当董事长？……”一听此话，明白是“宫廷政变”了。面对反对的万佳管理层和联手的股东，万科面临着交权的局面，很不是滋味。对于万科而言，转让万佳早在规划之中。

但是，不买万科持有的股份，而联手剥夺万科的管理权，我当然不会同意。

可此时的万科已经是少数派，明天的会议将处于劣势。我想，应该可以找到方法解决目前的问题。第二大股东是广东省核电投资公司，第三大股东是华西建筑，同万科有很多项目上的合作，万科加上华西就占到总股本的55%。只要说服华西，万科就不会输。我本以为华西建筑肯定会站在万科这边。

然而李大海的态度却出乎意料——三家联手淘汰万科出局。

局面明摆着：只要开董事会，万科就会失去对万佳的控制权。

为什么吴冲站在吴正波一方？这里面还有一点个人恩怨。

发行B股期间，吴冲是万科办公室副主任，同宁志翔的私人关系比较好。君万之争时，决策信息对吴冲有些封闭，这导致吴冲感到自己不被信任。而今，对总部知根知底的吴冲已然站在反对的一方。万科这一仗，不好打呀！

友谊岂有地久天长

第二天，我前往李大海的办公室，李大海推脱说有客人在，将我冷落在一边。但我知道，只要我不离开，李大海也无法离开，董事会也无法召开。

我一个人坐在会议室，一杯茶摆在手边。没有人理睬，就这样，一上午过去了。

午餐时间，我还没有离开的意思。

李大海再次进入会议室，对我尴尬地笑笑："其他董事都在海燕大厦等着开董事会呢。"

"目前的气氛不适合开董事会，我建议改董事会为股东讨论会。"

李大海表示要征求核投和天安的意见。

15 分钟，李大海返回，点头。讨论会确定在下午 4 点钟。

下午 4 点钟。股东们聚齐。失踪的吴正波、吴冲突然出现。吴正波显得有些紧张，没有讲话。

吴冲发表开场白："不同意万科更换吴正波董事长的决定，经同三家股东协商，推举华西李大海为新的董事长……"一副股东联盟发言人的模样。

我耐心解释万科更换吴正波董事长的想法，结尾时表明："万科不同意你们的做法，既然大家意见与万科有分歧，要么万科将你们的股票买回来，要么由你们将万科的股票买过去。"

三家联手的目的是为了争夺万佳的控股权，既然如此，还是把复杂的人事纠纷变成简单的股权买卖关系。这一着，包括吴冲在内都没预想到。沉默了片刻，吴冲表示三家需要单独协商。

20 分钟后，三家股东返回会议室，吴冲声明："只要价格合适，三家股东愿意将股票卖回给万科。"

"开价吧。"

"价格可不低呀。"省核投的李彬兰女士插话。

"多少？"

"2.8 元每股。"李彬兰笑盈盈地报出价格。10 个月前买入的价格是 1 元每股。

"我接受 2.8 元每股的价格。现在是晚饭时间，晚饭后就签订买卖合同，如何？"

如此爽快的态度再次出乎对方的预料，几个人互相对望，眼睛放光。

"王总，你太伟大了，大手笔呀。"李女士兴奋的脸颊泛起红晕。

"晚上我就不参加签字仪式了。"我补充了一句。

"为什么？"几双疑惑的眼睛盯着我。

“我岳父明早在省医院动手术，我必须赶回广州。你们为了赚钱硬把我扣下不合适吧。请放心，我委托徐刚来替我签合同。”

“徐刚要有授权书，否则签的协议无效。”吴冲脱口而出。

当着三方股东的面，我签了授权书，在吴冲的要求下，注明万科的收购价 2.8 元/股。

临走前，我对徐刚交代了几句。

回广州的路上，一想到晚上可能发生的情景，忍不住笑了出来。

晚上 8 点，沉浸在胜利的喜悦中的三方联盟股东急不可耐地返回会议室。

会议继续。徐刚给三方股东代表递过拟好的协议，严肃地说：“董事长授权，万科决定以每股 2.8 元的价格购买股票，但是，在你们三家之中，我们只选择一家，哪一家卖，由你们三家协商。如果三方认为不合适，万科愿意以每股 2 元的价格卖出。”

会场炸了锅。

万科暂时赢得了一点喘息时间。

第二天，李大海电话告诉我的秘书，下午召开董事会，请丁福源召集主持。

下午，万科没有派人员参加董事会。

在三方股东召开的董事会上，选举了李大海担当新一届的董事长。会后，新班人马带着保安人员到万佳的办公室夺权。一时间，双方的保安在万佳楼下形成僵持之势。

省人民医院手术室外廊，我用移动电话接听深圳的进展报告，我告诉徐刚：“我们激恼对方的目的达到了。今天对方召开董事会，万科董事长缺席，董事会的决议无效。形成的僵持局面对万科有利，我们需要的就是时间。”

既然万科不承认李大海的合法性，其他股东认为丁福源的身份没有被董事会确认，是不是董事长仍然是吴正波呢？万佳董事会出现了三个董事长并存的局面。但，只要没有形成实质性的决议，万科就有办法打破三方联盟。商场上没有永远的朋友，只有永远的利益。万科需要时间。

我担心曾在我身边工作多年的吴冲悟过劲来。

第三天，三方股东联盟向丁福源发出要求召集特别股东大会的函件。

这一函件表明：1）承认丁福源的董事长身份；2）宣布李大海的董事长资格无效。

显然这是对方迅速改变了策略。因为，操作万佳的实权在万科手上，拖延时间的做法显然对股东联盟不利。按照章程规定，超过10%股东有权就特别议案提出召开特别股东大会的申请，董事会在接到申请的一个月内必须召开股东大会。“3 · 30事件”中，君安阻击万科的策略就是以10%股东的名义发起改革万科的倡议书。一旦召开股东大会，在联盟面前，万科就只有交出控制权。

现在万科能够回旋的时间只有一个月。

恰在此节骨眼，我要随地产本部代表团参加墨尔本召开的国际城市发展论坛。去还是不去？我硬着头皮上了飞机——一定要给对方一个“万科不把这件事当回事”的错觉。

可是我一到澳大利亚，就先租了两部手机，在万里之外指挥，一部手机不够用啊。

熬了10天后，我返回深圳。我们的策略仍把主攻方向放在华西20%的股权上，只要买过来，万科就达到55%的绝对控股权。但我注意到：每当同华西建筑私下商讨时，其他两家股东立即就会知道会谈内容；而在同广东省核电投资公司的李彬兰商讨时，其他两家却并不知道讨论内容。显然，李彬兰有意隐瞒其同万科接触的举止表明：李彬兰想单独卖掉股票，联盟仅仅是其利用作为要价的砝码。既然只是价格因素，问题就简单了。

就这样，我们同李彬兰暗中达成协议，其他两家股东还蒙在鼓里。

我想到在联盟中扮演幕僚长的吴冲。毕竟，吴冲作为万科的老员工为万科征战数年，合同一签，一切都是落水黄花。我主动约吴冲一见，暗示其不要再扮演军师角色，如果回心转意，万科仍愿意留用。然而，聪明有余、涉世不足的吴军师却认为胜利在握。

此时，央视正上演电视连续剧《三国演义》，吴冲借电视剧里的人物比喻，“三家小股东联手打败万科，就像赤壁一战，刘备诸葛亮联合东吴孙权打败曹操。老板约我的时候，我想诸葛亮同曹操有什么好见的？既然老板发话了，还是来了。毕竟，跟老板这几年也学习了不少东西。”

我几乎想告诉他，“商场上的友谊是靠不住的”。但一想到他在对方阵营中扮演的角色，就只好暗示性地表示：“商场上没有永远的朋友，只有永远的利益。”

一个礼拜之后，协议签订。万科增持万佳股份至60%，而李彬兰则带领部分离开万佳的员工，争取到了中国核电集团投资，开办零售企业新一佳。

不久，丁福源功成身退，回到总部，徐刚正式入主万佳任董事长。随后，华西集团也将手中的股权转让给万科。但在万科的战略部署中，万佳迟早还是要卖掉。

1995年的新年元旦，万佳商场张灯结彩，人潮涌动。

职业经理的中年危机

身体发胖是进入中年最明显的生理变化。我不喜欢身体发胖，但却无法回避人到中年。1983 年刚到深圳时我已 33 岁，身高 1.74 米（17 岁当兵体检时，脚后跟踮高，号称 1.76 米）。在深圳开始时几乎天天户外奔波，三餐无定时，那是想胖都难的岁月。紧张的工作节奏，使我本来要发胖的身材显得还算苗条。随着时间的推移，工作越来越有趣，生活也稳定下来，但我的体重却未随着年龄的增长而增加，始终保持在 69.5 公斤到 70 公斤的水平。1993 年之前，我的腰围仍然是 10 年前的腰围。

控制体重的秘诀是什么呢？秘诀之一：不吃早餐。换句话说，我是用牺牲了 3 650 个美味早餐的代价换来不发胖。岂止不吃早餐那么简单，午餐、晚餐两顿还要尽量少吃。平时和同事或客户一起就餐时，他们见我吃得较正常量少，免不了问原因，我均坦诚回答：怕胖，就像回答为什么不抽烟说是“怕死”一样。对死亡的恐惧，在青年时期一直笼罩在我的心头，到了中年却换成对胖的恐惧了。要想胖就多吃，美国为什么那么多患肥胖症的，就是患了多食症，营养过剩。

要想中年不发胖，除了饮食节制外，多参加户外活动是秘诀之二。为了增加户外活动，我经常出差，大概每年一半时间在特区外，出差时还背一把网球拍。不仅要在户外，还要爱好一两项体育活动。刚到深圳时，喜欢到小梅沙游海泳，爬梧桐山。到了 90 年代，改成了打网球。下了班，在网球场上热身两个小时，再来个桑拿浴。晚餐只吃一个麦当劳巨无霸，一个大杯可乐，另加一个苹果派。身体有那么多消耗，只吸收有限的卡路里，怎么会发胖？

但从 1993 年开始，我感到不吃早餐有些顶不住，开始吃些巧克力。吃了没有两个星期，开始吃正规早餐：麦片、鸡蛋、面包，外加黄油。这一开禁不得了，8 个月内体重从 70 公斤猛增到 74 公斤，过 75 公斤大关已指日可待。裤子的尺码已改换了两次。我知道是改变饮食习惯而造成的，但却不愿意禁吃早餐，倒不是尝到吃早餐的甜头，而是听一位权威保健医生讲，不吃早餐容易得胆结石，而且对大脑细胞损伤严重！

为了抑制腰围的迅速扩张，我只有加大运动量，同时减少正餐里脂肪含量高的食物。经过 1994 年到 1995 年两年的努力，体重总算由 75.5 公斤降到 71.5 公斤。为了降这 8 斤重量，我用了两年不懈的努力。当看到秤上的指针在 71.5 公斤刻度上慢慢停下来时，我简直不相信自己的眼睛。我又产生了恐惧感，怎么下降得这么多？不会是得了糖尿病吧？中年人突然消瘦，十有八九肚里长了什么东西。我开始感到自己有病，同事和家里人要求我做全面体检，我发自内心地接受了。经过全面的体检，医生告诉我“你暂时还没有得糖尿病”，我自然高兴，但两年前买的裤子却显得肥人了。

女人离不开化妆品，尤其是中年女人，但对于中年男人，更离不开一种精神状态。即使身体保持不发胖，但其他困扰却无法一一避免。这两年头发明显稀疏，也出现白发了。有些人建议我去织发染发，我觉得人到年龄头发该掉就掉，该白就白，何必搞那“不白之冤”呢？

人到中年，公司已经成立 10 年，我也算是在万科当了 10 年经理。开始被称为“王经理”，不知不觉就被称为“王总”。可能是曾经在军旅中生活，加上人到中年的缘故，我很喜欢称呼上有个“总”字，使你联想到“总司令”、“总参谋长”之类的字眼，尽管当兵时我的最高职务只是班长。

总经理意味着手下有许多经理，就像总司令手下有军、师、团长一样。万科集团公司所有的大小经理共百人。也许是来特区前有着更多的让自己接受别人管理的经验和体会，我对如何让别人接受自己的管理并不在行，如何当好管理别人的经理，心里就更没数了。

对于管理不在行又大权在握的人，在决策争执不下时，会采取两种态度：或者沉默不语，或者发脾气，独断专行。前一种态度会使部下有种深不可测的神秘感，显得老谋深算，而后一种则明显以权势压人。两种态度比较，我自认是后一种。以权势压服固然不可取，但容易发脾气的人往往也是见义勇为、拔刀相助的硬派小生。而一言不发，故作姿态的管理者才真正可恶！

坏脾气和冒傻气

我的脾气不好是出了名的。

早在1984年，我就结识了蔡顺成。那一次，蔡顺成和他的处长通过一位北京朋友的介绍，来特发商谈业务。我先入为主地认为：北京人特别能侃，做事却不大踏实。对大蔡态度非常不客气。不友好的气氛让来自美国的蔡先生非常尴尬。整个过程，蔡顺成却始终是一副善解人意的笑脸和心平气和的表现。事后，我也后悔，何必如此咄咄逼人？如果大蔡的脾气同我类似，谈判早就掰了。再次见面，我主动表示了歉意。得罪了人，事后再检讨。如此循环。

80年代中期是公司创建初期，工作经常是没日没夜连轴转的状态。我对职员要求严厉得近乎苛刻，常伴随着严厉的呵斥。同事们认为：一定是睡眠不足才这样……后来，公司业务逐渐步入正轨，睡眠时间保证了，可脾气却没有改善。

一次与一位律师去餐厅吃饭，偶尔见到公司两位年轻职员，我主动过去询问他们的工作情况。事后，律师对我说：你让对方感到害怕，我觉察到你问话的时候，他们紧张到双膝都在微微发颤……我说：我哪有那么可怕？批评严厉点是恨铁不成钢！但心里沉甸甸的，意识到在我和下属职员之间已经隔了一堵墙。我不希望这样的情况继续发生，就下决心，要改改自己的坏脾气。

几年过去，公司业务发展，我的脾气却是“外甥打灯笼——照旧”。职员对此大体有两种议论。有的说：王总脾气不好，那是性格问题。有的说：

管理公司需要铁腕人物，老板是故意板起面孔。

显然，同事对我是采取了谅解的态度。我因此也以这样的理由原谅了自己。俗话说：江山易改，本性难移。坏脾气改不了，也是无可奈何的事。但当看到我的副手向员工发无名火时，我隐隐感到，我的坏脾气已在传染着身边的人。

其实在平时生活中，我很少发火。发脾气往往都是因工作上的矛盾引起。公司大了，管理面多了，许多是过去没有遇见过的事。我扪心自问：在工作中发火是不是一种掩饰无能的表现呢？我开始警觉起来。

一般所说的“修养”，包括学识和待人接物的态度两方面。万科向来强调尊重人才，尊重人格的管理理念。公司的职员在职务上有高低之别，但在人格上都是平等的。作为一个管理者，在批评下级时，也应当充分尊重对方的人格，无论他是部门经理还是电话接线生。如果发脾气是因性格引起的话，这个性格是非改不可了。

这之后，我的脾气是改了点，但时好时坏，就像三月的天。

临近万科九周年的人事会议上，我从同事们的善意批评中，对自己的坏脾气有了点新的体会：脾气和地位、权力有关。随着地位的提高、权力的加大，脾气也愈来愈大。在深圳的一些企业里，老板的脾气往往比一般员工来得大。这实在是一件可悲的事！难道我也要走这一条路吗？是痛改前非的时候了！在人事会议上，我发自内心表示：从今往后，我再也不发火了。参加会议的同事当即提议：要为王总的态度发奖金。

戒发火就像戒烟一样，也容易也难。

戒发火的第二天，北京来的几位记者对我说：你是个传奇人物，我们慕名而来。听说你脾气非常大，光大哥大就摔坏了四个……

我苦笑着告诉他们，我从来不用那玩意儿。

1991 年春节联欢晚会上，我演唱京剧《沙家浜》选段，反串阿庆嫂

为了改坏脾气，我像许多坚决的戒烟者一样，采取了一系列的必要措施，其中最厉害的杀手锏就是公司九周年时，我在周刊上发表了一篇《改改坏脾气》的声明，其效果同戒烟者把心爱的打火机扔进火炉里一样。

我像换了一个人。早上上班，见到同事第一句“走神”（粤语：早上好）的问候，显得格外亲切。在开会场合遇到争执不下的问题时，我不仅约束自己，咬三下舌头才发言，还尽量维持宽容的笑脸。没延续两个星期，我的秘书提醒我：大家很不习惯你笑眯眯的样子，有人议论老总的笑是皮笑肉不笑。面对习惯势力，我只好妥协。

“娱乐室里摆着总经理的橡皮模拟像，泄气的职员对橡皮人一阵老拳，老板和受气伙计的关系得到平衡。”一些日本公司的这种做法被现代管理者所称道。我想给受委屈的职员撒气的机会，但却不愿尝挨拳头的滋味，即使只是模拟挨打。君子动口不动手嘛。万科让职员撒气的办法是在一年两次的晚会上（春节和公司周年纪念）出老总们的洋相。有一次让我唱京剧“沙家浜智斗”选段里的阿庆嫂，说来也奇了，唱歌常走调的我，那天晚上犹如神助，唱词一句没错，唱腔也没怎么跑调。晚会后，听说许多职员当时笑得直想尿裤子，我自然也很开心。

李克克为我画的漫画像。有些夸张，甚至有些丑化，但手法精巧、生动传情，使人忍俊不禁，可爱之中不失“王”者风范。

我最得意的是让李克克画漫画像，再自我解嘲一番在《周刊》上亮相，什么“开会独白”、“善于发现别人的缺点，自己的优点”……美中不足的是，漫画像有点那个……整个脸形轮廓像个倒三角形还不说，一双绿豆似的小眼睛上如同挂满了蜘蛛网。丑化十倍也没关系，咱们万科第一把手有宰相的胸怀。可我有那么老吗？

我给女儿鹿鹿看这张漫画像，鹿鹿问我：“爸爸，这是你发脾气的样子吗？”我想大概是吧。

我也有可爱得令人难以置信的一面。

一次出差北京，深夜两点才到饭店。一早，就被赵晓峰的长途电话催起来：“有人愿意白送万科 1 500 万！”

赵晓峰喜滋滋地汇报：“合肥买的 1 000 亩地，被另外一家企业看中，合肥国土局有意牵线让万科出让 500 亩，每亩额外补偿 3 万。”

“哦，明白了。”

三个星期前，应合肥金市长的邀请，我在合肥同国土局签订了 1 000 亩的购地合同，约定一个月内付首期款 25%。我已让财务准备好首期款，准备下星期飞合肥。

我没有思索，对电话里的赵晓峰讲：“对万科来讲，500 亩、1 000 亩都很大，退回 500 亩就退吧，不需要补偿。”

“合肥方面也明确表态：‘如果万科愿意 1 000 亩维持现状不变，还是原来的 1 000 亩。”

“500 亩够了，既然有企业看中就让出去好啦，反正我们还没有付钱呢。”

赵晓峰不解地追问：“是不是我听错了，退还 500 亩，补偿的 1 500 万一分钱不要？”

“你没听错。呐，你想，收了这钱，公司就会出现新的神话：老板多有眼光，没动一分钱就赚了 1 500 万。对职员是什么影响？职员们都会钻牛角尖去寻找能倒手赚大钱的地皮，如此，谁还有心思好好设计房子？谁还有心思好好建房子，谁还有心思精心维护房子？这钱万科不能要。”此时，我娓娓道来，显得耐心和蔼。

万科的第一轮扩张

万科的第一轮扩张，指的是在 1988~1993 年间，尤其是 1991 年确定“综合商社”发展模式后，实施多元化和跨地域经营战略，实现急速扩张的过程。

在万科介入一系列行业时，我们注意到，房地产行业即将成为国民经济新的热点。

我国房地产开发行业的起步，源于房改政策。1982 年 4 月，常州、郑州、沙市、四平四个城市实行“住房补贴出售给职工”的实验，反应非常踊跃。1984 年 10 月，国务院批转了关于扩大城市公有住房补贴出售试点的报告，指出将城市公有住宅补贴出售给个人，是逐步推进住宅商品化，全面改革我国住房制度的重要步骤。到1985年底，全国共有160个城市和300个县镇实行了个人补贴出售住宅。1986年1月，国务院住房制度改革领导小组成立。至此，我国城镇住房制度改革工作在国务院的直接领导下迅速开展起来。

1988年9月，党的十三届三中全会把“加快出售公房、逐步实现住房私有化”作为治理整顿、全面深化改革的重要内容之一。1989年底，鉴于福利分房观念根深蒂固，政府推出“增量改革”措施，对新房的建、售、租方面实行新政策，然后对腾出来的旧有公房进行改革，从而减少阻力。在有利的政策环境下，我国的房地产业开始萌芽和发展。

特区建设的独特资本模式，以及新兴城市较少的旧房改革阻力，促使深圳更早地实施了住房改革，商品房市场因而起步更早。改革开放之初国贸大厦三天一层的“深圳速度”就是其中一个注脚。1987年，深圳市政府已经开始实行土地拍卖政策。

中央关于“住房私有化”的指向无疑印证了房地产行业的前景。其时的深圳，到处在大兴土木。为了进入这个新兴的行业，在1988年11月深圳市政府举行的土地拍卖中，万科以2 000万元的“天价”中标H201-3住宅用地，买了一张房地产市场的入场券。

万科能实现第一轮扩张，与1993年以前发行A、B股以及增资扩股有密切关联。

1988年，公司发行A股，公开募集社会股金2 800万元，公司资产及经营规模迅速扩大。1989年招股工作顺利完成，所募集的股金主要投向工业生产、进出口贸易和房地产开发。深圳万科地产有限公司于1989年成立。这一年，受到走私市场的冲击，公司的摄录像器材销售业务渐趋萎缩，而工业和房地产业务发展良好，成为公司主要利润来源。1990 年，公司初步形成商贸、工业、房地产和文化传播四大业务的经营架构。

1991 年初，公司确定集信息、交易、融资、制造于一体的“综合商社”发展模式。为满足业务扩张的需要，1991 年 6 月，公司进行增资扩股，总股本增加至 7 796 万股。本次扩股所募集的资金，主要投向房地产开发、工业生产、进出口贸易及连锁商贸、影视文化等领域。

1992 年是万科实施跨地域经营，“遍地开花”的一年。在贸易方面，公司成立贸易经营本部，万佳在武汉和乌鲁木齐开办商场，并增设大连公司、珠海公司、武汉公司、新疆公司和北海公司；在地产方面，香港银都置业、青岛银都花园、天津万兴和万华、上海万科房地产、北海万达房地产等分公司相继成立；进行股权投资的国内公司达到 13 家；成立万科文化传播有限公司，开展电影、广告、卡拉OK影碟等制作和发行业务。

此时万科在内地的投资项目大多采用“0.4 投资法”，意图以小搏大，迅速扩大经营规模。

1992 年，邓小平南方谈话发表之后，国务院在 11 月 4 日发布《关于发展房地产业若干问题的通知》，明确指出：“房地产业在我国是一个新兴产业，是第三产业的重要组成部分，随着城镇国有土地有偿使用和房屋商品化的推进，将成为国民经济发展的支柱产业之一。”

在文件精神的刺激下，全国绝大多数地区出现了房地产急速膨胀的现象：房地产开发投资、土地批租量和开发量大幅增长，房地产开发公司的数量迅速增加，商品房销售面积和销售价格都快速上扬。

万科把握住了机遇，加速实施跨地域发展战略，在华南经济圈，长江三角洲经济圈，以山东半岛、京津地区和辽东半岛组成的渤海经济圈投资房地产项目和股权投资。

然而，高歌猛进也孕育着过热和泡沫。“三乱两热”（乱集资、乱拆借、乱设金融机构和房地产热、开发区热）现象引起了北京决策者的担忧。在1993年4月1日的经济情况通报会上，中央提出“防止经济过热”的警告。

从5月起，人行不断提高相关利率，清理整顿金融秩序。

6月24日，中共中央、国务院下发《关于当前经济情况和加强宏观调控的意见》，即1993年中央6号文件，提出一系列加强和改善宏观调控的措施，主要包括实行适度从紧的财政货币政策、整顿金融秩序、控制投资规模、增加有效供给、运用进口调剂国内市场、整顿流通环节、加强价格监管等。

“6号文”的刹车效应非常明显。7月到9月，全国的工业增长速度回落，投资膨胀得到控制，新开工项目大幅减少。

房地产行业感觉到寒流的到来。

此时，万科已迅速地扩张到拥有55家附属公司和联营公司，遍布全国12个大城市，业务分为五大类。资金，万科感到资金短缺的压力。

幸运的是，1993年4月，万科成功地发行B股，筹资4.5亿港元，对渡过银根紧缩的难关至关重要。在银根紧缩之前，万科获得了一笔自有资金。许多同行认为：万科很运气，王石很运气。我承认运气，但如果没有万科人的努力，运气在你面前又有什么用呢？

发行B股不仅让公司获得资金，还让万科从风险基金的角度，从国际成熟投资人的角度来审视万科的业务架构是否合理。

运气使万科及时获得国际资金，运气又使万科一边收缩股权投资，一边还在盲目扩大地产的项目。1993年的宏观调控没有阻止万科北海万科城市花园、成都万兴苑、石家庄银都大厦、深圳海神广场和鞍山东源大厦等项目的开工。进入1994年继续上马天津城市花园、北京城市花园、武汉万科广场、沈阳城市花园和大连邮电大厦。地产的跨地域的扩展到了1995年才戛然而止。由于投资过于分散，成都万兴苑、深圳海神广场、福景大厦、武汉万科广场、天津金刚桥高级公寓、鞍山东源大厦都因资金短缺而濒临烂尾工程。

丧钟为谁而鸣？

万科认真地对行业收缩和自身跨地域开发的现实进行反思。众多“上甘岭”项目显示，以集团目前的资金和人力资源能力，应该把开发地域集中到经济发达的地区。尤其是深圳，城市经济增长水平比较平稳，房地产行业的规范化程度较高，市场比较成熟，个人购房率远远高于全国其他城市。经历1993年和1994年的低迷后，住宅开发将面临增长期。

当时，我们在东北的扩张和后来的收缩，可说是万科全国战略的一个例子。

1993年底，原分管国企的鲁东勇自告奋勇到东北开展业务，进行股权投资，兼任国企董事长。万科跨地域扩张之时，国企业务进入了上海和北京，并在上海和合肥同时投资房地产业务。1995年，在收缩的过程中，鲁东勇却用万科同其他公司合资的万众公司并购了锦州港，“我们每天几百万的资金在注入锦州港”，但是，公司责成他必须将锦州港、大连龙泉和北大车行等参与投资的股权卖掉。

1995年下半年，公司决定“重返深圳”。一年半后，成功完成战略调整——由12个城市“遍地开花”转向重点经营深、沪、京、津四大城市，重点放在深圳。

1997年6月，公司实施增资配股，募集资金3.83亿元，主要投资于深圳房地产项目开发及土地储备。

1997年10月，继1995年对贸易口进行机构调整和资源整合，以及1996年4月转让深圳怡宝食品有限公司之后，集团再次协议转让下属两个工业项目——深圳万科工业扬声器制造厂和深圳万科供电服务公司，基本完成了对“房地产、连锁商业、影视文化”以外非核心业务的调整。

2001 年出售万佳，则标志着万科结束转型调整，进入新一轮发展。

在 90 年代中期，不仅万科，深圳许多优秀的企业也在进行调整。1993 年，任克雷从深圳市市委秘书长一职转做华侨城集团总经理。当时华侨城还保持着初期“工业为主，肝胆俱全，环境优美，具有特色”的发展宗旨，除了做彩电、搞旅游，旗下还有百余家公司，经营领域横跨 20 多个行业。

华侨城集团生产了中国第一块石英手表，结束了上海表称霸中国数十年的历史；同时生产自行车、照相机、玩具、服装等，产品大到机床，小到拉链。不仅如此，华侨城集团还办医院、学校、幼儿园。但是，90% 的企业占用了华侨城集团 50% 的资源，而产出利润占不到利润总额的 10%，亏损企业多达 20 多家。

任克雷果断刹住了华侨城扩张的步伐，抓大放小，向核心业务集中。

一年后的夏天，华侨城集团如同万科在 1995 年做出的选择，电子、旅游、房地产得到集团资金、资源、人力、物力等全方位的支持，只有一条，就是必须做大做强！经过强干弱枝的调整，截止到 1998 年 5 月 25 日，华侨城集团的企业总数由 101 家减至 60 余家，涉及行业也从 20 多个逐步集中到以康佳为主体的家电产业、几大主题公园为主构成的旅游业和房地产业等上来。

回顾往日，我们仍然能看到因为做大的冲动而付出的代价：万科鞍山公司直到 2001 年才还清全部债务，步入正常经营；武汉写字楼盖到三层停工，直至 2001 年拆掉重来，成为延续 10 年的问题工程；海神写字楼改成的超高层住宅，账面销售“理想”也只是收回成本略有盈余。

房地产开发行业具有强烈的政策敏感性，同时因为项目开发时间较长，极易受宏观调控影响。因此充分了解市场形势和政策趋势有利于我们把握先机。在选择开发城市时，必须进行充分的市场调研，避免“拍脑袋投资”、“握手投资”等偶然性投资。只有规范的市场才有长远的发展机遇。

房地产开发又是一个地域性非常强的行业。从全国来看，也许前景广阔，但在个别城市，由于市场消费能力的增长滞后于行业发展，或者因为当地政府房地产开发政策的特殊性，很可能会出现暂时的需求和供给瓶颈。如何在确定全国跨地域发展战略的同时，兼顾各地区的发展实况，灵活地调整资源分配，也是决策者必须思考的。

在市场面前，万科不可避免有做大的冲动，但在冲动之下，仍然保持对经营环境的准确判断和对长期问题的深入思考，才是企业成熟的标志。我清楚，企业达到成熟，需要一个学习的过程，而且，付学费是难免的。

万科在第一轮扩张中所付的代价并不致命。这是万科的幸运。但万科第一轮扩张中的失误，将始终成为一记警钟，提醒我们在躁动大市中保持冷静思考。具有长远发展目标的企业，必须有实事求是、稳打稳扎的经营风格。

诀别万众，催生英特泰

成立于 1994 年 6 月的沈阳万众企业股份有限公司是万科“0.4 投资法”实现的一个典型。注册资本 5 500 万，8 家法人股东占资本 4 400 万，其余为职工股，其中万科 900 万，占股份 16.36%，股东朱焕良投资 150 万，占 2.7%。

所谓“0.4 投资法”，就是万科在全国进行项目投资时，采取与合作伙伴联合投资的方式经营，即投资比例控制不超过该项目总投资的 40%。同时在注资时更多利用预售资金、银行信贷等外部资源，提高自有资源的使用效率，做到公司的投入不超过实际投资额的 40%。通过仍在实施的两个 0.4 的投资法，在每一个项目总投资中，万科的实际投入保证在只占 16% 的水平。

万众在鞍山、沈阳、大连三地参与万科开发的地产项目，其中沈阳项目命名为“万众城市花园”。除配合万科的地产项目外，董事长鲁东勇的兴奋点在参与可能上市的企业股权投资上，先后投了沈阳辽房天、大连北大车行、龙泉酒厂等。

进入1995年，万科集团全面推进多元化向专业化的转型，却传来沈阳万众购并锦州港的消息。万众职员这样比喻鲁总的策略，“打的是万科的旗，唱的是万众的戏”。

显然，在“3 · 30事件”紧急会议上潸然泪下的鲁东勇另有图谋。作为万科的董事长，我强行责令鲁东勇必须迅速卖掉锦州港的股份。此时，黑龙江东方集团张宏伟现身，认为锦州港是东方寻找实业的理想归宿，欢天喜地接下锦州港的控股权。

在万众的经营方向上，万科同其他股东也开始出现裂痕。1996年夏，沈阳召开的董事会上，朱焕良提出“兼并新城子制药厂”议案。此时的朱焕良已通过资产置换，收购了第二大股东沈阳人寿850万股，加上自己的150万，已经成为第一大股东。

说话谦和的老朱第一次言辞激烈，慷慨激昂，毕竟有资本支撑。我作为万科董事长亦针锋相对，“不要说万科还有16.36%的股份，就是只有1%也不同意万众再进入一个陌生的行业”。

“有没有搞错啊，我现在是第一大股东啊。”董事会进入僵持阶段，大家不欢而散。

第二天，我主动找到老朱，先是检讨昨天的态度不对，心平气和地探讨打破僵局的新思路：“你老朱收购新药厂的提案对万众的其他股东不失是个好项目，但与万科新制定的战略不符。呐，万科退出万众，900万股原价卖给你如何？”

“哪有那么多现金？都跟你万科投了法人股。”朱焕良心动了。

“你不用现金，拿你在鞍山东源和其他的股票同万科的万众 900 万股置换，这样你在万众就成为绝对老大了。”

“但，我提出两个要求：第一，明成海得继续兼万众总经理；第二，万科，特别是王石你要继续支持万众公司。”

“一言为定。”

鲁东勇辞职后，其副手明成海接任万科东北业务第一把手，作为当地人才，明成海在日本受过企业管理培训，敬业练达，善于把握方方面面的关系，是万科需要的人才。鉴于战略调整，我同意了朱焕良的要求。

不久，朱焕良在深圳注册的英特泰公司接手了万科的 900 万股万众股票。

在我的办公室，坐对面的老朱笑眯眯地提出：“我也要干实业了，光有一个明成海还不行，万科还得支援我财务人员、业务骨干。你答应过支持我的。”

“好啊。你看，万科除了地产口之外都在收缩，会有富余的骨干。你看好了只管挖墙脚。”

在老朱的感召下，国企经理蒋本奕、财务经理李金彩、上海分公司经理王葛红到了英特泰。

1996 年 12 月 28 日，我接到老明电话：“大连瓦房店政府欲引进北京华资集团取代万众在龙泉的第一大股东地位。朱焕良认为龙泉上市‘油水’极大。希望您出面，保住万众第一大股东地位。”

“为什么当地政府的态度发生如此大的变化？”我纳闷。

老明电话里解释：“老鲁走了，北京疏通龙泉上市的渠道断了；第二，瓦房店政府不理解为什么龙泉投资沈阳新城子药厂，筹资就应该用在瓦房店；第三，华资夸海口说在北京有关系，政府心动了。”

“好吧，我坐最近一班飞机飞大连，多给我准备些华资的背景资料。”

一路上琢磨如何帮老朱这个忙。

傍晚飞抵大连。瓦房店王市长、体改办主任宴请。

我交代明成海在餐桌上尽量宣讲万众为龙泉的上市做了哪些工作，只要做过的都要讲，准备做的也要讲。酒过三巡，老明在介绍了万众的不可替代的工作之后，明确："万众将捐200万给瓦房店市长基金，在龙泉上市之后再捐1 000万。"

说话爽朗的王市长表态："龙泉上市是第一位的，北京华资的介入带来了转机。"

身旁的朱焕良拽了拽我的衣角，意思显然是：就看你的了。

宴会之前，老朱和老明都认为：只有搬出大连市市长才能扭转局面，通过同市办公厅联络，我明天下午将同大连市市长会面。

我清了清喉咙，言不由衷地说："万众有能力让龙泉尽快上市。"

接下去是实话实说，"但我更尊重瓦房店市政府的选择，只要对龙泉有好处，对瓦房店市的投资环境有好处，华资取代万众不是不可以的。但万众做了那么多工作，被取代应该给予适当的赔偿。"

"那当然，那当然。"王市长满意我的表态。

老朱愣住了。

回到宾馆，同老朱长谈到凌晨3点，直到老朱勉强同意我"万众撤出龙泉"的建议。

我的理由是：第一，鲁东勇离开万众之后，万众没有在北京活动龙泉上市的人脉关系，而北京华资集团具备；第二，如果华资能迅速让龙泉上市，万众手中的200万个人股即可增值套现，虽然是以失去控股权为代价；第三，万众失去龙泉未必是坏事，现在就可以获得华资进入龙泉对万众的补偿费，我估计应该有1 000万吧。这样万众可以撤出大连，集中资源到沈阳，

“你看到王市长的强硬态度，利用龙泉的资金到沈阳投资，可能吗？”

第二天上午参观龙泉厂。下午见大连市市长，压根没提龙泉的事。

第三天，也就是12月31日，我在沈阳得到消息：万众退出龙泉，除退还本金外，华资补偿人民币800万。

不久，龙泉上市，股票最高蹿升到39元每股，万众抛售200万个人股，获利4 000万。万众的所有股东笑逐颜开，除了老朱仍然认为不应该放弃对龙泉的控股地位。

我同老朱再次产生嫌隙。

后来知道了老朱同北京机构合作操控0048康达尔股票，自该股票更名“中科创”之后，股票蹿升得离了谱。

此时，老朱已将万众卖给了黑龙江东方集团张宏伟，明成海被老朱调到英特泰任总经理，仅次于老朱任第二把手。我替老明和几位万科的旧部担忧。打电话给明成海，明成海告诉我，他没有管股票的事，替老朱打理农业和其他投资实业的项目，王葛红替老朱打理投资几本时尚杂志的业务，“据说准备打包上市”。

“没有介入股票操作就好。哎，万众已经卖了，你回万科吧。”

“不行。老朱在家乡买了一万亩山地，没人打理非乱了套。”

2000年底，中科创股票连续跌停板，吕梁自报内幕，中科创系的美丽泡沫破灭。被通缉的朱焕良流亡海外。

印象中，在深圳股市，几乎同老朱形影不离的有位瘦瘦的李老师，也是客家人，后来分手竟成了仇人。老朱私下解释说是在约定的联合护庄中，李背信弃义抛股，而护盘的老朱损失惨重。

在中科创系崩盘的故事中，朱焕良扮演了出卖者的角色。为了迅速地发财致富，不择手段，欺骗善良的人们，欺骗所谓的盟友，甚至不惜以身试法。

历史何其相似，只是时间、地点在变换。尽管如此，我有理由对老朱表示最底线的尊重：在1990年初的股东大会上，朱焕良公开表示了对万科股票的信心，稳定了中小股民的情绪；1998年，一起前往青海可可西里，朱为保护藏羚羊捐赠30万；而如今，为躲避法律制裁，老朱跑了，公布的资料显示，朱焕良没有欠银行一分钱，也没欠哪家机构的钱。一提到老朱，不免想起老沛文章中引用尤利乌斯·伏契克在走上绞刑架时说的一句话："人们，我是爱你们的。你们可要警惕啊！"警惕点儿吧，人们！

务虚之思和天津之训

1995年1月23日到24日，又是一年一度的集团公司务虚会。集团总部及各业务口负责人一行二十多人聚集在小梅沙大酒店。

经过多年扩张，万科已形成了以房地产为主导的业务架构，集团下属全资企业达29家，合资合作企业达25家，并分布于全国各地，管理跨度不断增加，如何适应集团公司跨行业、跨地域的发展格局，形成一个高效、有机的管理架构，已成为公司经营管理层迫切需要解决的问题。

万科从贸易起家，搞过工业，办过商场，也尝过股权投资的甜头，到1994年才确立了房地产业务作为集团主导业务的地位。在1993年以前，不少上市公司提出了多元化经营的口号，而万科虽然在产业结构上呈多元化分布的格局，但是在公司的资源利用方面，已经开始不断向专业化方向倾斜，尤其是公司在1993年底确立发展城市居民住宅作为房地产的主导产品后，这种专业化倾向更为明显。由于在发展战略上的及时调整，才使得公司业务在宏观经济不甚景气的条件下依然保持了健康发展的势头。

但是，万科尽管明确了主攻业务方向，但公司管理的产权结构上同时有两种形式，一种是合资形式，一种是独资形式。比如说由姚牧民领衔的房地产本部便是独资形式，严格按照万科的价值观、行为模式和管理方法进行管理。另外一种是合资形式，银都、天津万兴和沈阳的万众是其中的典型。就万科目前的情况，合资公司往往不能很好地按照万科模式来进行管理和发展。而且，当时从地域上分，东北属于万众统一管理，天津属于万兴统一管理，石家庄、青岛和成都属于银都投资管理，其余城市由深圳本部进行管理。

可以说，万科从业务架构、管理架构和地域分布等不同角度来看，都呈现出错综复杂的局面，这和很多中国民营企业发展非常相似。

显然，公司需要首先从多元化向专业化进行调整发展；第二，从产权上开始梳理，并在管理上进行梳理统一，明确经营对象。

这种调整必定会牵涉到利益集团，由于万科长期采用的“0.4 投资法”造成在各地成立的公司股权相对分散，而不同投资者又会有不同的利益要求，产生不同的利益集团。比如东北万众，当时的投资偏好就是做股权公司、做一级半市场，也做房地产。地产市场不好时，又倾向于做股权公司。在万众的股东大会上，万科宣布，万科决定将房地产作为公司的主营业务，要将合资公司中非房地产业务部分卖掉。从战略角度讲，这对万科的长远发展有益。然而其他股东反对声连连，对他们而言，回报更加重要，况且其他业务也一直在赢利，为什么要陪着万科一起冒险？与此同时，各个地域发起人的影响力也对不同地域的经营贴上了个人的标签，这同样对总部与一线的管理模式带来一定难度。

1995 年的天津万兴实业股份有限公司是一个值得铭记的例子。由于股权构成复杂，万兴股权的调整比较艰难。在关停并转的过程中，又新增加了一个酒店。可以说，万科在天津的发展就是万科发展的一个缩影，万科曾经犯的错误和野心在天津都得到了比较充分的体现：以“0.4 投资法”设立合资公司，介入的业务类型多样，结果，从 1992 年到 1995 年不到 3 年的时间里，它已经是麻雀虽小、五脏俱全，且有非常高的负债率。

1993 年，万科的房地产业务中，写字楼项目占的比例达到 75%，住宅仅仅占 25%。同样，在 1992 年、1993 年之交，万兴在天津市区拿到第一块地。按照项目规划也是建两栋写字楼及裙楼部分的商场。然而，由于受到 1995 年宏观紧缩政策的影响，项目盖到一半便处于停工状态。而后，我们找到日本微笑堂（香港）有限公司进行合作，将原有的规划方案改为酒店，并从经贸部取得了涉外酒店的资格。我们将部分楼体进行抵押，再向日本银团贷款，成功解决了资金问题，并完成了酒店的建设。

尽管天津万兴成功将一个问题楼盘转变为一个吸引投资的楼盘，从战术的角度看我们解决了资金占用的问题，将一栋缺乏市场的楼盘调整为一个酒店（当时我还把它作为解决问题的成功案例），但在战略层面上，则是在解决旧问题的同时，又制造了一个新的更大的问题。

这时，万科已经逐步深入将大众住宅作为主营业务，而且非住宅之外的其他项目都在调整、精简；但现在却又出现了一个涉外大型酒店，另外还新增加了几千万美元的负债。调整的结果呈现出更深的问题：万科在天津并没有抽身出来，而是越陷越深，要继续追加投资。另外一栋楼在停了一段时间后，以包租销售楼花的方式推向市场。这似乎是创新，但后来也同样发生问题，等于是万科在从购房者手中以高利息进行融资，公司能否将写字楼租出去并不清楚，但是必须按照包租的承诺将利息还给投资者。对于公司而言，“融资”的利息让公司根本无法承受。公司希望可以收回已经卖出的单位，购房者却不同意。结果，直到 2005 年，最后一单官司才结束。万科同样承担了高额成本。

最终，公司将这个项目同其他外部资产进行了置换，我们在承担银行负债的同时，还额外拿了 1.5 亿现金换到东丽湖项目所处的地块。但是，在数年的时间中，为什么万科的天津公司始终用“亏”、“巨亏”、“继续亏”来形容经营状况？为什么天津在相当长的时间内成为万科一个很大的包袱？毫无疑问，如果当时我们及时终止错误的投资，天津的问题，恐怕早已可以得到解决。

在万科严格按市场标准来剖析自己，勇于面对自己的错误不久，胡鞍钢发表《深圳该不该继续特下去？》一文。紧接着，深圳市委书记亲自在《深圳特区报》上撰写社论，对胡鞍钢的观点进行了反驳。此时的特区主流，如果也能像万科这样严于剖析自己该多好啊。正是万科这种坦然对待自己的勇气和态度，使企业渡过了难关，成为市场经济中的强者。

人本弘扬和价值底线

1995 年，万科评选出了“八杰”。

一个国家、一个民族需要一种精神，一个企业也需要一种精神，评选“八杰”不仅是对这些优秀职员的奖励，而且对发扬公司精神能起到一种引导作用。

万科发展这 11 年里，聚集了一支善经营、懂管理、有专业知识、有进取精神、朝气蓬勃的队伍，这支队伍是万科资产负债表上看不到，但却是最宝贵的资产。一年一度被评上集团公司先进集体和先进个人的，是这支队伍中的优秀代表。

在这“八杰”中，我较熟悉的是两位女性。一位是公司元老级人马，从粤北山城随夫到特区的普通财务人员王小玲，学历仅为初中，但经自身的努力工作和学习，现已成为万科贸易公司的财务经理，学历也通过函授而达到大专水平。更可贵的是她有一个美满的家庭，可以说是认真执行《职员手册》中的“工作与家庭、健康，物质与精神生活协调一致”的典范。王小玲个人发展历程部分反映了公司老职员的成长轨迹。

万科第一任物业管理公司老总陈之平

另一位是一直在总办工作的张酹，作为总经理秘书（现为公关部主管），面对的是不易显现成绩的日常琐碎工作，但她对工作热情投入，尤其在人际沟通方面的过人之处使得她能够入选“八杰”。

同时选入“八杰”的女职员中，还有万科地产的副总夏南，这充分显示了女性职员在万科的实力和万科的平等风气。

进入“八杰”的人还有另外一种类型：工业扬声器厂厂长应海（时任工业公司副总），财务顾问公司业务部经理周宜波（后离职），鞍山公司经理周卫军（现任北京万科总经理），协和公司副总经理何志东（现为万佳老总），他们是专业人才在万科发展的典型。尽管来公司的时间比不上老职员，同样取得了今天的成绩，充分表明了“人才是万科的资本”这一理念。万科致力于创造发挥人才作用的环境和条件，不管是高起点的，还是从基层做起，只要是逐步提高的人才，在万科都能找到发展机会。

周卫军是万科开展鞍山项目时招进公司的，他学的是工程专业。之前在鞍山钢铁学院做基建工作。工作期间就表现出敬业和刻苦精神。然而，在开展业务不久，公司就遭遇了宏观调控影响。这时的周卫军顶住了压力，功不可没。

值得一提的是深圳万科物业管理公司老总陈之平，他的形象就像陆军学校的军曹，其打理的物业就像他的寸头一样有序，凡参观过他领导管理的物业的客人不仅对其优美的环境赞叹不已，还为清洁员的认真工作态度所感染。我每次问他是用什么办法使农村的孩子这样认真地做工作，陈之平总是笑而不答，我想，这应该和老总的言传身教及社会责任感密不可分吧。

从创立开始，公司就提倡敬业精神与社会责任感，在万科工作不仅为了领取薪酬，同时还要为个人带来满足和乐趣。在尊重人、尊重个性的同时，万科也强调团队意识与集体协作，由此形成的强大凝聚力，是企业发展的重要动力。这次获得杰出职员称号的八位中有五位所在的部门也被评为先进集体，可见个人成绩的取得与集体是密不可分的。

在重功利的商业社会中，一个人挣钱的数量似乎成了社会影响力的唯一标志，然而在这个变革的社会中，钱不能代表一切。万科追求个性与对群体负责，这种追求更符合社会发展的潮流。有情趣的工作、志趣相投的同事、健康的体魄、爱情、关怀都与金钱有同样的价值。

上海万科工程部集体受贿是1995年更令万科人深刻警醒反思的事件。

在万科跨地域发展的过程中，万科一线公司往往面临人才短缺和管理粗放的风险，对公司的管理常常是捉襟见肘。上海公司的总经理自姚牧民到1995年的林汉斌，换了整整五任。当时，上海万科同时在操作城市花园和城市广场，恰逢全国在进行肃贪反腐的活动，万科也在这个时期出了事。

当时上海城市广场工程部的4名职员共同接受贿赂，彼此认为这件事情天知、地知、你知、我知。但是没想到，行贿的承建商在其他案子出了事，也把向万科职员行贿之事一并交代出来。4位职员进了拘留所。还有一位涉案的职员调回深圳工作，上海长宁区检察院要求我们配合一下，协助嫌疑犯归案。万科负责人力资源工作的解冻接到检察院的电话后，迅速将检察院的两个建议转告我：一是万科以出差的名义将这名职员派到上海，然后由检察院扣住。二是通过深圳检察院直接来公司抓人。两种方法公司可以选择，但是无论如何不能告诉他本人。如果告诉了他，人跑掉了，公司就要承担责任。

我回答解冻：不能诳这位嫌疑职员去上海，否则，今后总部没有人敢出差了。到公司把人带走也不合适，影响公众形象。“我的意见，就直接告诉他，如果有，坦白从宽，没有，去向检察机关说清，公司陪人一起去。”

解冻提醒：“检察院交代不能给本人透露，否则跑了，说不清万科高层是否也有牵连。”

“我宁可背这个黑锅。”

11 点钟我找到这位职员谈话，职员坚决否认受贿的事。那好，去上海同检察院说清楚。

当天下午 4 点钟，解冻已经陪着这位职员到了长宁区检察院。

事情发生之后，我赶到上海，在员工大会上我做专门讲话：“万科在发展项目中会亏 1 000 万、2 000 万，甚至上亿元。亏了钱，我们可以重来，吸取教训把钱赚回来。但是如果我们的职员触犯了刑法，就是一辈子的事情，无法补救。”教训是惨痛的。

从上海回到深圳，以我个人的名义给万科所投资城市的检察院写了封公开信，表明万科会积极配合检察院的工作，从万科做起，既做到企业不行贿，也要防范企业内部的受贿行为。政府某些人员腐化，企业是有责任的。而且，我们也诚实地说，企业不仅仅是权钱交易行贿者，也可能是受贿者。我们可以保证不行贿，但是我们很难保证职员不受贿。但万科将不会容忍受贿的行为！

没多久，天津公司一位管理人员也出现了类似的事情，接受包工头的行贿。

以前我的反应是：这种人损公肥私、触犯法律，咎由自取，对此心里甚至还有一种快感。但这次感觉愈加不同。出事的是我非常熟悉的老职员，在工作上有不少来往。一知道检察院要抓他，脑子里第一个反应就是，他家里怎么办？不可否认，我的想法中有感情的因素。但是法不容情，我们还是送他去了检察院，只是心情很沉重。

公司职员，不论是新老职员，在履行职责过程中失足犯罪，除了个人因素之外，管理人员应该承担自己的责任。当管理人员要做三件事，一是决定做不做，也就是决策；二是决定谁去做，也就是用人；三是做出成绩，享受荣誉。当然出了事情也应承担责任——做不做、谁去做都是你决定的，出了事情怎么能不负责任呢？所以，我首先就要承担责任。

在市场中，我们一方面处于卖方的地位，比如房地产的销售；另一方面也是买方，施工单位有求于我们，设备材料供应商也有求于我们，这就必然会使我们某些部门易于成为受贿的对象。万科大规模开发房地产是从 1992 年开始，而我们的监察工作是从 1995 年 5 月开始的。现在看来，已经出现的问题都是发生在 1993 年、1994 年，说明我们对这个问题的认识滞后，如果早一年开展监察工作，力度再大一点，有可能减少出问题的机会，也可以挽救一批人和许多家庭。

一个大公司，绝对不出现贪污受贿等问题是不可能的，但通过加强管理，完善制度，培养成一种好的风气，这不但是可能的，而且是必需的。一个领导，做不到这一点，就是不称职，就不能原谅。

在探讨上海公司工程部集体受贿的案子时，检察官认为：一般情况下，受贿是偷偷摸摸干的，绝不能让第三者知道，但在这个案子中，竟然出现了在受贿时竞相攀比的现象，这种情况是很恶劣的。不但自己拿，还要问别人拿了多少？如果比自己多，就去再向人家要。这令我联想起香港影片《廉政风暴》中，一些执法机关的败类沆瀣一气、集体舞弊的场面。在这种环境和风气下，有好人也待不住，要么同贪污的职员同流合污，要么被排挤离开。

之所以形成这种坏风气，主要是管理者放任的结果。表面上看，管理很宽松，睁一只眼闭一只眼。其结果，不但给公司造成损失，更毁掉了一批专业上富有才华的职员。

以一批人进监狱为代价，换来二五千万、一个亿的利润，这个代价是不是太大了？人的毁灭、家庭的灾难，这是无法用金钱衡量的损失。项目不成功，甚至做砸了，都可以重来，而人一旦失足，不但自己终生悔恨，对公司的影响也是非常长远的。毫无疑问，如果上一个项目要付出如此沉痛的代价，那我们宁可不上这个项目！以牺牲人为代价换取利润，是不可取的。

为此，我决定今后公司在做项目评估之时，不但要看利润回报，还要看管理资源能不能跟得上，如果管理资源上不去，就绝不勉强上马。毕竟，人是最重要的。直到如今，这条无形中的规则仍然通过人力资源总监的“一票否决权”发挥着作用，也就是说，如果从人力资源的角度看，管理资源无法支撑公司在新的城市进行开发，我们将不会盲目扩张进入新的城市。

第三章

荆棘鸟

（1995~1999）

万科地产的生命线

万科自1988年介入房地产开发以来一直是卖期房，即所谓“楼花”。随着时间推移和市场变化，尤其到了1995年，我们也不得不从卖期房的过程逐步转变到卖现房。而从竞争的角度看，不同地产公司纷纷推出越来越多的商品房，通过客户的选择，地产公司或得到发展，或被无情淘汰出局。

从1992年开始，万科在地产行业中进行跨地域的快速拓展，由于资金和人力资源的紧张，造成建设改工、工程延期、房屋质量良莠不齐、配套设施没有解决等大量的问题。并且，因为种种质量问题，造成同客户之间的大量矛盾。在这种情况下，万科的管理者和员工都面临着巨大的心理压力。天天投诉、周周投诉、月月投诉、年年投诉……很多优秀的职员因为同客户之间漫长的沟通持久战和公司不确定的因素离开了公司，但也有更多的职员选择与公司同甘苦，留了下来。

我也在过去很长一段时间内，亲力参与到同客户谈判的过程中。比如每次我到上海，上海公司的管理层都非常担心客户的剧烈举动会引起董事长的反感，避免安排我去投诉多的城市花园项目。我却觉得应该站在第一线，面对万科的业主，积极协商解决遗留问题，同客户进行对话。有时候，同业主的代表谈判到半夜两三点钟。问题还不能解决就第二天继续谈，绝不回避。

客户的投诉集中在房屋的建造质量上。

公司提出了“物业管理是万科最后防线”的口号。很多在工程环节和销售环节出现的问题，到现在只有通过物业管理环节解决。在持续近 3 年的时间中，万科在物业管理方面可谓不惜工本。

在集团年会上，我提出“质量是万科地产的生命线”，希望万科在质量管理方面能够学习同行中的佼佼者，提高对地产行业流程的把握和控制。

对地产行业而言，质量和成本是一对矛盾体，强调一方往往会忽略另一方。万科的成本质量的落脚点应该在质量，而且是全面质量，对全面质量的重视需要贯穿整个房地产开发过程。

首先，是选项质量。

房地产开发，首先需要发展商对开发产品类型进行清晰的选择。产品类型决定后，再选择地点、开发周期和开发节奏，这是一个整体连贯的过程。其中任何一个环节的选择出现错误，就会全盘皆输。从成本角度看，选项主要是机会成本上的考虑，发展商成熟与否，通过它所选择的项目就可以感觉到。1992 年以后一哄而上的房地产热中，相当多的发展商选择了具有超高利润的高档别墅、高级住宅和写字楼项目。然而，项目选择的质量出了问题，在建造过程中无论怎样注意质量成本控制，无论造出的楼多么漂亮，市场都难以接受。

其次，是建造质量。

在房地产发展初期的卖方市场情况下，建造质量的矛盾尚不突出。但在逐渐成熟的买方市场下，在发展商普遍重视选项质量的情况下，建设过程中

上海万科城市花园

的质量管理就显得非常重要了。由于万科是从事销售出身的公司，在市场定位、促销、包装、样板房等方面做得较出色，在上海、北京方面的营销活动也完成得较为出色，但是，万科在建筑质量和监理水平方面与很多建筑出身的房地产公司相比还有一定的差距，例如深物业、深房、深长城等房地产开发公司。1996 年万科全面推行的“质量管理年”，正是公司希望尽快缩短差距，适应市场和客户需要的缩影。

再次，是发展商和客户的关系质量。

万科物业管理的概念主要受索尼公司产品售后服务的启发。自 1988 年万科介入房地产业起，就非常强调物业管理方面的业务，始终把为客户提供优质满意的服务作为公司的经营理念之一。在集团内部会议上，我曾经说过，万科开发的物业要在市场好的时候抢手，在市场不景气的时候好卖。其含义就是万科地产不仅要生产适销对路的产品，而且还要提供给购买万科住宅的客户以满意周到的服务，使万科物业成为市场的优质选择。在深圳，万科地产的第一批客户中，有很多人继续购买了万科第二个、第三个物业的住宅。上海城市花园在1995年做的一个关于购房客户的问卷调查中有这样一个问题:“您是根据什么渠道知道城市花园的？”回答通过万科城市花园居民介绍的人数超过回答问题人数的50%。万科城市花园的住户是万科地产最有力的地产推销员。

根据数字统计，21世纪的20年内，世界上最大的公司不是石油公司、钢铁公司或汽车公司，而是沃尔玛这种面对客户做零售服务的公司。这给我们一个启发：谁掌握了客户，谁就有广阔的发展前景。只有善待客户、把握市场、有全面质量管理的能力，才能成为中国内地市场有分量的房地产开发公司之一。

投资过程的基本点

1995年5月2日，万科集团资金结算中心正式成立。结算中心建立在万科十数年来对资金重要性的认识上，对整合集团资源、提高管理效益起到了重要的促进作用。

在1995年8月首届深圳市投资、财务管理先进经验交流会上，我以《转型期的企业投资策略》为题，按照深圳经济特区企业不同的发展阶段，将特区企业分类为“政策型”、“市场政策型”和“市场创意型”。

所谓“政策型”就是完全在优惠政策保护伞下成长起来的企业，这些企业能够获得政府的直接支持，它们参与多种行业经营，几乎达到“没有一样我不做”的境地，深圳特区发展公司就是例子。

在20世纪80年代中期，说特区企业主要是“市场政策型”企业，以贸易起家的万科也属于这个类型。市场政策型企业同样借助于优惠政策，但主要是靠企业自己的力量，发现政策差异所形成的市场机会，这种发展模式很容易形成多元化经营的局面，一方面使企业迅速壮大，但同时也分散了企业资源，使企业很难稳定发展。

90 年代，深圳的新生企业要走“市场创意型”的成长之路。所谓市场创意型就是指那些凭企业自身的开发力量“杀出”一条市场之路的企业。太太口服液应该说是这方面的典型代表，它在市场调研的基础上，确定保健品这一市场定位，形成太太口服液这一很好的创意，几年内营业额就达上亿元。

同时，万科总结了在投资过程中遵循的 4 个基本点：

第一是两个 70% 的原则。房地产是万科经营结构的核心，房地产的赢利在集团中的比重要达到 70% 以上，这是万科投资管理中须加以把握的第一个 70% 原则。房地产本身也是一项范围很广的业务，它涉及住宅、商业楼宇、写字楼、工业用楼等各种投资领域，万科在房地产业务中操作的主线是城市居民住宅，因此要保证城市居民住宅项目的经营规模在房地产业务中的比重达到 70% 以上。

第二是高于 25% 利润不做的原则。1993 年，房地产界流行“低于 40% 利润不做”的说法，体现出十分明显的暴利心态，也就是在这种氛围下，万科提出“高于 25% 利润不做”的原则。并不是万科不想赚钱，而是从长远的角度看，公司要想持续发展，必须确定一个合理的回报率水平。理论上，随着竞争的加剧以及政策的调整，市场必然向社会平均利润率回归；实践上，万科有过获取暴利的经历，在最早做贸易时，利润率会达十几倍的水平，但是公司发现市场是十分公平的，后来万科在贸易低谷时期赔的钱要超过在暴利时期赚的钱。万科提出这一回报率原则，正是基于对社会平均利润率的判断，规避了高风险，加强公司适应经济周期的能力，培养公司的竞争力。

第三是投资大众城市居民住宅。专业化经营要求有明确的市场定位。据对房地产市场把握，万科认为，发展城市居民住宅具有长远和稳定的市场潜力，目前以城市居民住宅为核心的万科地产业务已在社会上树立了“精心设计、质量第一、物业管理出色”的经营风格，并形成地产品种系列化，1994年城市居民住宅项目占总竣工面积的73.5%。

第四是海外融资不投资。在国际化经营时机尚未成熟之前，万科在海外一分钱都不会投。曾经有驻外人员向公司打报告，描述海外赚钱的生意多么好做。公司的态度是，既然生意好做，国内十几个口岸，数千家的厂商，你尽可去发挥，去拓展，但公司不会为此投一分钱，也不会提供一分钱的担保。公司集中精力开发国内市场，形成规模开发的优势，对于海外，更多的考虑是利用海外资本市场融资，但不会在海外投资。

随着宏观调控的推进，经济关系得以理顺，外部经济环境更趋于秩序化和市场化，为万科坚持以房地产为主业的专业化发展创造了更有利的空间，而以专业化为本的投资策略，也为万科公司的稳健增长，以及给予社会更多

万佳百货

的回报提供了基础性的保证。随着调整的逐步到位，万科以更加成熟的态势进入专业化和规模化并行的发展轨道。

1995 年开始，也是万科发挥资源整合效益的时期。集团对非主导业务，如贸易、工业、文化等进行了精兵简政式的整合，突出各自的主线。其中值得一提的是，为了明确专业化的经营方针，1995 年 8 月，工业公司进行机构调整，原下属精品制造公司合并为万科精品制造有限公司。同时，公司将旗下赢利企业深圳怡宝食品饮料有限公司股权转让出去。转让时，怡宝蒸馏水年产 10 万吨，是国内最大的蒸馏水生产厂。

经过公司的资源重组，集团的非主导业务在贡献赢利的同时，也发挥出了与地产主业相配合的优势。比如万科旗下的万佳百货，由于其行业特性，1995 年底银行存款达 8 000 万，这对集团地产业务更好地利用银行资源的意义非同小可。

1995 年 7 月开始，为进一步提高生产经营的整体水平，推动各地地产项目的营销发展，万科“孔雀开屏”行动展开了。这次行动由深圳总部企业策划部、人事部牵头，在深圳、北京、上海等集团跨地域经营的地区依次展开，结合境外专业经验，进行示范单位装饰引导、规划设计要点等内容的系统培训。一时间，各地公司纷纷拿出了自己的看家本领，争奇斗艳，百雀争俏。在行动中，公司详细列举了各个地产项目目前所有的问题，由冯佳和贾晓明带领，分项解决，各个击破，并贯彻至实际操作层面，取得良好效果。

这次“开屏”中，有这么个小故事：万科积压了一批两房的小户型，便对一些两房户型或两套打通连在一起改成四房二厅，或上下打通改成复式。新问题产生了，并联的两套一打通，走廊长得像隧道；上下打通内梯连接有的却是两层各有一个门，一家两门。长走廊增加一间储物间还可以修饰，但这两门的特点是否也有需要的客户群呢？

我们这么解释：生活中有一些尴尬的时候，不速之客，比如讨债人或不喜欢的人登门，你如何躲避？将客人引进客厅，家人招呼着，主人从容上楼，另一个门走人了。这种上下两个门的户型即刻被市场接受，直到卖完库存，还常有人来打听：那种两个门的房子还有没有？

对于“孔雀开屏”行动，我笑言，“我们的孔雀正面看是开屏，展示华丽的一面；从后面看，也是开屏，但展示的是屁股。千万不要展示错位置了。”

地产三剑客

1993 年初，冯仑专程到深圳拜访万科。学者型的冯仑，谈起话来洋洋洒洒、饶有风趣：“早就听说深圳有几个年轻人捣鼓股份制筹集资金，提出规范化，影响很正面，做得聪明，特来学习交流。我介绍一下万通的情况：几个秀才下海成立万通，赚了钱，但秀才赚钱不为财，为理想，将来还要报效社会；第二层意思：目前赚钱机会很好，企业要像酵母菌一样膨胀扩张；第三层意思：同万科合作发展业务。”

“秀才赚钱不为钱？那是圣人。我相信冯仑是圣人，但不能要求普通职员是圣人，充其量是君子。”我建议万通走万科的路：股份化改造，明晰产权关系。

“企业是一步一个脚印发展起来的，酵母菌式的发展速度不可取。”

在和万科合作的问题上，我没有给冯仑想要的答案。毕竟，万科已经确认了以房地产作为主营方向，并希望用数据说话，与谋求多元发展、理想主义的冯仑存在偏差。

在万科水贝总部见面的一个小时，我们谈话不是很投机，但我的直觉告诉我，万科经营企业的经验教训，尤其是教训将对万通会有帮助。再者，我体会冯仑调侃语言后面隐藏着的社会责任和传统中国知识分子的良知。我期待着再次见到冯仑。

一晃 3 年过去。

一个电话："哥们，我是冯仑，有点事想找你咨询，你在哪？"

"在深圳。"

"我飞过去。"

"你在哪？"

"北京。"

"我飞过去。"

北京京城企业家俱乐部，我们见了面。

冯仑："上次在深圳见面之后，回去开了个高层会，接受了你'选择一个行业，专业化'的建议，万通也把房地产作为主业发展；第二，你说的做企业要一步一个脚印，不能图快，我们也认可，毕竟万科早走了 7 年。第三，我们在北京的两个地产项目都很成功，赢利有一个多亿吧。钱多了，兄弟就要分家，王石有什么分家的经验？"

我乐了："1988 年万科进行股份化改造的时候净资产只有 1 300 万，哪有如此巨额资产分配的经验？"

"啊，不说这事了。万通买了低压开关设备厂的土地，策划建包括高档写字楼、大型商场、公寓住宅的综合高级商务区，想听听你的建议。"

哗啦哗啦，规划图纸在桌面上摊开，上面规划了十几栋高层项目。

我沉思了一会，谨慎地吐出三个词："大——大——太大了！"

冯仑告诉我，万通正在同日本三井不动产谈合作开发，"韩国三星还在后面等着呢。"

"噢，那就另当别论了。"

没过几个月，冯仑告诉我，鉴于中国内地房地产的形势，外国财团放慢了谈判节奏，“实际上，项目搁置在那，赚的钱都压在土地上了。当时听你的意见就不会这么被动了。”

我一本正经地告诉他：“你知道你为什么没有听我的意见吗？因为是免费的，所以不珍惜。以后再咨询类似的问题，我得先收100万，一个月之后才回答，当然会有一本厚厚的分析图表做依据，告诉你，那个项目太大了，市场前景也不明朗，得放弃了，这样你就会重视啦。”

之后来往多了起来。两间公司的高层互访，业务交流之余也谈人生、个人兴趣。聊天中，印象最深的是他在南德公司给牟其中做助手的经历，这对他是一段难得的市场磨炼，对我，却间接了解了牟其中在商场上运筹时的内心活动，更增加了对这位易货换飞机的传奇人物的理性了解，多了一份对悲剧人物牟其中的尊重。

同胡葆森的认识不像认识冯仑那么有戏剧性。

也是1995年，也是在万科水贝总部。

也是谈公司的下一步发展。

同打开话匣子就收不住的冯仑相比，河南建业的董事长话不多，衣着讲究得体，是商场上浸染多年的成熟型男人。有意思的是，葆森在郑州开发的第一个项目建业花园，理念和市场形象同万科的城市花园类似，即刻感觉气味相投。你来我往，在行业上互相交流，私人关系中也成了要好的朋友。

江湖上，万科王石、万通冯仑、建业胡葆森被称为“中国地产三剑客”。

信息也是万科的资本

改革开放初期成长的创业者，大都是在计划经济下训练出来的。计划经济体制的信息是自上而下的，上层少数精英掌握大量信息。这种传统的传递信息的方式同市场经济需要的信息扁平、透明、快捷的特点不相容。

一位来自北京的知名作家，对万科的发展表现出浓厚兴趣，希望万科提供资料。万科公关部接待后，提供了公司上市以来的序列年报，而这位作家却明确表示：对企业的数字不感兴趣。既然写企业，如何回避经营数字和数字之间的比较分析？

在中国，相当多的人没有基本的数字概念。中国过去的考试，洋洋洒洒，“修齐治平”，用道德约束社会，这种管理方法用在经济建设中无疑是有问题的，“人有多大胆，地有多大产”是民族的悲剧，从实质讲，则是没有数字概念。而一个企业不清楚数字，就谈不上计划，决策一旦出现数字偏差，结果将是灾难性的。

市场经济体系中，信息往往呈现多元化快速传递的样式，典型例子是海湾战争。美国总统不仅通过五角大楼、中央情报局了解战况，也通过CNN的现场采访了解每天的战况和即时进展。

计划经济体制下，信息单一，人们听到的是一个声音；市场经济体制下，信息多元，人们得以听到多种声音的存在。计划经济体制下信息采取封闭式处理方式——“黑箱操作”，传播方式是倒金字塔，越往下信息越少；相反，市场经济体制下信息是开放、透明的，传播尽量减少中间层次，扁平、网格式的。

举一个万科运用信息进行决策的例子。

1995年，深圳房地产市场并不乐观。深圳市政府颁发了《关于促进我市房地产市场发展的若干规定》，还为促进房地产市场发展提出了11条措施，措施出台后，蓝印户口对二线关外的地产有所刺激，但二线关内的主流房地产业务却没有活跃迹象。

然而，正是在这种情况下，万科做出“1996年重返深圳，加大深圳房

1995 年考察日本（左起：贾晓明、王石、索尼公司近腾先生、姚牧民、莫军）

地产投资力度”的决策。万科的市场分析得出结论：1996 年深圳房地产市场会出现复苏。

依据是什么呢？

依据之一：从周期看，1992 年第四季度深圳房地产价格明显缓和下来，供求关系开始向买方市场转化，深圳早于全国宏观调控半年（国家 1993 年 6 月提出全国性的宏观调控）。深圳由于房地产过热，市场开始进行自动调节，1993 年 5 月深圳拍卖两块土地创了天价。但有趣的是，那次中标的一家是海南公司，一家是在深的外资企业，一向竞投豪爽的深圳本地企业却没有一家中标。换句话说，深圳企业对本地市场信息消化比较快，对深圳的地产市场前景已有所忧心，对高价投标亦采取了谨慎态度。

相对于深圳，上海、北京、广州等城市房地产进入调整期却滞后于国家的宏观调控，广州 1994 年下半年才感到市场的压力，上海是 1995 年之初，而北京则是在 1995 年的下半年。

谁能早于宏观调控进入调整期，谁就会早跳出这个圈子。基于对这种经济周期规律的判断，万科认为深圳将最早从调整中走出来。

依据之二：1994年七八月份深圳政府推出11条措施，意在刺激房地产购买力，11条措施中相当一部分意在降低发展商成本，政府部门让利刺激市场，理论上市场价格应进一步下调。但实际上，11条措施出来后，市场并不像政府预期的那样出现价格下调，这说明了什么？说明价格下降的空间已经没有了，也就是说价格已经跌到低谷，上升的时点应该在1996年。

依据之三：个人购房率呈现上升趋势。看市场成熟不成熟，个人购房率是个标志。1994年下半年，深圳个人购房率明显提高，超过60%，这就发出一个信号，深圳商品化住宅需求会越来越旺盛，个人购买力将超过集团购买力。而北京个人购房率仅为10%，北京的需求主要集中在企业、公司，楼宇商品化特征不明显。深圳虽有大量房地产积压，但卖出去的房子大多是个人购买，说明深圳市场稳定需求、稳定增长时刻即将到来。

依据之四：有效供给不足。分析一下深圳楼盘大量积压的症结。基于香港房地产的影响和市场经济这十几年的培育，深圳房地产呈现高地价、高容积率、高利润目标的"三高"特征。这"三高"在特区作为全国投资中心的80年代末和90年代初，市场尚能承受，但1992年之后，则发生了质的变化。即深圳特区由全国中心演变成区域中心，"三高"下调成必然趋势，高层楼宇尤其是写字楼首当其冲，受到最大的影响。另一方面，也存在发展商自身的问题，开发资金准备不足仅仅是其中的一个问题，深圳相当一部分楼盘规划不合理，售后服务质量未达人意，这些楼盘的积压不能说明市场没有需求，只能说明货不对路，有效供给不足。

果然，在1996年，万科城市花园成功开发，并成为深圳房地产市场转暖的风向标。

为啥务虚会不开了？

务虚会是万科的传统，甚至被称为“一年一次的午休”。

每年春节假期结束前两天，二级公司老总和总部高层管理人员，从四面八方汇聚到一起，就公司的发展战略和管理课题进行探讨和研究。

“务虚”，与“务实”相对应。一般来讲，务实会的内容主要是经营计划的制订、效益指标的下达等等，而务虚会主要是探讨一些政策性、方针性的内容：

万科周年庆典化妆晚会

其一，确立业务发展方向。万科在1984年创立初期，因为生存压力和业务扩张的需要，从老总到职员，一年到头忙个不停，很少有时间摆脱具体的经营事务，对一些方向性、政策性的问题进行策划与研究。俗话说：既要低头拉车，又要抬头看路。所以经营班子就采取务虚会的形式，强迫自己每年拿出几天时间，对公司业务进行全局性的总结、反思与展望。

20世纪80年代初，国家在深圳设立特区，进行市场经济试验，很多政策带有不稳定的特点。在这种大环境下，万科也在摸索自己的业务方向。所以那时的务虚会，还带有一定的集体决策、集体负责的色彩。

其二，增进信息交流。各业务口负责人平时很少有机会聚在一起，而公司初创时信息传递手段还不够发达，一年开一次务虚会，不仅是负责人交流、传递信息的重要机会，而且会上形成的文件也是当年业务经营的指导方针和重要依据。

其三，加强情感沟通，增强企业的凝聚力、鼓舞士气。

应该说，务虚会对于万科的成长起到了积极的作用，但公司发展到今天，便要用新的视角来看。

第一，随着特区经济的逐渐成熟，万科在1992年明确了以房地产为主导业务的发展思路。公司的主导业务和非主导业务都已有了明确的发展目标，无需再通过务虚会对已经明确的思路进行探讨。而且，后来几年的务虚会已有成为“务实会”的趋势，计划会议的味道反而越来越浓。

第二，随着集团管理架构的调整，公司经营与管理职能的分离，总部设有专门机构研究公司的经营管理，集团老总平时考虑的问题也主要是公司的发展战略。同时，各业务口的经营者也变得越来越成熟，能正确把握各自业务的方向，有更多的时间进行思考、分析与交流。

第三，公司信息传递系统逐步改进。电子化传递手段的启用，使信息可以通过电脑进行交流。

现代化的传递手段使得纯粹的信息交流会议在减少，但有些会议却在增加。如围绕公司业务的各种专题会、研讨会、培训会，以及沟通情感、鼓舞士气、增强凝聚力的春节联欢晚会、总结表彰会、公司周年庆典会等等，这些会议基本满足了公司发展新阶段的管理需要。

从务虚会的内容与形式上看，有的作用已经分解，有的已经转化成另外一些会议，再开，则形式上的意义要大于内容。可以说，务虚会已经完成了它的历史使命。

到1996年底，公司总结了1996年调整的三个特点，也为1997年之前的收缩做了一个简单的总结，这次，没有用务虚会的形式：

万科的资源从13个城市集中到5个城市，即资源向三个直辖市和一个特区集中（北京、上海、天津和深圳），再加上由万科控股的银都集团所在的成都。我们选择这5个城市的主要依据是：地产综合价格指数、住宅价格指数、地产投资规模、开工面积、商品房占城市建设比重和个人购房率。

开发重点也从写字楼、商场向住宅转移。1995年，写字楼、商场占万科在建项目面积的78.77%，住宅只占21.23%；1996年住宅占到75.75%，写字楼、商场占到24.25%，这一调整对于万科今后的长远发展是至关重要的，也是符合深圳市1996年地产市场的变化的。

资源主要集中在深圳地区。在全国范围内看，深圳是房地产市场发育最成熟的地区，1996年个人购房率已达85%，市场也正如万科1995年第四季度预测的那样走出了低谷。当时深圳每年的住宅需求为2万套，且市场需求每年以15%的速度递增，万科的开发量只占整个市场的3%，我们的目标份额希望可以达到10%~15%。

就全国范围房地产市场看，由北到南，利润率越往南越高，市场也是越往南越成熟。

这一次，用数字说话，很好。

增资扩股的一掌

1989年初万科建立第一届董事会，成员共有11名：8名股东代表，海外投资者、中方投资者各半；管理层3名。

万科发行股票不到半年，遇到经济走势偏软，一些股东沉不住气，低价出售万科股票。一年之后，深圳柜台交易的股势发生微妙变化，一路追涨不停。当时交易规则粗糙，交割方法还是背书的手工操作，但有一条是现在深沪两市欲做却做不到的：个人股、法人股、国家股一视同仁，都可以自由挂牌买卖。

20 世纪 90 年代初，在深圳证券公司柜台挂牌的仅有少数几只股票，僧多粥少，股票价格狂涨！万科股票从 1 元零几分攀升到 38 元，柜台外交易价格则接近 50 元。任何人和机构投资者仅需 1 年多的工大，就可以达到百分之几千的利润。此时不做空，待到何时？

万科最大的股东深圳特区发展公司当时拥有 800 万股，按算术平均值每股 25 元计算也值 2 亿元。在特发公司总经理办公室里，我鼓动王新民总经理趁昂扬的行情抛售股票，回笼资金。

被资金短缺困扰着的老总苦笑着：“公司是政府所有，企业股也是国有资产，变卖等同于国有资产流失，谁敢卖？”

同样是国有企业的北京广播器材厂（非董事股东）却采取了市场化的做法。在市场每股 30 元的价位时，厂长王殿圃心急火燎地通知深圳沽售 40 万原始股，获利近 1 200 万，投资建设职工宿舍，获得全厂上下拥戴。几年后，王厂长调到深圳任赛格董事长，提起此事不无得意。同样受体制所限，做法不同，结果完全不同。

另有一家非董事国营企业股东，不失时机地卖掉原始股，但获利的资金却只打回原单位一小部分，上千万的资金转账爪哇国。没有监督机制的国有股开放，国有资产流失是必然的现象。国家限制国有股流通也是不得已为之，只是不流通的国有法人股越积越多，成为阻碍当今中国股市健康发展的难题，是政府始料不及的。

而且在股权分置问题上，由于国有股不能在二级市场转卖，在进行扩股的时候，如果国家不想失去控制，就要跟进。但如果没有兴趣，就放弃。结果，公司扩股一次，国有股就稀释一次。因此，微观操作层面，万科担心的是原来的上级公司（第一大股东）如何按市场价格参加扩股。不能按市场价格在价位良好的时候出售股票回笼资金，但为了保持控股地位却要在每次扩股时按市场价格的原则跟进——这就会造成尴尬和两难。

自改制为股份公司后，许多人都羡慕万科股权的分散，认为万科的股权架构避免了一股独大，完成了所有权同经营权的分离。然而，万科却有不一样的体会：在企业不足够大以前，获取大股东的支持是非常重要的。但万科的第一大股东的股权只占 9%，不会全力以赴支持万科的业务拓展，在需要资金支持时更是如此。实际情况是，自 1989 年万科股票柜台交易以来，万科一共扩了 4 次股，1993 年增发B股除外，每次扩股都同第一大股东发生矛盾，尤以 1997 年增发最为激烈。

是年，我同郁亮到特区发展大厦动员第一大股东增持万科股份至 20%~25%，以此获得母公司对万科的重视和支持。母公司（第一大股东）的总经理姓陈，是位有魄力、霸气十足的人物。

按这个增持方案，母公司要拿出 1.5 亿元。

“哪来这么多资金呢？”陈总单刀直入。

“用土地啊。”母公司光在香蜜湖的一家合资企业就拥有土地储备 100 万平方米，用 20 万平方米土地，万科还得倒找银子。

陈总被说得眉开眼笑，爽快地表态：“非常赞成！”

才过 3 天，陈总的态度却 180 度大转弯，否定了增持的建议，说：“总公司目前业务集中在三大重点：通讯、旅游、高科技，不能分散资金投资房地产。”

面对食言的事实，我却隐约意识到：万科引进有实力财团的机会出现了。

郁亮

一个星期之后，我和郁亮向陈总提出第二个建议："卖掉万科的股票，回笼资金，支持通讯、旅游、高科技三大重点业务。按法人股以净资产为定价的参照，可回笼资金1.8亿。"

陈总又被说动了心，斩钉截铁地表示："这次不会变了。"

没多久，万科介绍的买家——香港华润集团旗下的华创执行董事黄铁鹰先生现身，紧锣密鼓地进行谈判。陈总表现出强悍的一面：签订合同的当天要一次全额付清股款。信不过香港公司，不要外汇支付，要人民币。

距签订合同的时间还有一个星期，我致电陈总："没有什么变故吧？"

"谈好的事怎么会变？"

"下个星期不会出差吧？"

"不会。"

黄先生责成属下北京华远董事长任志强携全额人民币支票南下深圳。距签合同还有一天时间，我仍觉得不踏实，要求郁亮再次打电话落实。

陈总爽快回答："明天。见支票，签合同。"

翌日上午，任志强还在飞深圳的路上。我却接到母公司一位副总的电话："陈总不卖万科股票了。"

"人家带着支票在路上，你让陈总自己和黄先生、任总解释吧。"

"陈总交代我来接待请吃饭，他有事不能出面。"

“这……”我只能在心里骂。谁让他是你的大股东呢，还要增资扩股啊！

两天后，再次约陈总谈扩股，丝毫没有歉意的陈老板既不愿意放弃大股东的地位，也不同意扩股。

“你这不是有意刁难吗？”

这股怎么扩？我忍无可忍地一巴掌拍向茶几的玻璃板，摆出斗鸡的架势，按成都球迷的说法，“雄起”！

情绪已经失控。如果不是亲身经历，无法感受个中滋味。

这巴掌没把玻璃板拍碎，却关闭了母公司同意扩股的大门。

程序上，上市公司扩股需董事会形成决议案，提交股东大会表决，通过后才能上报北京证监会会审，批准了方可发行新股。

第一关是董事会。1997 年的董事会由 19 名董事组成，母公司有 3 个席位，尴尬的是我的投票取向，因为占的是母公司的董事名额。作为董事长，代表全体股东利益投票赞成扩股；作为母公司的代表又不得不违心反对。即使母公司的 3 票全额反对，没有另外 7 名董事响应，无法阻止扩股方案提交股东大会。

可能联袂的是控股母公司的市国有资产管理公司。1991 年，万科第二次扩股，母公司没有能力跟进配售的新股，由国有资产管理公司买下并获得一名董事席位，1997 年持股比率 2%。这 2% 非同小可。按股权性质划分，母公司的 9% 为法人股，而投资管理公司的 2% 属国家股。如果上报证监会的报告显示国有股持反对意见，甭管股份比例多少，都会对参加会审的专家产生微妙的负面影响。

国有股的一票成了关键。赞成和反对方都在乎这具有象征意义的一票。陈老板的眼里，那是煮熟的鸭子飞不了。我是你的全资公司，不支持我支持谁？再说了，下属企业都这么刺头，超百亿企业工程还要不要（当时，深圳李子彬市长为激活国有经济，深化企业改革，推行超百亿企业工程）？且不说隶属的亲疏，当时万科的经营规模只有 11.78 亿，如何同启动百亿工程的母公司相提并论？

在能够俯瞰到深南路成片绿化带的宽敞办公室，我和郁亮向深圳市投资管理公司第一把手夏德明陈述万科同母公司的难点。长者风范的夏总态度和蔼，倾听之后解释："按培养超百亿企业的设想，投资管理公司拥有的 2% 也要划拨给陈总，只是还没办手续……"

把百病缠身的母公司纳入超百亿企业不能不说是个奇迹。算来，陈老板是母公司的第五位掌门人。母公司的前身是特区管理委员会，20 世纪 80 年代初改制为公司，一段时间里，母公司仍掌握一枚深圳政府审批进口的 2 号章（深圳政府的审批印为 1 号章），典型的政企合一。凭这枚章，海关放行进口到深圳的企业办公设备和市场商品。

第一位掌门孙凯峰曾任广东省某部委书记，是位有胆识、勇于开拓的长者。业务从初始的贸易、房地产延伸到旅游、港口、餐饮、机械制造、电子加工、加油站、坟场……扩张得到国内外银行的支持，内地寻找出路的资金也源源不断流入，但是 90% 属于短期借贷。

1985 年国家金融紧缩，资金短缺突现，人才、管理、市场瓶颈接踵而至。母公司的业务拓展步伐戛然而止。之后 3 位接棒的老总均无力使母公司振兴，其中一位更因操劳过度，殉职在岗位上。

母公司需要商业强人方能扭转颓势，曾任市劳动局长、康佳集团副总的陈总接手母公司，大刀阔斧、励精图治，不仅把母公司纳入市政府百亿企业工程，还纳入国家经贸委的大型国企改革试点。祈望投资管理公司同超百亿企业唱反调，似乎不大现实。

就这样输给陈老板又不甘心。硬着头皮约见李子彬市长。听取了我的申诉，市长表态："怎能拍桌子呢？谦虚谨慎嘛……"

“失态失态……”

“上市公司业务需要扩股是天经地义，但我作为市长，也不好直接干涉一家企业的投资决策……”

这“不好直接干涉”的含糊语气意味着市长的天平是向特发倾斜的。

董事会对万科扩股方案进行表决。母公司投反对票，但代表国有股的董事却没有投反对票，也没有投赞成票，弃权，同君万之争上的态度相一致。在1个月之后的特别股东大会上，代表国有股的投资管理公司同样采取了弃权的态度。我理解，投资管理公司对万科投弃权票是为了平衡关系，不为难刚愎自用的陈老板。在错综复杂的政府关系中，不投反对票就是支持。

房地产商的四大教训

1997年2月，深圳人民手捧鲜花，泪洒深南大道，作别邓公。

1997年7月1日，我国政府对香港恢复行使主权，20万深圳市民通宵达旦冒雨欢送驻港部队。

1997年10月，香港庆祝回归的喜庆气氛尚未消散，亚洲金融风暴便黑云压城。

1997年，万科地产继续收缩战线，总结过往。

可以说，万科从创业到1997年，经历了从无钱（20世纪80年代创业初期）到有钱而乱花钱（1993年发行B股后，到处投资）再到会花钱（意识到不规范的灾难性，开始约束自己）的阶段，项目经营愈加成熟，管理思路愈加清晰。集团也在继续进行资源整合，1997年10月，万科协议转让属下两个工业项目——深圳万科工业扬声器制造厂及深圳万科供电服务公司，这时，扬声器厂生产的电话机喇叭占国内市场的40%。至此，集团基本完成对非核心业务的调整。

这一年，在深圳“房地产专题学术演讲及研讨会”上，我讲了深圳三座高楼的故事，也总结了万科的 4 条教训。

到 1997 年，深圳已经是一座高楼林立的现代都市。80 年代中后期，引起轰动效应的是国贸大厦，它有两个中国第一：43 层的设计高度第一，每星期一层（最快是 3 天一层）的建筑速度第一。当时与国贸大厦同时开工的大厦还有三座，一是发展中心大厦，二是亚洲大酒店，三是华侨大酒店。其中发展中心大厦的原始设计高度甚至超过国贸大厦，但这三个楼盘的命运却大相径庭，成为发展商的烫手山芋。

由于对市场预测的失误和资金后劲不足，这三个楼盘盖到一半就难以为继。虽然最后总算完工，但结果是发展中心被港商收购 90% 股份，亚洲大酒店被郭鹤年收购，改名为香格里拉大酒店，而华侨大酒店改名富临酒店，贷款银行被迫成为大股东。

三个楼盘的故事到 1992 年房地产热后已逐渐被人淡忘。深圳的高层热又势不可挡，并有向全国蔓延的趋势，房地产开发商的“高楼情结”一览无余。

事实上，深圳的地产模式是借鉴自香港，也形成了所谓“三高”的特征：高地价、高容积率、高利润率。但香港与深圳并不相同，香港的“三高”是由于香港可用地少（90% 以上是山地），唯有向高空发展和填海造田，而且香港作为国际大都会、自由港，实行低税率，政府的财政收入 30% 靠卖地。香港的高地价并不具有普遍意义。但高容积率是不是现代都市发展的普遍规律呢？

到过新加坡的人都会感觉到这个城市的轮廓线是非常清晰的，即楼层是随着经济的发展逐渐递增的，由 5、6 层至 11、12 层，17、18 层，最后是 30 层、40 层；而深圳早期一直是 5、6 层为主，1992 年后突然跃入 30 层，没有中间段落。据深圳市国土局资料显示，1993 年时，深圳楼盘高层与多层的比例是 6 ∶ 1，即有 6 幢高层才有 1 幢多层，这一现象显然是由于开发商超越了市场消化能力和自身的能力，盲目加大容积率，造成建筑成本、管理费用增加。但到了1996年6月，深圳楼盘的高层与多层之比变成1 ∶ 1。形势比人强，宏观调控对市场健康发展的作用不可或缺。

万科的教训之一是：不要轻易上高层项目，否则不是纪念碑、里程碑，而是墓碑。

从房地产业来看，高容积率的形成与发展商追求高利润率不无关系，而一些楼盘的积压也与价格定得太高有关。万科在提出“高于25%的利润不做”之后，1995年房地产业务的平均利润率为20.5%，但仍高于全国房地产15%的平均利润率。与国际房地产业8%~10%的利润率相比，中国房地产业仍属高利润行业。

作为房地产商，必须意识到市场是公平的，暴利终究会归还给市场。房地产商的高利润要通过规模化来实现。

万科的教训之二是：不能追求暴利。

新兴企业大部分是白手或在资金极其短缺的情况下起家。原始积累过程中，钱总是不够用的。但现在的问题却出在筹资能力增强后。习惯了没钱的日子，却不习惯手中有钱。有了钱再加上头脑发热，十有八九会形成错误的决策和选择，就像当年一拥而上搞彩电、洗衣机生产线一样，这点在房地产业尤为突出。资金不多时，滚动发展，以战养战，尚能走一步看五步、十步；而有钱时，却是走一步看一步。开始以为钱不是问题，但最后往往是钱出了问题。不是对市场预测不足，就是东投3 000万、西投5 000万，如同撒了胡椒粉。

其实大势来时，头脑发热是人的正常反映，否则倒可能是冷血动物。一般人头脑发热是正常的，但最怕有钱在手，结果有小钱的先圈地，有中钱的就打桩，有多钱的就起楼。

万科的教训之三是：手中有钱加头脑发热后的决策，往往是灾难性的。

1991 年，万科在上海开发西郊别墅。图纸一出来，88 套别墅就被订购一空，市场反应热烈。但建造完成之后，却意外发现汽车开不进停车库。原因很简单，设计道路的转弯半径不够，设计师是骑自行车的，没有驾驶汽车的经验。

另外一个例子是，去海南参观一个别墅区，发现示范单位的洗手间中有两个并排的坐厕。问及开发商，答曰这是情侣别墅。乍听觉得很有创意，但转念一想，情侣一起洗澡是可能的，但同时如厕……显然，这是开发商照猫画虎学来的，正确的设计应该是一个座厕，和一个女性用的清洗池。类似的笑话，不胜枚举。

建国以来，商品房开发只有很短的历史，开发商在经营房地产的过程中都必须经历由熟悉到不熟悉的过程。但在现在股市行情火爆的情况下，许多地产商都情不自禁地把有限的资金投入到股市。从近期看，资金流向股市很划算。但牛市结束后，今天在股市上叱咤风云的房地产商会发现，那些专心致志搞专业化的同行已经把他们远远地甩在了后面。

经过宏观调控后，房地产市场得到调整，并越加健康发展，国家把“住宅产业作为新的经济增长点”对房地产行业无疑是利好消息。但发展商仍然没有成熟，这是发展商现在最大的问题。国内房地产业发展太快，但行业本身并未成熟，加之信息沟通较缺乏，很多开发商仍在走老路。

万科的教训之四是：开发商不应过分考虑政策、政府因素，更应该关心自身专业能力的问题。

雪域的呼唤

1997 年，我第一次休长假。

去西藏旅行的想法是 1995 年产生的。那年 5 月，我的左腿突然剧烈疼痛，经核磁共振扫描，诊断为：腰椎骨4至5间长了个血管瘤，因其压迫神经引起左腿疼痛。

“还能打网球吗？”我问神经科专家。

“什么运动都不能进行，从现在起就要卧床，准备动手术；一旦血管瘤破裂，会引起下肢瘫痪。”专家严肃地回答。

听到病变可能产生的严重后果，恐惧感充满周身每一个细胞，脑海闪现的第一个念头却是：手术之前要去趟西藏，一旦坐上轮椅就很难成行了。在医院组织的专家会诊中，骨科医生提出了不同意见，只要血管瘤不再增大，不一定非得动手术；适当的运动也可以进行。我理解骨科专家的意思是：现代医疗设备太先进了，本不应该显示出来的东西也显示出来了。我没有接受动手术的方案，而去雪域西藏的念头却没有改变。

置身其中，哪有心思筹划西藏之行？前几年集团跨地域急速扩展形成的割据正在消除，协调不好会无端端消耗公司有限的资源；集团总部正从经营、管理型向管理、监控型过渡，稍有不慎就会给二级公司制造麻烦。要想1995年成行西藏，难！

1996年利用春节假期去湖南张家界连续登了5天山，开始做进藏旅行的体力准备。旅行路线也确定下来：航程飞抵西宁，陆路这样安排，首先走青藏线——青海湖、格尔木，翻昆仑山、唐古拉山、念青唐古拉山，穿越藏北高原，到拉萨河谷；次行中尼线——沿拉萨河横穿藏南谷地，达喜马拉雅高山区的中尼边境口岸樟木，从原路折返日喀则、曲水；再走川藏线南路——顺雅鲁藏布江东行，穿越藏东高山峡谷区至芒康，继续东行出藏进四川巴塘到成都；全部车程6 000公里。进出西藏的车程路线可以通过滇藏线——芒康至云南丽江；还可通过新藏线——新疆喀什至拉萨。

曾设想乘汽车在一个月内穿越这5条路线，但测算下来不可能30天内完成，单是穿越渺无人迹的藏西荒漠的新藏线车程就要 15 天。最后选择了前 3 条衔接的路线。即使仅走这 3 条路线，除去旅行中途停留时间，平均每日车程要在 400 公里以上才行。

路线在地图上标好的同时也寻找到旅行伙伴、与我有亲戚关系的香港小老板徐小丹。徐老板去香港前是北京一家文艺杂志的摄影记者，曾当过兵，西藏军区现任政委胡永柱将军曾是他当兵时的连队指导员。有这层关系，到了西藏的接应想必不成问题。现在似乎已经万事俱备，只欠确定出发日期。

然而，1996 年公司制定了销售库存的计划，代号“孔雀开屏”，还确定了重点投资深圳的策略，代号“跳蚤行动”。就是这只开屏的“孔雀”和反弹的“跳蚤”把集团的主导业务推向新高。由于斡旋于“孔雀”、“跳蚤”之间，1996 年一直未能确定出发西藏的时间。我开始怀疑：难道去西藏只是脑海里的一种幻觉?

1997 年元旦，我终于和徐小丹确定了 8 月为进藏的时间。

身边的助手知道了我的打算，可能猜测老总又在出什么怪招，但或许他们会一致认为：脾气暴躁、说话啰唆的王老板离开总部一个月，会起到平静总部环境、改善人际关系、提高工作热情的作用。进藏准备开始进入倒计时。

为了适应高山缺氧环境，我开始有意识地负重登山锻炼，6~7 月份登了粤东境内的 4 座 1 000 米以上的高山。在其中的一次登山活动中结识了深圳青年周行康，他成了我的第二个旅行伙伴，两个人气味相投，都是登山发烧友。登山爱好者彼此互称“山友”，为了联络青藏高原的山友，临出发前还特意请中国登山协会主席曾曙生先生给青海、西藏登山协会写了介绍信。

其后不久，又接受了深圳一位摄影家朋友的建议：出藏时走滇藏线而不走川藏线，一是云南丽江古城有保持完好的明清古建筑，值得搞房地产的人一看；二是途中经过的藏区中甸是传说中的“香格里拉”的原型；三是与丽江相距185公里之遥的泸沽湖，是摩梭族的聚居地，迄今仍保持着走婚制等很多母系氏族社会的习惯。这一改，路上的行程更加紧张，30天的时间显然有些不够用了。

8月中旬，我们终于正式确定了去青藏高原的日期。就在出发前的一个晚上，徐小丹忽然来电话说要去新西兰洽谈一个项目，不能同行了。然而，8月20日是出发的日子。小丹不能同行的变化并未改变原定的行程表，我和小周分别从北京、广州飞西宁会合，翌晨天微微亮就乘了一辆三菱吉普上了路。

之后，我在青藏高原度过了1个月。

胡永柱将军

曾经答应与我一起进藏的徐老板，因生意关系没能同行。但他当年的连队指导员、现任西藏军区政委胡永柱将军却引起我极大的兴趣。徐老板在回忆连队生活时，这样描述当年的连首长：胡永柱刚从其他连队调来任指导员，有个老兵欺生，假装开玩笑，拦腰把个头瘦小的胡指导员抱起来抡圆圈，想趁其晕头转向时撒手，来个下马威！围了一圈的士兵也跟着吆喝起哄。只见小个子指导员顺手在老兵的脖颈摸了一下，老兵应声歪倒在地上。这兵油子哪里晓得新来的指导员是1964年大比武的技术尖子，侦察兵、军事干部出身，只是被团政委发现其宣传鼓动才能，才被动员改行做政治工作。

果然，团政委有眼光，30年前改行当的胡指导员，现在已经升任西藏军区政治委员。然而令我更感兴趣的是徐老板、胡将军曾经所在的部队——陆军54军。在1962年的中印边境战争中，54军是参战的主力部队之一。36年前，一场只持续了30日的边境有限战争不仅以印度陆军蒙羞惨败而告终，还导致了印度在世界事务中的作用一落千丈。此次青藏之行，很想到边境线上去看看漫长中印边境线的现状，听听胡将军谈1962年中印边境战争中的54军战史。

进藏和胡政委第一次通上电话是在那曲镇路边餐馆里。当通报了“68年兵”徐小丹的名字，胡将军即刻在电话里回应：“那是我当指导员时提拔的司务长。”在明白我的身份后，将军同意在拉萨见面。

8月27日到拉萨的当晚，车刚陪同我到军区大院里的胡政委住处。在幽静的大院里不仅能看到戴袖章的巡逻哨兵，还能感到树丛后面流动暗哨碰撞树枝发出的响声，使人感受到平静里掩饰着紧张。拐进一条林荫小道，见到一座不起眼的小四合院，四合院里花草茂盛。嗅到四处飘荡的芬芳花香，周身绷紧的神经才松弛下来。

走进一间办公兼会客的房间，摆满文件的大办公台就占了四分之一的空间，加上摆在靠近门左侧的硬木长沙发，已没有回旋余地。房间之小，家具之简单出乎意料。眼前的胡将军身着戎装，没戴军帽，但梳理整洁的后背头和挺拔的腰板，以及额头下方两条明显的竖向皱纹使人感到一位职业军人的沙场生涯和英武气质。唯有房间里摆放着的硕大钢制医用氧气瓶才使我意识到将军不适应高原缺氧环境的现实。

一见面我就问将军，徐小丹现在是香港商人，忌不忌讳。说话带四川口音的将军答道：“忌讳啥子？在香港定居又不是变成了老虎。小丹当了老板也曾经是我的兵嘛。”胡将军回忆起当年的连队生活，夸奖小丹的军事技术好，本来应提排长，没有名额，才提成负责连队后勤的司务长，惋惜小丹没能长期留部队。

我告诉将军，我也是当兵出身：1968年入伍，在空军后勤系统当汽车兵，1973年在新疆退伍。坐在一旁的摄影家车刚插话说，他没当过兵，但却喜欢充满阳刚之气的部队生活：“我搭乘过陆军航空兵的‘黑鹰’直升飞机航拍雅鲁藏布江大峡谷。飞机在陡峭的雪峰飞速掠过，下面是湍急的江水。直升机突然向左倾斜，眼瞅着向雪峰撞去，却急转弯飞了个小回环。只有这种飞法，我才有俯拍大峡谷的设计视角。我和飞行员已经形成默契。嘿！那种感觉：刺激、兴奋又伴随着恐惧……”车刚的故事即刻使聊天的气氛活跃起来。话题终于转到中印边境，我请将军谈谈 36 年前发生的那场战争。

胡将军介绍，他自己在中印边境战争中还是个娃娃兵。“我所在的 135 师没参战，上去的是有丰富山地作战经验的 130 师。中印边境冲突升级为战争时，驻防在四川雅安的 130 师才奉命紧急开进西藏战区的察隅。这期间西藏军区边防部队已在中印边境东段麦克马洪线主战场克节朗河谷、达旺地区，全歼印军王牌 4 师第 7 旅，生擒旅长达尔维。察隅距克节朗 320 公里。54 军面对的是王牌 4 师第 11 旅。兵力上 130 师占优势，战役部署上要全歼 11 旅。11 月 14 日战役开始。仅 3 天时间 11 旅就全线崩溃，瓦弄机场迅速被占领。至 12 月初 130 师撤离瓦弄，击毙印军 754 名，俘虏 502 名。但没能全歼 11 旅，是击溃战。指挥作战的丁盛军长为此大为光火，在指挥所里大喊：‘我怎么向主席交代？！’我军的士气非常高昂。”说到这儿，胡将军停顿了下来，流露出既得意又遗憾的神情。

对印军的失败，谙熟战况的胡将军从战术角度谈到 5 点：

1. 兵力和装备上印军处于劣势；

2. 兵力分散，在两军对峙时犯了兵家大忌；

3. 缺乏纵深配置，防线缺口一打开，我军犹入无人之境；

4. 缺乏山地作战经验，无法组织战术配合抵挡我军的反击攻势；

5. 没有建立有效的后勤保障系统。

“印军绝不是草包，”将军强调，“130 师在瓦弄战役中阵亡 210 名，就很能说明……”胡将军侃侃而谈，如数家珍，并且引用克劳塞维茨“战争是政治延伸”的原则，评价印军失败最根本原因在于：尼赫鲁政府对华外交政策的严重失误。

将军还谈了中印边境战争对加速印度国防建设和第3次印巴战争的影响：中印边境战争的失败成了印度发展国防和加强军队建设的契机。1971年第三次印巴战争前夕，印度陆军的总兵力比1962年增长了80%，装备进行了更新，海空军力量也得到较快发展，实力已比巴基斯坦军队强了许多。

将军的一席话使我回想起第三次印巴战争期间我在新疆的亲身感受。我告诉将军：“我所在的汽车营负责南疆飞机场的航油运输任务。1971年底，运送航油任务突然加重。上级命令7天的路程要在3天内赶到。运送航油的车队昼夜兼程。航油送到机场时，见到跑道上频繁起落的歼击机，还在场站见到许多巴基斯坦空军飞行员。从部队运送航油总结会上得知，来接收飞机的巴国飞行员中有一名曾驾驶中国制造的歼—6战斗机击落两架印军苏制米格21的战斗英雄。记得全场官兵热烈鼓掌，就像中国空军部队打了胜仗。”

但第三次印巴战争的结果却是以巴基斯坦军队惨败而告终。中印边境战争，印军溃不成军，9年之后却摆脱失败的阴影，显示出军事强国的实力。可惜的是，20世纪60年代后期和70年代在印度加速国防现代化时，我们国家正经历着“文化大革命”，国防现代化进程受到影响。

话题从军事转到西藏风土人情、经济大潮、特区建设……

和车刚从胡政委住处出来，已近午夜12点钟。

回到宾馆心情久久不能平静。数日旅途奔波，躺在松软的床上早应入睡了，但却辗转反侧没有丝毫睡意。拉萨半夜下起雨来。耳听窗外淅淅沥沥的雨声，回想起30年前当兵的情景：新兵连到农场割麦子。我不服气农村兵比城市兵割得快，和农村兵摆擂台，但哪是刚刚穿上军装的农民的对手？眼见竞赛对手猫着腰，刷刷超过一截，我咬牙跪在地上割一把，挪一步，双手磨出血来也不肯服输，硬是紧追后面，没被甩掉。比赛下来，我仰面瘫躺在麦田里一动也不想动了。在提倡吃大苦、耐大劳的连队生活里，优势显然不在城市兵这边。

5年之后退伍的时候，我想我不适应部队生活，总算离开了。但随着岁月的流逝，连队生活的经历却一直萦绕在记忆中。随着年龄的增长，越发珍惜部队的生活和磨炼。可以说，部队团队协作的精神、雷厉风行的作风、助人为乐的传统，在潜移默化地影响着我的处世方法和人生态度。和胡将军的聊天勾起了对连队生活的回忆，也勾起了对曾朝夕相处的战友的怀念……

厚墙内的红衣僧人

到拉萨翌日，天还未放亮，我溜出宾馆顺街散步（“夜猫子”小周还在酣睡）。渍水的地面使我想起那场夜雨。空气清新、凉爽，深深呼吸两口，周身舒畅。宾馆所在的街道没有路灯，浓浓夜幕仍笼罩着一切。听不到鸡鸣声，听不到犬吠声，也听不到早班车的轮胎与路面摩擦发出的嗞嗞声。拉萨还在沉睡中……

忽然，某种从未感受过的神秘的声响牵动了我的神经。我蓦然停住脚，紧张地辨别着这声响来自何方。这是一种只有用“心”才能感受得到的响动。是高原黎明前的天籁？还是冥冥神灵在作祟？朦胧中依稀可辨一些人影在游弋，忽隐忽现，一个、两个、三个……迎面而来，又飘然而去，很快消失在黑暗中。我扭转身，情不自禁地加入了这支神秘莫测的队伍。他们的脚步很快，走在前面的人早已不见了踪影，后面的人又紧跟上来和我擦肩而过，犹如脚踏风轮。他们的袍袖发出悉索悉索的声响，更使我感到心跳加快。我追随了一阵，感到力不从心，饥饿感阵阵袭来，半途退了出来已是气喘吁吁。

回到宾馆，天刚放亮。从“巴依老爷”口里得知：这些人都是虔诚的朝圣的信徒，而我方才跟着他们，正走在朝拜的转经道上。所走路线是围绕拉萨城转圈的外经道，一圈转下来至少得3个小时。此外，围绕大昭寺的八角街为中经道，长度1.5公里。在大昭寺内围绕佛祖殿的为内经道。围绕佛像周而复始的转圈，是众信徒朝拜佛祖的重要方式之一。对于半途而退的行为，“巴依”一本正经地告诫我：“转经道上哪能中途退出？心跳突然加快、想吃东西是佛祖在考验你的诚意。许多虔诚的信徒是在转经道上完成人生最后的旅途，含笑倒下，飞升天国。你连一圈都没走完，如何能得到佛祖的保佑？”

也许真是佛祖在考验我：渴望吃东西的愿望从来没有这样强烈！自青藏线上身体进入辟谷状态，第一次有了进食的欲望。这么早，到哪吃早餐呢？

拉萨大昭寺门前

披着霞光，伴随肚子咕噜咕噜的响声，打的到大昭寺参观。寺院负责接待的是位年轻的喇嘛，身子骨略显单薄，名叫尼玛次仁。尼玛16岁皈依佛门，至今已有十几个春秋，曾在北京高级佛学院进修，能讲多种语言，现任大昭寺管委会副主任。得知我还饿着肚子，他便邀请我到他的寝室喝酥油茶、吃糌巴。

尼玛的寝室大约 13 平方米，是间典型的职业宗教者的宿舍，客人被请坐在床上。举目所望，排放整齐的宗教书籍把几个书橱塞得满满的。落地藏柜上摆列着一排盛满净水的银碗和几个活佛的相片。我能认得出的有十世班禅和十四世达赖。

酥油茶在暖水瓶里，是现成的。糌巴则是临吃前准备。特意洗过手的尼玛把炒熟的青稞面倒进一只精致的银碗里，拌上酥油、白糖、水，然后用手慢慢捏抓。直到糌巴攥在手上可以成形后，把银碗递过来："试试糌巴的味道。不一定习惯。"也许是肚饿的缘故，我连喝了四碗酥油茶，还把一碗糌巴吃得干干净净。当尼玛知道我是第一次吃糌巴时，显得惊讶不已，因为连藏区的汉人都很难适应藏民族特有的饮食习惯，更何况初来乍到者。

藏传佛教讲前世和来世，我想：也许我的前世和西藏有缘吧，可是餐餐酥油茶和糌巴也未免单调了些。

尼玛介绍说，按"不杀生害命"的佛律，饮食上汉传和南传佛教均采取素食制度。藏区地势高寒，不食肉类体力很难维持，所以藏传佛教僧尼除了糌巴乳品外，允许食肉，但不食飞禽鱼类和驴马，广东人喜欢的狗肉是最大的忌讳。

聊天中，尼玛递给我一本相册，头几张是他参加全国青联代表大会期间活动的留影。而我更感兴趣的却是尼玛自己从各个角度拍摄的大昭寺的照片。勤学的尼玛是位摄影爱好者，有中国民俗摄影协会会员头衔。尼玛告诉我，他想创作一幅七色彩虹悬在大昭寺上空的照片，有几次好机会，只是没有广角镜头，气势出不来。实际上，尼玛拥有的只是一架傻瓜相机，经济上不允许他在个人嗜好上有更多的破费。尼玛每个月的收入在 400 元左右。食宿的开销，再加上必须支出的书籍费，剩余就不多了。

说话间一个小僧人探进头来，又缩了回去不见了。尼玛告诉我，那是他的亲弟弟，是大昭寺的小喇嘛。尼玛有两个弟弟，另外一个也在拉萨，正上小学，和尼玛住在一起。一家出了两个喇嘛颇使我感到意外，更让我意外的是他的 8 岁小弟也准备出家当喇嘛。尼玛解释，因为他的小弟没有拉萨户口而面临休学回家乡，在大昭寺出家当喇嘛是较佳的选择。

“三兄弟全当喇嘛，父母会同意吗？谁来伺候老人？谁来传宗接代？谁来从事牧业生产？”显然，我的提问有些冒昧。

尼玛平静地回答：“当然，父母不同意是不行的。在我们藏区，一个家庭能出几个喇嘛是一种荣誉和功德呢。因为家庭的一些原因，喇嘛还俗的也有，那是少数，是很不光彩的。民主改革前，藏民族的人口越来越少，其中一个原因就是出家当喇嘛的太多了。西藏是高原，生存的条件差，要是人口太多了，没饭吃，都活不了。从这个角度看，出家人没有后代也是件好事。经济基础决定上层建筑，这不是马克思的理论吗？这个道理和佛教教义是不矛盾的……”

不知为什么，和尼玛聊天使我的心境安静平和。窗外就是著名的八角街，商贩的吆喝声、佛徒的诵经声、游客的步履声、牲畜的铃铛声不绝于耳，让人感受到农业文明的市井风情，好一幅拉萨的“清明上河图”。在深圳的现代环境下待长了，物质生活的享受和积累财富的诱惑，使人变得浮躁和惶恐；在大昭寺待上一个时辰，惴惴的心就会平静下来，对现代人是一种难得的享受和调剂。

也许是职业上的习惯，尼玛没向我提出任何问题，只是认真地倾听和解答。尼玛倾听提问时显得有些羞涩，但每当解答问题时，两眼即刻放出明亮的光彩，双手上下比划着，显示出职业宗教者的解说才能和对信仰的虔诚和执著。上午的时光就这样不知不觉过去了，尼玛约我下午四点半再来。他说那时可以安排到释迦佛祖大殿膜拜佛祖 12 岁等身像，这座镀金铜像是 1 300

年前文成公主从长安携带进藏的。还可以让我到大昭寺天台观赏鎏金屋顶，远眺巍峨壮观的布达拉宫……

哲蚌雪顿节

来到拉萨正赶上一年一度的雪顿节。大街小巷彩旗飞舞，一派喜气洋洋的节日景象。据介绍，雪顿节原来是宗教节庆活动，后来衍化为演出藏戏歌舞节目的民间传统节日。因安排的游览节目和雪顿节没关系，我也就没留意，准备按预定时间 8 月 30 日离开拉萨，去藏南地区的亚东。

8 月 29 日下午我和车刚在八角街转悠，在熙熙攘攘的人群中见到两位藏族老阿婆，正站在路边向行人乞讨，装束上不像无家可归者。车刚双手合十前去打问，她们告诉说，要去参加大后天哲蚌寺举办的晒大佛活动，年纪大了走不动，乞攒每人往返哲蚌寺的 6 块钱车费。车刚爽快地给了阿婆每人 6 块钱，两位阿婆高兴地离去了。车刚告诉我，西藏的著名寺院都有晒佛的传统，在选定的节日里，众僧将收藏的巨幅彩绣佛像抬到寺院外晒佛台上展示，同时念经颂赞佛陀功德，祈祷天下平安。哲蚌寺的晒大佛活动在藏区最负盛名，亦是雪顿节的高潮节目。数万僧俗瞻仰大佛，场面宏大得难以形容，不去看很可惜。我和小周被说动了心，决定改变旅行时间表，参加晒大佛活动。

9 月 1 日一早天没亮就动身前去距拉萨西北 15 里的哲蚌寺所在地，根培乌孜山坳。吉普车的前灯在静悄悄的路面上晃动着，射出刺眼的光柱，既见不到一个行人，也见不到一辆汽车。显然我们没把握好时间，起早了。我心想，早点到现场可以占据拍照大佛的有利位置，如果时间允许，还可以攀上山头，俯瞰这座曾经是世界上第一大寺院的黎明日出……

当吉普车接近山口时，天蒙蒙亮。开始见到匆匆赶路的人群。驶进山口，路上的僧俗信徒越来越多，吉普车只好减缓速度，慢慢地在人群中蠕动。四周张望，进山的路上拥挤着朝佛的善男信女，路两旁平缓的空地摆满了各种样式的汽车，刚刚赶到的汽车见缝插针寻找空位，身着白色制服的警察队伍在竭力地维持着秩序……此时才意识到，我们迟到啦！

天放亮。在崎岖、狭窄的山道上，扶老携幼的信徒们以不紧不慢的节奏向前移动着，山坳深处传来阵阵低沉的法号声……我和小周的脚步快了起来，急切地穿越前面的队伍，担心错过晒大佛开始举行的仪式。紧跟在后面的车刚气喘嘘嘘地安慰着："别着急，赶得上……"

晒大佛的仪式已经开始。当挤进哲蚌寺观佛台的位置时，先到一步的记者、摄影爱好者已经抢拍了一轮，支着大小"炮筒"的三脚架一溜排开，哪还有支三脚架的位置！放眼望去，只见释祖佛像的巨幅唐卡画像正在对面陡峭的山腰自上而下栩栩展开，规模之宏大，气势之磅礴，色彩之鲜艳，令人惊叹不已，其对心灵的震动，令我久久不能忘怀。围绕大佛四周焚燃的柏枝（煨桑）升腾起霭霭烟雾，佛像的两侧、下端聚集着抛献哈达的信徒，更多的信徒则散布在山坳里，面对佛像手摇嘛呢经轮，诵念六字真言，场面生动感人。山坳里飘散着松柏燃烧产生的淡淡苦涩味，冉冉上升的桑烟把天和地连为一体，给虔诚的信徒无限遐想，仿佛慈眉善目的佛祖重生再现……

记者、摄影爱好者，屏着呼吸等待第一抹阳光洒在释迦牟尼像上。等啊、等啊，但躲藏在云层后面的太阳却迟迟未露出脸来。我们从藏北到拉萨，天天阳光明媚，但到了晒佛的日子老天爷却不受佛祖的调遣，也不买众信徒的账，始终阴沉着脸。数万名汇集在山坳里的拉萨居民、外地信徒，在虔诚向大佛抛扔哈达和表示敬意之后，心满意足地散坐在山坳的坡地上，畅饮酥油茶、青稞酒，食用各种美味食品，尽情地交谈玩乐……

我们仍然支着三脚架，耐心地等待着阳光。身旁的几位年轻的红衣喇嘛对照相机上又粗又长的望远镜头发生了兴趣，轮流凑近取景器看个究竟，其中一个喇嘛看完之后，用藏语和车刚交谈起来。车刚笑着翻译喇嘛表达的意思：“当初升的阳光照在展开的佛祖身上的时候，佛像的顶端会出现耀眼的光环，但一般的照相机是照不到的，如果这么长筒的相机能照到的话，喇嘛希望能给他邮寄一张。”

我还没来得及反应，一位倾听对话的女孩子把手中的傻瓜相机递给车刚，问道：“佛像出现光环能持续多长时间？我这个型号的相机能拍到光环吗？”问话的女孩子长得瘦瘦小小的，年龄在20岁上下，其询问的神情显得单纯认真。车刚接过女孩子的傻瓜机，连声说了几个：“没问题、没问题……”但随后又解释道：“喇嘛所说的光环实际是阳光折射空气中水分子形成的彩虹，恰在展佛的清晨出现是很少见的。”

我问小女孩是不是度暑假的一年级大学生。女孩子不以为然地说，她大学毕业已经5年了。头发修饰得短短的女孩子反问我们的来历，得到答复后主动自我介绍，她在香港新鸿基驻广州办事处任职，自费到西藏旅游，刚从阿里搭乘顺风车返回拉萨。

我接着问：“适应高原反应吗？”

女孩子随意地答道：“能吃能睡，没有什么不舒服的感觉。”

在西藏旅游期间，冷不丁就会碰到身背简单行囊的年轻人，加入你的圈子，谈天说地，自然得就像彼此很熟悉一样，待讲完要表达的感受，听完想获取的信息，道声拜拜，消失了。独自一人到高原来旅游需要冒险精神，还需要应变能力和对大自然的喜爱。有意思的是，遇到的“个体户”全是女性，而男性却是结伴而行，没有独自一人的。虽然中国社会具有大男子主义的传统，现实生活中的“阴盛阳衰”却是无法回避的现象，远足旅游也不例外呀。

云层越积越厚，开始滴小雨点儿。车刚把夹克衫罩在相机上，继续耐心解答女孩子提出的问题。我和小周则收拾好照相器材，撇下车刚，冲下山坳，企望能在收大佛之前赶到大佛的顶端俯拍大佛尊容。

唐卡佛像宽约30米、长60米，挂在山腰高高竖立起的木架上。在大佛正面的左侧有座独立的岩崖，岩崖的顶部架了一座通向木架平台的木桥，平台上面站着一溜僧人和几个专心拍照的俗民。想必能在那儿自由拍照的是传媒的记者。为方便在展佛现场的活动，车刚给我和小周每个人中办了大会专用记者证。当登上岩崖，走过颤悠悠的木桥，向把守的喇嘛亮出记者证时，喇嘛竟不屑一顾地摆了摆手，那眼神分明告诉：此证不灵。组委会签发的记者证不管用，那什么样的证件才管用呢？两个冒牌记者尴尬地挤站在平台入口处，进退两难。

正当准备转身返回岩崖时，只见平台上一个手里攥着一叠人民币的小喇嘛晃着身子走向入口处，我这才恍然大悟。我和小周每人交了人民币30元，便顺利地进入了展佛平台。

站在大佛图像的上端俯瞰大佛却感到怪怪的，说不出是一种什么样的感觉，也许距离太近的缘故，分辨不出大佛的模样，也分辨不出蚂蚁似的众信徒在做什么……山坳对面的哲蚌寺却引起我的注意：浓云低沉，烟雾缭绕，一片错落有致紧密相连的建筑群若隐若现，像一座人丁兴旺的山庄，更像一座经历沧桑的山城，但感觉不到，它曾经是世界上最大的寺院。

500年前，藏传佛教的黄教创始人宗喀巴在拉萨创建了甘丹、色拉、哲蚌三大寺院。达赖活佛转世系统在发展的早期阶段得到哲蚌寺的推助，并同哲蚌寺发生密切联系。当达赖这一支成了整个黄教的领袖和最大活佛，哲蚌寺也因此在所有黄教大寺院中享有它特殊的地位和声望。自黄教创立政教合一的噶丹颇章王朝以后，历代达赖喇嘛都以哲蚌寺作为自己的母寺。15世纪黄教创立的大愿法会每年举行一次，是西藏最大的佛事活动。届时，哲蚌寺的铁棒喇嘛将执理拉萨全部市政大权21天。年年如此。嚯！哲蚌寺的武和尚竟年年被委任独揽拉萨市政大权21天！何等的权势！何等的荣耀！

哲蚌寺的僧伽组织就是在这种权势下急速扩张为藏区、乃至世界上最大的寺院。民主改革前的1958年曾对哲蚌寺的喇嘛做过一次统计，人数竟达到10 500名之多。西藏高原曾是世界上最贫瘠的地区之一，但却产生了世界最大的寺院。这样一个庞大的宗教组织没有相当的财富聚集力是不可能长久生存的。寺院对社会财富的超负荷的聚集和消耗，为佛教的弘扬和发展提供了物质基础，另一方面又是导致西藏长时期停滞在中世纪社会统治的主要原因……哲蚌寺的衰落应是历史的必然。

久久远眺灰白相间的哲蚌寺，不觉间低沉厚重的云层渐渐散去，阳光透过云层洒向经历沧桑的哲蚌寺山城。蓦然回首，一弯彩虹挂在天幕……

光头与460CDT

8月22日到达青海格尔木市的第一件事，就是在街边找了间专剃光头的理发铺。年轻的理发师傅手脚麻利，业务娴熟，一把剃刀寒光闪闪，噌、噌、噌不消片刻功夫，一个光溜溜的“青皮大鸭蛋”就出现在镜子里面。旅行出发之前已想好要刮个光头，一是改头换面，二来洗头方便。突然变成了光头还真不太习惯，头顶上总有一股凉飕飕的感觉。摸着发涩的青头皮，仔细端详镜子里的自己，幻想着身披红色袈裟的喇嘛模样，但光头下面那张脸慈祥不足，匪气有余，更像一介武夫。

那是从青海省会西宁出发，开始青藏高原旅行的第二天。

一个月的时间行程13 000里。当回到广州家里时，经高原强烈紫外线辐射的脸还在蜕皮，光头却已覆盖上寸长的头发。整理着几大本旅途拍摄的照片，见到自己初进藏时的那番模样，不禁哑然失笑。很想知道万科的同事们突然见到光头老总时会是什么反应？想给大家来点刺激的念头油然而生。临回深圳之前再次把头刮成了青皮。

上班那天我像平时一样穿好藏蓝西装，想了想，又加了一顶打网球时戴的运动帽，避免曝光过早。我以为大家见到我，一定会好奇地问：您这帽了有什么讲究？我就可以顺势把帽子一摘，肯定会引起轰动效应。可大家像往常一样，除了用广东话问早晨好外，只不过增加了诸如“王总，从西藏回来啦？”“老板，西藏好玩吗？”的寒暄，并未对我的帽子表示兴趣。这真使我觉得失望。

我不大死心，走进办公室心里还在犯嘀咕：干脆就光着头到楼上楼下去遛一圈？正在此时，前《万科》周刊主编，时任沈阳万科副总经理的丁长峰推门走进来，他是回总部述职，准备中午乘机离开深圳，约好10点钟跟我见面。看着好久未见的小丁我忍不住一抬手摘下帽子，自己先咧嘴笑起来。可小丁却毫无表情地瞥了我一眼，一转身走到了外面。我这儿正纳闷呢，就听门外小丁扯着嗓子在问秘书：“老板房间里有客人，老板上哪去了？”

秘书答：“咦？王总就在里面呀，哪有什么客人！”

丁长峰再次进房间时，笑得嘴都合不拢，我也受到感染，跟着笑出声来。

不消说，光头老板的形象在同事、客户、亲戚、朋友中间引来很多笑声，但偶尔也遇到尴尬的场面。回到深圳的第四个工作日安排我在上市公司业绩推介会上专题发言，会场设在香格里拉酒店宴会厅。轮到我走上讲台时，全场突然静了下来。面对着100多名基金市场分析员、证券公司交易经理和传媒记者的奇异目光，我只好用略带委屈的声调致开场白：“女士们，先生们，请不要误会，我可不是从拘留所里刚放出来的。”经解释，奇怪的眼神才逐渐消失。

没过几天，一位已离开公司3年的职员突然打来电话，询问我的身体状况，劝我不要太好强，年龄不饶人哪。接到这样的电话我很受感动，但听电话里欲言又止的口吻，免不了产生疑惑，再三追问，对方才坦言，听说王总患了癌症正做放射性治疗，头发都掉光了。我扑哧笑出声，赶紧辟谣。

就这样，一天天过去了。对我的光头，周围的人们已逐渐习惯，青藏高原的经历和感受已不再是新鲜话题。但那壮美的羌塘草原、奇妙的纳木错圣湖、多彩的拉萨河谷、连绵的喜马拉雅，怎不让人魂牵梦绕？那千里磕长头的女尼、赛马会竞标的骑手、口念六字真经的信徒、寺院里添油的喇嘛，怎能让我轻易忘怀？然而，最令我印象深刻的却是在旅途中结识的各种各样的人：深圳青年、司机师傅、藏语翻译、摄影记者、寺庙喇嘛、边防军官、援藏干部、登山队员。在这些人中难有朝夕相处的，能两三天相伴已属难得，更多的不过是餐桌上、临睡前的聊天才给了彼此了解的机会。这些人不仅给我的旅途生活提供了帮助、带来了乐趣，而且使我对人生有了进一步的理解。

回到公司上班没多长时间，我就两次在名为“青藏万里行”的介绍会上，畅谈旅行观感。旅行准备的物品也专门做了介绍，除了食品饮料、摄影器材、登山设备，还包括一台460CDT便携电脑。

这台重量3.5公斤的电脑伴我走了13 300里的旅程。第一天8月21日早晨从西宁乘丰田吉普出发，上109国道翻越日月山，途经青海湖，行驶428公里，当晚到达青海柴达木盆地东端边缘戈壁绿洲——都兰。安排好住宿，有兴趣做的第一件事是从防震箱里取出16开杂志大小的460CDT，插上电源，输进密码，打开E-MAIL浏览，那是20日在西宁收到的电子信件。

8月24日到藏北重镇——那曲的第二天，首先做的是提着电脑到宾馆服务台接通连接深圳总部的通讯线。线路瞬间接通，但无论如何，却收不到总部任何信息。想不明白是电脑患了高原反应缺氧症，还是西藏的线路不过关，抑或操作程序出了差错？总部电脑机房5531693拨一次通一次，但次次接收不到也发不出电子邮件，懊恼之余真想把460CDT砸了，解解闷气。在对电脑质量、通讯线路、操作能力均失去信心时，突然醒悟：今天是星期日，总部不上班。之后在西藏的拉萨、江孜、亚东、定日、云南的丽江均能顺利通过轻巧的460CDT接收总部的邮件。

回到深圳，一些朋友问我度假期间有没有打电话询问公司的业务运转。

“没有。”

他们无法理解：“上市公司老总，即使度假期间，怎么能一个月对公司不问不管？股民会怎么看？”

我没有做任何解释，却沾沾自喜。1997年3月开始，总部已经电脑无纸化办公，无论人处何方，只要电脑接上万科的信息中枢系统，总部经营管理的信息就会源源不断。假如想发表意见，也能通过“信箱”及时传达。只是度假期间没发出过一个邮件，原因有三：已经将老总的责任授权；深圳总部的业务正常运转；远程使用电子信箱发指令我还不习惯，操作水平有限。

1996年深圳市主管工业副市长郭荣俊视察万科工业精品工厂

信息时代不善于应用电脑管理的公司，必然会被淘汰。在1997年，集团制定了总部无纸化办公及同外地公司E-MAIL联网的计划。在实施推广会上我反省自己：自万科创建起，我不遗余力提倡电脑应用，却把自己置身其外：老总办公室的电脑向来由秘书开启、关闭。一天，当秘书王晓燕表示已怀孕，不宜接受电脑屏幕辐射时，我发现我既不懂得开电脑，也不会关电脑。几乎年年因不满电脑应用推广缓慢而大喊大叫，殊不知原因之一来源于王石。我表示不再叶公好龙，从学打A、B、C开始，要用超常的速度跟上电脑应用的步伐。也许是反映我这种心态，电脑应用推广计划的代号定为“11.2 公里／秒”行动方案。

一年过去了。“11.2 公里／秒”行动顺利完成。自总办装备这台便携式电脑，我几乎和它形影不离：上班、下班、出差、度假。我有晚睡觉的习惯，一些莫名其妙的电视剧现在全让位给460CDT的操作键盘。这位“伙伴”不仅提高工作效率，还能让我在工作之余享受影碟、欣赏唱片。

美中不足的是：操作键盘时间长了脖子变硬，双肩发酸……

为万科地产把脉

1997 年上半年，我在分析深圳特区地产公司特点时，从时间的自然阶段上将其分为三代：第一代以深房为代表，包括城建、建设、深房、物业、长城、振业、中海等，它们是在 80 年代初到中期，随深圳特区的建设而派生出来的；第二代，像万科、金田，在 1988 年通过高价竞标取得地产经营权而进入的，此时香港的熊谷组也开始进入深圳；第三代是在 1993 年国家实行宏观调控以后兴起的，如中银、百仕达、金地等，在这一时期，香港的一些大地产商也开始涉足深圳。

这种划分是从各地产商介入的时间上即纵向面上进行的划分。换个角度，横向比较三代公司的特点，再来看万科地产所处的位置和前景就比较清楚。

从企业的文脉看，可分为两类：一类是专业出身的，如深房、城建、建设、中海、物业、熊谷组，还有近期进入的香港大地产商；另一类是非专业出身的，如万科、金田、金地、百仕达等。很明显，第一代房地产商都是专业出身，隶属建设系统，如城建原来就是搞城市建设的，建设集团则是由援助特区建设的工程兵集体转业而来；而随着深圳房地产业的进一步发展，许多“外行”即非专业公司开始纷纷进入，尤以第二代、第三代房地产商居多，如万科、金田、金地、百仕达等。

第二，从多元化与专业化的发展趋向看，一类是从专业化向多元化发展，如深房、城建、建设、物业，它们都是第一代房地产公司；另一类是从多元化向专业化发展，也就是从“外行”进入后向专业化靠拢，值得注意的是这类企业到目前为止仅有万科一家。还有一类，是专业出身，又一直走专业化道路的地产商，如振业、长城。

第三，从区域特征上看，可分为本地概念和跨地区概念：前者有长城、振业、金地；后者包括物业、深房、中海、万科、金田、熊谷组等。

第四，从经营品种的分类看，品种单一型的，像长城、振业、熊谷组、中海、金田；品种多元化的，如深房、物业、万科等。

第五，从资金来源结构，即股权结构来看，可分为上市公司，如深房、物业、长城、金田、振业、万科、中海、熊谷组（后两者母公司的股票在香港上市）；其他的则是非上市公司。

最后，从销售市场看，可分为内销型和外销型：内销型的有城建、建设、万科、金田、金地、长城、振业；外销型的如中海、熊谷组。

横向的比较来看，长城、振业的特点很容易总结：区域特征上是本地概念公司，出身上是专业公司，股权结构上是上市公司，发展趋向上是专业化发展，经营品种上是单一型（住宅），销售市场上属内销型。两个公司的比较优势显而易见：较强的筹资能力，资源集中、专业化、本地市场、品种单一（以居民住宅为主）。纵观深圳地产发展史，长城、振业是相当优秀的地产公司。分类上可以看到，中海亦是一家优秀的地产发展商，而且管理更显成熟。

从资金运用上，深房的处境也足以给公司一些启示：深房在20世纪80年代至90年代初一直都是深圳地产业的“龙头老大”，资金多了便想向外扩张，大力开展跨地域、多元化经营；国家实行宏观调控后，因战线过长、摊子过大，以致正常的运作难以自如。这种困难不是宏观调控带来的，而是资源分散、管理失控的结果。其实，物业、万科、金田都有过类似深房的经历，只是被陷得深浅不同而已。

对于万科而言，企业的第一次扩张，带有企业初创时期的冲动和激情，随着改革开放的浪潮，将摊子铺开，业务加大，但却忽视了自身的经营能力。而且，回首往日，在中国新兴企业的发展中，关于“多元化”还是“专业化”的战略选择的争论至今余音犹在，其背后的要义是：如何形成一个合理的经营架构保证企业的持续增长和永续经营？万科为此走过了很长的探索之路。

从1984年成立公司做进口电器生意开始，短短数年间，万科的业务很快从贸易拓展至影视广告、工业制造、房地产、证券投资等领域，到1990年，万科形成了商贸、工业、房地产和文化传播四大业务为主体的经营架构，在当时被誉为多元化战略的一个范例。

1993年，万科的营业收入突破10亿元。而这种跨地域经营、遍地开花的发展，也造成了资源的过度分散，就在这时，国家紧缩银根，开始了宏观调控。在这样的背景下，万科放弃了走日本“综合商社”模式的目标，确定了以房地产开发为未来的主导业务，走专业化发展的方向，从而改变了过去摊子平铺、主业不突出的局面。作为一家以多元化经营起步的新兴企业，万科的专业化道路转向，曾一度受到广泛的关注和争议。同期和万科进行同场竞技的金田等企业，则在进行多元化的尝试和努力。

事实上，万科的“专业化”是强调在社会分工的大环境里，企业必须有所为、有所不为，通过提高专业化水准来提升自身的竞争优势。这也许并不适用于所有的企业，但是对万科来说，这的确是发展的必由之路。事实证明，在成功完成业务多元化到专业化的战略调整的过程中，凭借有节奏的扩张和稳健经营的风格，万科已形成了一整套较为成熟的房地产开发操作模式，逐步确立了自己在房地产开发领域的专业地位。

引人注目的是，1996 年下半年至 1997 年，香港大地产商开始关注深圳，他们实力非常强大。据英国 1997 年 9 月号的《世界建筑》杂志对全球 100 家最大的地产公司排名，香港的新鸿基名列榜首，和记黄埔位居第二；万科列第 75 位，深振业居第 87 位（内地有三家进 100 强，另一家是列第 18 位的陆家嘴）；若从经营规模上比，万科与其差距甚远，像新鸿基公司在 1995 年仅地价就补给香港政府 100 亿港元，它们是真正的“巨无霸”。香港大地产商进入深圳对地产市场有相当大的冲击力。

面对挑战，万科会将更多的资源集中于深圳，在本部所在地壮大实力。这一时期，万科在深圳地产市场上的占有率较低，但也说明富有拓展空间；在发展深圳的基础上，万科更要培育上海、天津、北京的市场；5 年之内，培养沈阳、成都等地市场；其他地区的发展在战略上应有所调整，起码 5 年以后，万科再考虑在全国其他地区发展。

从长远看，地产商联合开发是必然趋势。目前万科仅凭自己的实力，大的项目只能做到 50 万平方米，如果联合其他有实力的公司则可做到 80 万~100 万平方米。

至于深圳第三代地产商，尽管人们称之为“黑马”，如果他们不能解决资金筹集问题或用地产上赚的钱去搞多元化，就不能成为强有力的对手；如果在这两方面做好了，就可能会后来居上。长江后浪推前浪，这是必然规律。

总理的房地产顾问

1997年11月的一个上午10点，深圳市委办公厅会议室。

6家企业的老总（赛格集团王殿甫、万科企业王石、深科技王志荣、天建马恭元、金地地产等）接到通知：下午3点钟，麒麟山庄，朱镕基听取企业汇报。

召集人解释："朱总理这次不是专门来深圳，而是为京九通车剪彩，顺便来深圳进行企业调研。亚洲金融危机还没过去，中国承诺汇率不贬值，这对1998年中国经济的出口有多大影响、该如何拉动内需？这些是国务院关心的问题。市委安排了3家出口型企业，3家房地产企业。"

限定每位代表发言10分钟，万科发言次序在赛格之后，题目：一、万科的科学管理；二、万科的品牌建设。

万科已是家房地产特征很明显的公司，为什么不让谈房地产呢？

3个月前，李子彬市长带着政府各局委办和四大国营集团的头头到万科总部调研。我汇报了万科的业务增长数字和管理特征：规范、专业、透明。汇报的内容通过计算机在大屏幕显示，并给每位代表一份打印好的纸面材料。汇报结束，李市长扬着手中的材料："你们看看，什么是透明度？财务的工资表格上，从董事长到普通员工的收入、奖金一目了然。你们集团管理哪个能做到这样公开？"

我猜想是李市长点的万科。市长感兴趣的问题不一定总理也感兴趣，难得的汇报机会，应该选择朱总理感兴趣的话题。

返回水贝公司总部，已是上午11点半。我立即召集郁亮等人确定汇报提纲。

"万科是深圳的一家中型企业，'品牌建设、科学管理'的话题引不起总理的兴趣。有一个话题会引起朱总理的兴趣：分税制，这是朱镕基副总理自1993年起力推的一项改革。对！就谈分税制。”我找到了感觉。

“财政包干”制度是中国20世纪80年代末到90年代初的主要财政模式。但随着市场在资源配置中的作用不断扩大，其弊端日益明显，主要表现在：税收调节功能弱化，影响统一市场的形成和产业结构优化；国家财力偏于分散，制约财政收入合理增长，特别是中央财政收入比重不断下降，弱化了中央政府的宏观调控能力。此背景下，在朱镕基总理力推下，分税制改革出台。

分税制改革的内容是：按照中央与地方政府的事权划分，合理确定各级财政的支出范围；根据事权与财政相结合原则，将税种统一划分为中央税、地方税和中央地方共享税，并建立中央税收和地方税收体系，分设中央与地方两套税务机构分别征管，实行规范的中央财政对地方的税收返还和转移支付制。

“万科不是税务局的，谈分税制合适吗？”郁亮委婉表示担心。

“就定了，谈分税制。当然，不是谈对分税制的理论认识，而是通过分税制前后企业交税的变化来谈对企业的影响。1993年宏观调控，朱镕基总理针对的就是股市和房地产的泡沫，对房地产公司没有好印象，如何让朱总理10分钟内对一家房地产企业产生好感？第一、他感兴趣的话题；第二、谈企业分税制前交了多少税，之后又交了多少税，嘿，不会错。以前没有从交税的角度谈万科，财务赶快准备个资料：1992~1997年万科经营规模、利润、交税的变化，绘制图形曲线表，一目了然。快准备吧。”

下午2：30，电脑绘制的图像表还没最后完成。而水贝距麒麟山庄的车程40分钟，即使马上出发也得迟到10分钟。我不禁急得团团转。

“老板你先赶去，随后图表打印出来就派车送过去。”电脑室主任吴洋安慰。

“一级保卫，公安、武警三道岗，你们进不去。必须拿到图表。”耳闻朱镕基向来数字说话，没有凭据的大概推导，一句话就给人顶回去。

打印机慢条斯理吐出纸，第一张是经营规模图表；第二张是利润图表；第三张是交税情况图表。端详第三张图表的曲线变化，乐了，一拍脑门：“嘿，今天汇报要出彩！”

还有第四张图表，我连忙取下，一阵风冲出电脑室。

3：15分赶到麒麟山庄的时候，座谈会已经开始。

我推门进去。

会场30多人的目光聚了过来。刚好3天前剃了光头，在西装和白领衬衫衬托下，显得格外扎眼。

“哦，这是万科企业的董事长王石，坐吧，已经开始了。”主持会议的厉有为示意我坐下。汇报席一侧挤坐进去，左侧王殿甫、右侧马恭元。对面是朱镕基、省委书记谢非、省长卢瑞华、市委书记厉有为及相关工作人员。

王殿甫在侃侃而谈：“赛格电子集团成立的时候国家投资3 000万元，经过10年的经营形成了3个亿的净资产，增值了10倍；控股投资的规模却达到103亿……”

“你再说一遍，我没听懂。”朱镕基副总理插话。

我瞥了王殿甫一眼，心想：坏了，殿甫被总理抓住了破绽。

赛格的董事长没有觉察到：“我们只有3亿的净资产却控制着103亿的资产规模。”

“那你的负债率多高？为什么出现亚洲金融危机？企业负债过高是一个原因，韩国的大业就是高负债经营，市场发生变化，紧绷的资金链条就断了。”总理口气缓和了一些，“中央很担心国营大企业的高负债问题，考虑负债过高的国企是否债转股。”

总理说：“这样不行啊，资金链条一旦紧张起来，整个企业就完了。”

殷甫卡壳了。

轮到我了。我清清嗓子，还没掏出图表，主持会议的深圳市委书记却说：“王志荣，你汇报深科技的出口吧。”

哎呀，惩罚迟到，没有发言机会了。错过了表现机会，只好乖乖当听众。

王志荣预期1998年电脑磁头出口增长：“朱总理，1998年，深科技产品出口计划增长一倍。”

坐对面的朱总理眼睛一亮：“说说，用什么方法能出口增长一倍。”

王志荣的声调和缓，不卑不亢：“主要通过降低成本，提高管理效率。”

总理单刀直入：“降低多少成本呢？”

沉吟，“降低20%~30%吧。”

“那不行啊，就算你降低成本30%还不行啊，泰国、马来西亚货币贬值了40%~50%，原来出口一块钱的东西只卖0.5~0.6元，中国坚持货币不贬值，你降低成本30%，价格只能降到0.7元，怎么可以出口增长一倍呢？”

不容辩驳的反问。会议气氛略显紧张。总理只是三言两语就“PK”了两家深圳有影响力的企业。

厉有为冲我的位置示意了一下：“小王，你说说吧。”

我已经觉得没有发言机会，嗨，这一下，精神劲来了！

先介绍万科是做什么的，发言还没一分钟，总理显得有些不耐烦：“就说你盖了多少房子，卖了多少房子吧。”

“我的汇报，既不讲盖房子，也不谈卖房子。”

“那你谈什么呢？”

“谈谈分税制前后对企业的影响。”

说到分税制，总理的眼睛又一亮。

掏出第一张图表：“这张表反映万科1992~1997年的经营规模变化。

1993 年 6 月开始宏观调控，万科的经营规模从 1995 年开始收缩，增长线下降，到了 1996 年、1997 年又呈上升趋势。”

总理没有言语。

展示第二张图表：“这是 1992~1997 年的利润图表，增长曲线在 1995 年的位置上下滑，到 1996 年、1997 年恢复上升趋势，同营业规模变化是同步的。”

总理仍没有吭气。

举起第三张图表：“这是 1992~1997 年的交税图形变化。一条直直的斜线，也就是说，在 1995 年经营规模、利润下降的这一年，交税没有随着下降而是持续上升。”

“为什么呢？”总理好奇。

“分税制。”

“哈哈哈，”朱总理爽朗地笑了，“分税制还制止了企业的偷税漏税。”

“万科是上市公司，合法经营，不允许偷税漏税；再说，也没有必要偷税漏税。”

“那为什么会多交税呢？”

“很简单，分税制之前，中央政府和地方政府的税务是承包制。地方政府同企业也是承包关系。比如，万科到上海投资，同税务局签订承包合同，这是一个基数，每年一个增长比率，万科上海签订的合同是按每年 20% 递增，同实际每年盈亏没有关系。启动分税制，同政府的承包合同作废，虽然 1995 年规模缩小、利润下降，税收的基数大了，所以交税的总额依旧增长。”

朱总理舒心地笑了。

“虽然企业交税增加了，我举双手赞成分税制。我们大一统的国家，习惯一大二公、一平二调，向来不承认地方利益。通过税制改革，第一次从税法上明确了中央和地方是不同的利益主体。换句话说，中央和地方的关系都不明确，哪来的企业和政府的明确关系呢？可以说，分税制不仅仅是税收制度的改革，也是政治体制的改革。”

没待总理开口，掏出第四张图表解释：“这是一张 1992~1997 年的税后利润同历年交税的比较图表，你们看，1992 年的时候，交税才 16%，因为在特区享受各种税收优惠待遇，随着跨出特区投资，税收比例逐渐增加，1997 年的比例增加到 56%。”这张图表的描述方法有点取巧，一般利润只同所得税比较，我是把营业税、增值税全叠加上去，比例明显加大，会给听讲人深刻印象。

“小王啊，”省委书记发话了，潮州普通话，“企业的税负怎么这么高呀。”

刚准备开口解释，朱总理接上话茬：“小王是把营业税、所得税全加上去了。”

我不免心里有些得意，总理一眼看出图表的名堂。能被自己欣赏的人理解是很愉快的事情。

会场的气氛轻松了起来。

10 分钟早过去了。我望望厉书记，没有叫停的示意。

索性放胆谈起来：“我谈谈对房地产行业前景的几点不同看法。如何刺激明年的内需消费，经济理论界认为钢铁、汽车都不行，只有住宅，提出了‘把住宅当作刺激内需的支柱产业来发展’。

“我认为，2~3 年内，住宅行业成不了支柱产业，理由有四：第一，房地产市场的发展还不完善，住宅中商品房的比重仅占 30% 多，60% 以上还是各级政府的福利房；第二，住宅产业是个资金密集的行业，而目前中国的房地产投资算作固定资产投资，受到严格的限制，融资困难；第三，支柱产业应该有领头企业，而内地房地产行业中还没有规模企业；第四，根据外国的经验，住宅属于高档商品，信贷按揭起关键作用，但我们的额度管理仍然限制得很死。”

朱总理沉吟。

我继续发挥："万科就是奉公守法的发展商。1992 年底，房地产正火热，我提出'超过 25% 的利润不做'，其意是赚取公平利润。1993 年上半年建材价格翻番，万科面临经营困境，6 月份的宏观调控，三大建材价格迅速降了下来，万科出现转机。1993~1997 年，万科的住宅开发规模以平均 70% 的速度上升。对于宏观调控，万科 100% 举手赞成。至今为止，我还没听到第二位企业家说'赞成宏观调控'。"

朱总理："绝无仅有！"

这句话使我荡气回肠。

"不知道朱总理怎么看住宅市场？"

片刻沉默，总理反问："如果取消福利房分配制，房地产行业能成为支柱产业吗？"

"不能。"

"如果金融市场开放，房地产行业还不能成为支柱产业吗？"

"不能。"

"消费信贷放开，还不行？"

感觉到总理如此认真，字斟句酌："两年内不行。"

"我两年内一定要把住宅行业促成支柱产业。"总理斩钉截铁。

"既然总理说行，就一定能行。"

全场笑声。

"哎，你是房地产专家呀。我聘请你为我的房地产顾问。不过，是没有工资的顾问哦。"

我当场脸涨得通红，一点没有思想准备，说话有点结巴："您不……给我发……工资，我也感到非常荣幸！"

一旁的王殿甫冲着我使眼神，递悄悄话："要进中南海了。"

“我们就是要高价收买有建设性的不同意见。你们还有谁汇报？……”

接下来的汇报会轻松多了。

聘请顾问的事，我以为只是说说，尽管美滋滋了一个星期。

过了两个月，建设部、国务院住房办、国家体改委、土地总局等国务院有关部门来人，约我去北京参加有关内部小范围研讨会。

活跃了两个月，感觉到北京是个政治中心，利益团体的平衡中心。我对住宅行业的看法并不特别新鲜，只是一些专家没有机会或勇气在朱镕基总理面前陈述，而我尽管讲了些不同意见，但一旦陷进旋涡，说不定得罪了谁还浑然不知。

想到这，还是老老实实做自己的企业家吧。

1998 年 4 月，人行发布《关于加大住房信贷投入，支持住房建设与消费的通知》（银发【1998】169 号文），标志着“适度从紧的货币政策”终于向住宅产业网开一面。

1998 年 7 月，国务院发布《关于进一步深化城镇住房制度改革加快住房建设的通知》，明确提出“停止住房实物分配，逐步实行住房分配货币化；建立和完善以经济适用住房为主的多层次城镇住房供应体系；发展住房金融，培育和规范住房交易市场”的深化城镇住房制度改革的目标。沿袭了约 40 年的住房实物分配制度终止，是我国房改最具突破性意义的一步。

随着一系列政策的实施，房地产行业逐步从 1993 年的低谷走向了新的发展时期。

选“C”是因为靠着廊道

随着公司规模的拓展，公司的人员培训，也开始面临越来越多的压力。人员知识结构需要补充，新职员入司或者入行时间短，进入城市地域性强……一系列关于培训的问题也越来越多地摆上我的案头。

房地产在内地还是一个新兴行业。所谓新兴行业是指发展时间短，增长潜力巨大，但市场不规范，参与竞争企业不成熟的行业。相对家电市场，房地产发展商之间的竞争还是专业性和非专业性之间的竞争，而不是专业性与专业性之间的竞争。在这样的过渡阶段中，非专业性的企业如果不能尽快成熟，将必然被淘汰，市场竞争最终将是专业性企业之间的竞争。这种竞争靠什么？靠理念，靠技巧，靠实力，归根结底就是靠人。万科在1984年创立时提出“人才是万科的资本”的口号，就是强调资源中人才的重要性。

这一时期，市场中开始出现很有意思的现象：领改革开放之先的广东产品的品牌在市场上正逐渐被其他省份同类产品品牌所取而代之。以家电行业为例，在20世纪80年代，国内家电行业最风光的都是广东企业，“万家乐”、“万宝”等牌子在市场上数一数二，但进入90年代后期，家电市场上的领头羊已经变成青岛的海尔。同样，当年保健品行业风头甚健的是广州太阳神，这一时期最风光的则是浙江的娃哈哈。为什么80年代风云一时的南方企业纷纷被北方企业所取代？其中很重要的一点，就是相对处于北方的企业意识到人才的重要性，并拥有人力资源的结构优势。

同样是在南方起家的新兴企业，万科敢说自己就一定不倒吗？不能。

所以，万科倡导学习是一种生活方式：通过培训提升员工的专业能力和自身职业价值；倡导学习是一种生活方式，鼓励员工的自我提升；注重开发人力资源，从而保持企业的竞争力。从1997年开始，万科总部立足的深圳，客观上说已经不再是全国的投资中心，而是转化为区域经济中心。这种转化，无疑使深圳丧失了从全国吸引人才的优势。这样，在人才问题上，万科必须在广招人才的基础上，练习内功。而这个内功，就是培训。

万科的培训差不多与企业同龄，经历了相当长时间的积累。对于培训本

1998 年 10 月，登深圳排牙山

身，我要求万科注意这样几个方面。

要使培训系统化，不仅要把从董事长到打字员所有层级的员工都包含进来，更要在培训体系的构建上形成完善的动态系统，使员工从一进入公司服务开始就不间断地参与培训。培训将成为其在公司职业生涯中一个不可缺少的内容。

同时，对于内部培训，职员和各级经理集中认为一些课程以及培训中的案例都是从外机构引进过来的，缺乏同万科自身经营实践的结合。但在我看来，这一时期万科的培训工作还没形成一套成熟的模式，直接引进是必要的，积极引进说明了做培训工作的开放心态。

另外，这一时期的培训还存在着枯燥、单调的问题。我要求人力资源部不要把培训搞成僵化的死的东西，在培训领域也需要提倡创新意识，把培训做得有声有色，富于想象力和吸引力。

打个比方，如何有效注意交通安全，防止交通事故？首先要有安全意识。什么是安全意识？我家在广州，周末回家时大都乘坐火车。职员认为老总有公司配备的专车不用，很自律。其实乘坐火车是从安全上考虑，和自律没有关系。从概率上讲，高速公路上出事的可能性比乘火车大得多，每星期来回广州乘火车更安全。这就是安全意识。有了安全意识还要有防范事故的心理准备和应急措施。

我经常乘飞机，每次候机楼换票时我都提示要座位C，为什么？再讲个故事：一次空难中只有一位推销员是幸存者，也因此出了名，亲戚朋友和社会上都认为这位推销员是位幸运者。然而，这位推销员出了本书告诉社会：他经常乘飞机推销商品，每次坐到座位上，他首先做的就是目测跨步到安全门的距离，并想象遇难昏厥时尽快苏醒过来，只有清醒意识才有逃生可能；同时，如果出事，朝火光的方向冲去，有火光的位置才有氧气，才有逃离飞机的窟窿，而不是朝相反的方向躲避。之所以大难不死，正是因为通过长期训练获有逃生意识的结果。这个故事是黄铁鹰先生讲给我听的。选择“C”是因为任何机型的C座均靠着廊道。

中国新兴企业的成长之路

所谓“新兴企业”，是指改革开放以来脱胎于计划经济体制而在市场经济中成长起来的企业，并不是按所有制形式界定的企业。它可能既包括国有企业、集体企业，也包括民营企业、股份制企业、混合制企业。如果从市场的角度来考察，就会发现无论企业的所有制如何，都面临许多共同的问题。

新兴企业有7大特征。第一是企业的初期规模很小；第二是短期内急速膨胀；第三是创业资金很少或没有，“英雄不问出处”，从没有钱到有钱，这里面多少会存在一些问题；第四是毛利率较高，往往通过一个利润空间比较大的行业起步；第五是初期的发展战略不清晰；第六是创业者往往缺少现代企业管理的训练；第七是创业者具有毋庸置疑的权威作用。

如果从新兴企业的经营发展战略来看，大致可分成三类：第一类是专业化，始终明确地走专业化发展的道路，如：海尔、联想、希望；第二类是初期专业化以后多元化，如：四通、三九；第三类是多元化向专业化转变，如万科、北京的华远、北京的万通。应该说这三个类别当中，第一类不是主流，但我们却可以清晰地看到他们成功的路线。更多的企业是创业起始迅速进入多元化，多年之后仍呈多元化态势。多元化向专业化发展的例子也不多，仅有如万科、华远、万通。但是，专业化必是今后的趋势。

现实中多元化是新兴企业的主流，是因为新兴企业创业之初首先要解决的是生存问题，哪个行业有空子、能赚钱，就干哪行。而国家从计划经济向市场经济转轨当中，每年的行业政策都有变化，利润空间也不一样。新兴企业很容易随着政策的倾斜而转行，从而形成多元化的格局。但随着企业的发展，企业规模、专业化程度、行业市场占有率要受到多元化的影响。之所以万科决定做减法，也正是资源集中的要求。否则，在一个日渐成熟的市场上，公司的资金、人力、经验，都难以应付各行各业越来越激烈的竞争。

与此同时，对于新兴企业而言，产权问题仍然是一个不容回避并且困扰企业发展的大问题。

对国有企业来讲，应该说不存在产权不清的问题，国家所有、全民所有，产权很清晰。但这有一个假定前提，人人都是大公无私的。这个假定的前提错了，于是人人都是主人，人人又都不是主人，国有企业要解决的是这个问题。

相反，许多民营企业倒是产权不清，很多都是借壳戴帽，注册是集体甚至是国有，但资金来源、企业人员组成却百分之百是民营。

因此说，从新兴企业角度来讲，产权不界定清楚将后患无穷。企业想继续发展，搞股份制、借钱融资，都很难。所以我认为民营企业搞改造，必须先得进行产权界定。

而新兴企业的创业者的权威地位也将随着企业的发展发生转变。所有制不同的企业，表现也不尽相同。国家控股的新兴企业，领导人的地位是不稳定的，不仅随时可以更换，而且往往是由于非经济因素。在国有企业中，人事危机往往非常突出。但民营企业又恰好相反，超稳定结构随处可见，企业经营状况无论多么恶劣也往往不见领导者的更换。可以说，在企业发展扩张之后，自然产生“马上打天下”和“马下治天下”的矛盾—创业者能创业，但未必会管理。另外，企业人员的血缘、地缘关系也使管理操作难度很大。但是，这个问题不解决，将是制约民营企业规模经营的瓶颈。

创业家往往具备一个重要的特征，这就是打破传统。而企业家却要在既定的游戏规则下，在一个有秩序的环境下工作。一个是要打破秩序，一个是要遵守现存秩序。所以，新兴企业家在当下往往面临的是能不能转换好角色的问题。在创业过程中，创业者的经历是丰富多彩的，而作为企业家，则要一板一眼、规规矩矩，甚至有些枯燥乏味。如果创业者还带着冲动，对外国投资者说，“我的增长一直是100%。几年来，我在全国除了西藏和台湾都设了分支机构”，这会把投资者“吓死”。投资者需要的是企业稳定持续地增长，而不是如同“文革”时期放的卫星。企业家必须按照规律经营发展企业，对企业进行有条理的管理。

新兴企业还往往面临着多种风险。

第一点是资金风险，比如史玉柱领军的巨人集团由于盲目兴建大楼而导致的危机，就是明显的资金风险问题。像巨人这样的新兴企业，特征是增长极快但资金有限。表面上看，巨人从电脑业跨进房地产和医疗保健品两个行业，但实际上它仍将房地产行业作为集资的渠道，真正经营的是医疗保健。大厦项目筹集的资金，大部分流向了保健品业务。然而，保健品行业往往需要大量媒体宣传费用。这种情况下，如果两个市场同时向好，巨人集团的业务还有可能持续发展，如果一个市场不景气，资金链就会断裂。不幸的是，两个市场都出现了问题。这是企业扩张时由于资金短缺所带来的风险。

那么，钱多了会不会有问题？万科就得到了这样的教训。1993年，万科从B股市场上筹集了4.5亿元港币。跨地域经营便迅速地开始，地产项目遍及全国12个城市，涉足的行业包括商贸、工业、地产、证券、文化五类。项目成立，投入资金，立即感到人力资源无法跟上，资金分散乏力。其结果是，万科的规模徘徊在12亿~15亿之间，再也无法增加。而利润到了1.5亿之后，同样上升乏力。而同时期走专业化道路的海尔集团，1996年达到60多亿的规模。

第二点是暴利风险。以万科为例，万科从20世纪80年代经营贸易起步，利润曾经达到80%以上。但由于巨大的利润，进入企业迅速增加，结果，贸易的利润率从80%掉到8%，再从2%到无利可图。市场是公平的，企业从暴利中获得的利润，将会交回市场。所以，当万科进入房地产业时，尽管有盲目投资的因素，但万科还是在1992年明确提出，超过25%利润率的房地产项目我们不做。同一时期，社会上的通行说法，是低于40%不做，买了地拆迁转手甚至可以达到高于100%的利润。从计划经济向市场经济过渡的时期，政策的变化会带来一定暴利空间，但随着市场经济的发展，暴利终究要趋于平均利润，一味追求暴利，企业反而会丧失许多机会。

第三点是扩张风险。沈阳飞龙集团在20世纪90年代初仅仅有几十万资金十几个人，短短数年内扩张成几亿资产，全国除了西藏和台湾，全部省份都设有机构。这个扩张速度已经膨胀得失去控制，结果必然面临失败。

所以，对新兴企业来讲，必须对资金风险、暴利风险、扩张风险有清醒的认识，做出正确的决策。

要解决如上的问题，第一，需要明确企业经营的基本问题：为谁做？谁来做？做什么？

第二要纠正暴利观念。

第三要解决产权界定问题。

第四要解决好人力资源问题。

第五是所有权和经营权分离的问题。民营企业家如果能从创业家成功转型为企业家，自然很好，如果不行，最好将两权分离，否则，创业家等于毁掉自己创造的事业。职业经理的要求就是产权清晰化、管理科学化。如果我们还是按照以前那种亲情加友情的传统管理方式，随着公司的发展扩大，即使解决了专业化问题，管理也过不了关。

一个有意思的现象是，万科从国有大中型企业学到了很多管理经验。新兴企业很大的一个问题是管理不成熟，因为发展太快。所以我倡导学习国有企业的管理经验。虽然在目前国有企业处于比较困难的时期，他们也在自我否定。但不能泼洗脚水连孩子一块泼掉，国有企业，特别是一些大型国有企业成熟的管理方式是不该忽视的。

在中国建立起现代企业制度，绝不是一代人可以完成的，要承认局限性。就像爬山，你能不能爬到顶峰是次要的，因为到了山顶就得下山，看重的是爬的过程。万科尝试走新路，也就是尝试在基督教文化下产生的现代企业制度能不能在中国实现。这种企业的发展，不是靠国家把资源集中起来，而是靠市场力量，突破血缘和地缘的局限。其困难之处不在于现代制度的引进，而是与传统的观念、思维方式的冲突，最难突破的是自身。这种尝试多少有些悲壮色彩。

从海神到俊园

1998 年 9 月，深圳，酷暑仍未散去热意。万科的超高层住宅——万科俊园在深圳推出预售，市场反响热烈。11 月，集团正式委托香港美联物业代理万科俊园并在香港举办展销会。至万科俊园交付使用时，已经实现销售 80% 的业绩。

万科俊园的始末，却几番起落，几番欷歔。

万科搬进坐落在水贝工业区的改建厂房后不久，曾确定了位于文锦路的海神广场为总部永久写字楼。当时海神广场还在筹建阶段，设计的建筑高 180 米、51 层，建成后将是仅次于地王大厦的特区第二高大厦。端详着这座所谓新古典主义风格的大楼的立面渲染图，想象置身云端的空中花园，放眼四处漫游：深圳水库、香港山峦、地王大厦、林立的塔吊工地尽收眼底，怎能不产生自豪和骄傲的情愫？

1995 年，海神广场破土动工，并预定在 1997 年竣工。那是个既令人激动又令人浮躁的年月。万科人的热血在沸腾，我的头脑也在发热！好景不长。在宏观调控的大背景下，特区写字楼市场迅速萎缩；在铿锵的打桩声中万科人感觉到写字楼市场的寒气逼人。

与万科同一时期兴建的高层写字楼有贤成大厦、深房大厦……与市场的黯淡前景形成鲜明对照的是各个工地仍是挑灯夜战、灯火通明，钢筋混凝土浇筑的楼板以三天一层的速度向高空抬升。

是不顾市场风险继续兴建，还是承认决策失误停工调整？无论选择前者还是后者，都面临不可捉摸的因素。万科面临着痛苦的抉择。我提议停工，并承担由此造成经营损失的决策责任。

海神项目是个合资公司，万科仅占 30% 的股份。合资企业董事会接受了万科的提议。我还提议：调整原综合写字楼方案为综合高级公寓，为此股东需追加人民币 1.5 亿元的投资。股东信任万科地产的专业判断，却不同意新增加一分钱投资。海神公司的总经理郭兆彬是位富有激情的完美主义者，对海神广场的选址、立项、设计、开工倾注了大量心血，服从停工的决议，却无法面对把写字楼改成住宅的现实。

但面对的最大难题是，如何向原土地方解释？

海神广场的地基是南海石油西部公司驻深圳办事处拆迁的两栋住宅楼的楼基，按协议，海神广场建成后，南海石油西部公司将获得其中的部分产权。修改方案的关键在于：建筑高度由 180 米调整为 151 米，其建筑面积随着高度的降低而缩水，西部公司愿意接受缩水造成的面积损失吗？

西部公司回答：理解合资公司的处境，但任何修改方案要以不减少西部公司在合同中应获得的产权面积为前提。西部公司开出的条件并不苛刻，但海神公司却无法单方承担缩水面积的损失。一场漫长的马拉松式谈判拉开了序幕。

南海石油西部公司组建于 20 世纪 80 年代初，负责北部湾大陆架的油气田开发。资金、技术来源于参与合作开发的跨国石油财团，待油气田产气、油，按比例分成。

这是最早一批对外开放的大型资源性企业之一，有着丰富的国际谈判经验和法律意识。西部公司接受万科“写字楼变住宅楼”的建议，但对于降低层数的方案仍坚持“原合同分配西部的绝对面积不变”的强硬姿态。

总建筑面积减少了，但分配对方的面积不相应减少，这个账万科怎么算也算不过来。谈判再次陷入僵局，无功而返。

正式修改合同是 6 个月之后。

万科同土地方争取了较好的分配比例，但股东们无意追加投资。万科被迫提出收购包括深圳有色金属、新疆大德等其他 3 名股东共计 60% 的股份。

三个股东态度非常明确：怎么改都无所谓，但是第一，我们不会再投一分钱；第二，不能降低原有回报。

显然，资金仍然是把这个项目救活的关键。

期间经历无数次的沟通、饭局，还有卡拉OK。协调的结果，最终问题以如下方式解决：

万科同深圳有色金属进行股权置换，万科拿出的股权是旗下有连续赢利记录的银都公司，并用它置换对方的海神股份。

新疆大德作为一个小股东，只占8%的股份，他们表态：愿意听万科的建议，跟着走，出让股票都行。如此配合的投资者，至今仍令我感动。在完成对大德8%的股权收购后，我也表了个态：大德只要在新疆投资房地产，万科一定帮忙。

另有一位股东的交易就不大顺利，合同签了，杯也碰了，卡拉也OK了，

与姚牧民合影

办移交时才发现其股票早已被法院冻结。这家伙在搞什么鬼？结果，又是一番折腾。

收购其他股东的计划完成了，总经理郭兆彬却提出辞呈，理由：失眠，无法接受高档写字楼改建住宅的现实。

新组建的董事会任命万创的莫军为总经理。我提议大姚兼董事长。

大姚却推辞："活可以干，董事长的压力太大，最好不要兼任。"

此时，王石义不容辞任董事长，姚牧民任执行董事。

海神广场也更名为万科俊园。江苏建安一建的建筑队伍第二次开进了工地，高耸入云的塔吊又隆隆地开动起来。这是1997年的5月，公司要求，1998年12月内装修完成，正式交付客户使用。

宏观调控期间的房地产形势并不乐观，尤其高档住宅市场，这个在当时是中国内地楼层最高，也是最高档的住宅项目能有市场吗？在深圳一家大型房地产企业的业务会上，与会的人们几乎一致判断：俊园将是万科地产走下坡路的标志建筑。

有人替万科捏一把汗，也有人等着看万科的笑话。市场好坏且不说，从风水来看，俊园所处的位置直冲文锦路口，聚不了财。堪舆学上有许多居住环境方面的朴素道理，但我不大相信风水上的聚财之说。问题是广东的消费者相信这套，买房前要请风水大师踏勘。

清华大学建筑系毕业的莫军也请来香港著名的堪舆大师，经过踏勘，大师提议要在俊园大厦的广场前端安放一块镇宅石。莫军组织手下从山东泰山请来一块40吨重的泰山石摆放在俊园大厦广场的前端，俗称"石敢当"。一块泰山石能起多大作用呢？不过是安慰自己罢了。

发售之时，俊园的顶层四套是复式结构，价格达到每套800万元，最抢手！站在顶层俯瞰文锦中路，在坚如磐石的超高层大厦前面，来往的车辆就像移动的火柴盒，哪能构成对大厦的冲力？

超高层建筑的冲动

万科在深圳高端的住宅市场站稳了脚跟。从海神到俊园的转型是万科应对市场变化的一个典型。同时期停工改建的还有天津金刚桥万科高级公寓、鞍山万科东源大厦、武汉万科广场，都成为万科在那个躁动年代的负面案例。

可以说，万科俊园这座超高层建筑记载着万科地产一段特殊而有代表性的经历，一段否定之否定的历程，既在痛苦中否定盲动的过去，同时也诞生了光明的未来。大厦屹立在文锦中路，融入了高节奏、具有南国风味的现代城市景观之中，赞誉接踵而来。

但这只是事物的表象。从经营上看，万科为这种不得不做的否定付出了代价。这种代价在财务报表上的体现就是低效资产。

海神广场 1995 年开工，因市场问题中间停工，1997 年复工，1998 年底竣工，净投入人民币 2.5 亿元，销售利润率 6.43%，当年销售率 80%；而 1996 年 6 月开工的景田城市花园，1998 年 6 月竣工，净投入的资金只有海神项目的 1/6，销售利润率 29.67%，当年销售率 100%。两个项目的对比就很能说明问题。

也许是巧合，万科发展历史的转折都同超高层大厦有关：一座是促成万科股份改制的发展大厦，另一座就是置于死地而后生的万科俊园。具有讽刺意味的是：在第一座大厦上，万科是因母公司缺少资金而受牵连，而海神广场的经营风险和危机则是万科的主动行为造成的。

20 世纪 80 年代末，我就对深圳一些企业盲目投资高层写字楼的行为进行过言辞激烈的抨击，称其不顾市场、不顾财力、欲立丰碑的好大喜功，其建立起来的栋栋高层建筑将成为一座座使企业走向衰落的“墓碑”。可是，就是在这种批判声中，万科也开始投资兴建超高层写字楼，差点加入被我称为“使企业走向衰落的‘碑林’”。我曾在不同场合说过类似的话：同类错误，聪明人不犯第二次，并把自己划入聪明人的行列。但是，在市场面前，一旦不能对市场形势做出清晰的判断，聪明人仍然会犯自己严厉批判谴责过的错误。

放开一步讲，坐落在上海浦东陆家嘴的金茂大厦是当时世界排名第三的超高层大厦，其建筑的形式、内部装修和功能配置均给我留下强烈的印象，说它是一座代表上海乃至中国经济腾飞、代表现代东西方建筑文化融合的标志性建筑，一点不为过。但如果这是企业的投资行为，不能不说带有相当的盲目性，如果与万科的海神项目相比，只是投资规模大小、建筑设计水平高低的差别。从金茂大厦的投资规模和营业收入来衡量，要实现收支平衡可谓前路漫漫。

参加 2001 年 10 月上海 APEC 工商峰会期间，在金茂大厦的咖啡厅，我曾被告之这样一个故事：金茂大厦的立项，除了商业投资考虑外，这座中国第一高楼还将作为改革开放总设计师的生日献礼。

投资兴建世界第几、中国第一的建筑本身就有夸耀的成分，再赋予浓厚的感情色彩，商业上就很容易变形，好在金茂大厦的精髓并不是其高度。小平同志生前是否欣赏送到面前的金茂大厦模型就不得而知了。

从某种意义上讲，超高层大厦是财富和科技结合的化身，是西方工业发达国家的产物，尤以美国为甚。但这种情况到了 20 世纪 80 年代，似乎发生了变化。超高层大厦在日本拔地而起，尽管这是个不适合建超高层的国家。但有财富做后盾，即使位于地震带，在探索外太空时代，建筑结构上的问题也自然易于解决得多。

记得 80 年代末参观日本大成建设总部，目睹该公司设想的建筑，实际上是一座空中城市，古代巴比伦花园的超现代版。当然，印象深刻的还是其高度：1 000 米，比深圳最高峰——大梧桐山顶峰还要高出近 100 米。

据大成建设的接待人员介绍，日本几大房地产开发商都在积极设计超高层建筑。只是持续不景气的经济状况，这些宏伟的超高层建筑方案暂被搁置了。

日本放慢了建设超高层建筑的步伐，并没有妨碍亚洲国家独拔头筹。坐落在吉隆坡的“双子星塔”曾经是世界最高大厦，但这个纪录又能保持多久呢？

1999 年“财富论坛”在上海召开。房地产专题分会有位日本森建设商社的代表，这家公司正在筹建超过“双子星塔”的超级大厦，只不过地点不在日本，而是上海浦东毗邻金茂的陆家嘴。进入 2001 年，北京又提出兴建世界第一大厦的动议，兴建世界最高大厦的角逐竟在中国的城市间展开。

我们曾经头脑发热，盲目追求建筑的高度，迷信高度会为我们创造荣耀和财富，但却因此付出了沉重的代价。可叹的是，这场欲与天公试比高的游戏在中国仅仅拉开了序幕。

转让银都股权

1998 年，可谓风云变幻，整个世界都充满了戏剧性：亚洲金融风暴波及拉美、俄罗斯，有蔓延全球之势，香港股市、楼市崩溃、仅次于中信的广国投破产，危机何时了？米高梅的《泰坦尼克号》诱使各国的观众潸然泪下，是世纪之末每个人都想哭，抑或是永恒爱情主题的伟大？长江洪峰岸堤危殆！黄河断水成了季节河！……变幻不定的这一切让人感慨：不是我不明白，而是这个世界变化太快！

气候在变化，社会在变革，置身其中的企业也在自觉不自觉地随着变化而求生存、求发展。就万科来讲，有一件令人回味和有意义的事情，却是不被公司内外明显感觉到的“银都股权的转让”。

万科是走业务多元化而成长起来的新兴企业，但在1993年至1997年的5年时间里，公司经业务架构调整，形成了以房地产为主业的专业公司。而万科控股52%的银都系统是一家总部在香港，下辖青岛、成都、石家庄三地公司的住宅开发公司，1996年利润占万科地产业务的8.39%，1997年上升到10.73%，资产质量优良，是万科地产业务的主力军之一。在进入1998年之际，万科转让银都股权的行为使一些关心万科的热心人大为不解：万科为集中资源开发城市住宅，转卖非房地产公司是可以理解的，现在转让资质优良的房地产公司，目的何在？

万科的房地产业务在5年调整期内得到长足发展，但仍有两个问题急需解决：其一，早期跨地域的地产公司以合资为主，靠筹集社会资金弥补开发资本的不足，但集团公司的直线管理方式同合资公司的管理形式之间的矛盾却越来越突出，集团整合资源优势难以有效发挥；其二，早期的跨地域投资为万科成为全国性企业打下了基础，但这种跨地域带有相当的盲目性，随着公司业务的发展，资源分散的弊端越发显现。

对于第一个问题，万科采取了回购股权的做法，变合资为全资或大比例控股以达到集团直线管理的目的。但这种做法却不适合银都系统，因其下辖的公司仍以合资为主，即使增大控股银都的比例，仍不能从根本上解决问题，就算一定要解决，机会成本未必划算；再从地域分布上看，从深圳溯北而上到沈阳是条纵线，而银都系统所处的青岛、石家庄、成都恰是贯穿东西的横线。答案很明显：转让银都股权比增持股份更有利上述两个问题的解决。

在业务架构完成调整的同时，也伴随着相应的管理架构的调整，这是必然的。转让银都股权的意义远不止于此，它还是一次积极的人力资源调整。改革开放以来派生出的新兴企业集团有几个共同的特征：业务发展异常迅速，数年形成的企业规模是海外同行十几年甚至数十年才能企及的，企业运作的不规范和价值取向的多元化不可避免。

如何规范管理和趋同价值取向是新型集团公司无法回避的难题，万科也不能例外。万科地产历史上的地产合资公司曾形成了银都模式、万众模式、万兴模式等，再加上地产业务的全资系统，管理上有很大差别：既有放权经营的不管方式，也有半管半不管的有限放权方式，亦有直线管理的不放权方式。为适应这种多元管理形式，不仅集团总经理全力以赴抓地产业务，还有四位副总分别管理，加上负责其他业务的副总，万科集团共有 8 位副总，几乎可以组成一个建制班了（据 1996 年统计）。而在地产业务方向的业务分工上也明显不合理，两位副总负责银都，但其业务量还不到地产业务总量的 15%。随着业务的调整，如何进行人力资源调整？

按照传统的思路，往往是把业务问题“人事”化，最常见的就是换老总，这个业务口不行，不行就换个老总；而万科致力于把人力资源问题技术化、业务化，通过包括股权转让在内的资源优化组合方式来解决管理一元化，以达到管理资源优化的目的。换句话来说，将人力资源问题用成熟的规则进行处理。

负责银都的蔡顺成和黄胜全都参与了万科的创建，均有很强的工作能力，前者见长业务和外交，后者善于管理和人事沟通，是对很好的搭档。正是这种优化组合，银都的业务才取得优良的业绩，也正是这种组合，形成了有生命力的银都风格。但对万科来说，只能形成一种风格。通过股权转让，让银都独立发展有什么不好呢？

股权的转让，银都的独立发展，就这样在不被外界感觉的过程中完成了。

三顾冯佳，再劝宇光

继银都转让之后，1998 年第四季度，万科又转让了旗下的国际企业服务公司，又一位高层管理人员冯佳随着转让的公司离开了万科。

说到冯佳，还有一段三进三出的故事。冯佳在 1989 年第一次离开万科，同朋友合伙在蛇口开了一家四川餐馆。1990 年，我回到万科时，知道了冯佳的下落，就来到这家四川餐馆就餐。

我坐下来点菜，拿着菜牌过来招呼的冯佳笑了，“多谢光临！”

我说 ：“回万科吧。”

这次回万科，冯佳负责项目发展部。1993 年，冯佳想前往一线任职，我没有同意。恰好深圳一家准备上市的企业，鸿华纺织公司有意聘请他做老总，冯佳心动了。

我鼓励冯佳去鸿华任老总，理由很简单 ：我认为谋略型的冯佳不适合一线具体操作，这是我不同意冯佳到万科一线任职的理由，既然社会上有那么多诱惑，去闯荡几年也没什么不好。锻炼几年，知道了自己的长短，那时，再回万科。

但我担心冯佳的习惯流动性，在一个企业不会超过一年，“你答应我去鸿华，无论发生什么情况，你都要坚持做 3 年，否则就成了习惯性流产。”

冯佳去了鸿华不久，鸿华出现经营问题，上市被搁浅，很多银行贷款无法偿还。冯佳没有成为上市公司老总，却变成了被债权人追讨的经理人。这次，冯佳在鸿华泡了整整 3 年，用他的话，已经成了出席法庭的被告专家。

我再次邀请冯佳回万科，冯佳应诺，却声明 ：只做 3 年，3 年之后还会离开去个人创业。万科的管理层，还有身边的朋友，大都不理解我为什么对朝秦暮楚的冯秀才这么容忍。

为什么？

冯佳自 1988 年进入万科，在我身边扮演着幕僚长的角色，其特点是逆向思维，在决策看好的项目上，他唱反调，在对市场悲观的时候，他却唱赞歌，让你想起雪莱《西风颂》“冬天到了，春天还会远吗？”的诗句。我需要冯佳。

这次回来，他仍负责企业策划部。没过多久，兼任国企的董事长。三年一晃。冯佳笑着表示，是离开万科，自己创业的时候了。

“想好做什么了吗？”

“还是国企地产策划的业务。”

“那为什么不继续在国企做呢？”

“国企是万科的，我要做自己能掌控的公司。”

“啊，自己完全说了算。你把国企带走不就行了，何必重新来过呢？”

冯佳一愣：“鲁东勇走的时候你都没有卖给他，为什么肯卖给我呢？”

“呐，东勇的一些做法我不认可，将国企交给他，我不放心。你要走，就把国企带走吧。国企值多少钱，你最清楚。按账面净资产 1 400 万元，怎么样？”

“我没有钱啊。”

“我知道你没有钱。你要有钱就不正常了。国企不是每年都赢利吗？一年 400 万利润，3 年就可以还清了。当然了，你总得付点定金吧。钱没付清之前，国企的股份质押在万科，怎么样？”

冯佳的前任鲁东勇（原辽宁省歌剧院编剧）1992 年参加万科，曾任郑凯南助手，很快显露锋芒，被委任国企董事长兼总经理。略显谢顶、精力充沛、个子不高却敦实（让人联想到拿破仑）、好为人师、极具煽动性的鲁东勇很快在北京、上海建立了分公司；同时，配合集团跨地域扩张战略，负责东北业务的开拓，先后创建了鞍山、沈阳、大连三地公司，开展房地产、股权投资及企业兼并业务。

进入 1995 年，鲁东勇任董事长的沈阳万众公司（万科控股的合资企业）突然宣布兼并物流行业的锦州港企业，同万科“多元化向专业化转化”的原则相背离。此时，专责股权投资业务的郁亮正在想方设法卖掉手中的32家企业股份。地方诸侯同总部矛盾激化。作为万众大股东的代表，我参加了锦州港股份企业的成立大会，热情展望港口的美好前景，但内部明确要求：万众尽快脱手锦州港的控股权。

万众股权投资的大连北大车行企业上市，鲁东勇和其助手罗盟通过有意识搜集的个人股套现，一夜之间成为千万富翁。在股权投资业务中，被投资的改制企业一般都有一定比例的个人股，万科并没有明文不允许管理层在投资过程中购买个人股，但如此的做法显然同万科倡导的职业操守相背。股份套现了，也是走人的时候了。离开前，鲁推荐明成海接任东北公司老总，同时提出将国企卖给他。我接受明成海为负责东北的总经理，但拒绝将国企卖给准备移民澳大利亚的鲁东勇。

很简单，我看重的，一个，是职业素养，一个，就是能力。

将企业和个人置身市场经济的大环境里，进行优化组合，是知识经济时代的每个行业都要面对的，传统行业更要如此。而如果人们远离了市场的水域，也会渐渐被市场远离。

1998年6月，在香港跑马地马会网球场。网球场上的对手正是从新加坡专程赶来的陈宇光。

一个小时下来，我已经气喘吁吁，网球场上我不是陈宇光的对手。

这次约陈宇光来香港的目的，就是要说服他返回大陆。自1996年陈宇光出国后不久，他的二弟陈宇安也辗转出国，滞留在外至今。老大先到新加坡，之后转居北美加拿大，老二安身美国。期间同陈老大曾有两次碰面：一次在香港，一次在新加坡。我一再劝说他回国，但他始终解不开心中的障碍，一直下不了决心。这是第三次劝说，我暗想：一定要把陈老大带回去。

球场休息。宇光对我微笑，“呵呵，你这球技没有进步哇”。

陈宇光 80 年代初下海，除了赚钱、推销产品的创意和爱好网球，没有其他嗜好。打网球的爱好甚至在一定意义上推动他修建了海南岛第一座室内网球场。流浪海外的这些日子，他用来消遣时间的方式就是打网球。

我擦着汗，告诉陈宇光："现在兴趣在登山，很少打网球了。去年去了趟西藏，回来后就开始接受登山训练、学习滑翔伞和滑雪，现在玩刺激的。"

"有那么多的时间？谁帮你打理万科？"陈宇光好奇地问。

"明年就辞去总经理职务，让年轻人去做。哎，新能源方面，你怎么打算？"

陈老大告诉我，正在同华润的合资公司就转让 4 000 万新能源股票谈判。顺利的话，会将套现的资金投入到成都熊猫城项目。

陈宇光离开内地前，公司在新能源债务重组中，将海口万国商业城的半截工程转给了农行信托系统的银团抵债，而成都的熊猫城项目则签给海外一家投资公司，这家公司现在由陈宇光控股。陈宇光把成都熊猫城项目作为自己非要实现的神圣使命，这几年在海外唯一做的就是为熊猫城筹措资金。项目在内地，人却在海外晃悠，哪个基金能对你投信任票？放弃对新能源的控股权，将套现的资金用于熊猫城项目不失为一个好的选择。

"你套现了现金，不回成都怎么操作？"

"是啊，我也在考虑。"

"如今国内市场发展非常快，新人一拨一拨地冒头，再不回去，你就要被淘汰了。"

"我回加拿大认真考虑一下。"

"这一步迟早要迈出去。这样，今晚我陪着你过罗湖口岸，你平安到深圳就马上返回香港，这样再回国就有数了。怎么样？"

晚上 8 点，我和陈老大坐上去上水的火车。

随着火车进站罗湖口岸，我从座位起身，望着面带紧张的陈宇光，笑着

鼓励说 :“你就跟在我的后面，没有问题。”

实际上，我的心一样跳得厉害。我并不清楚陈宇光的名字是否在中国边检的通缉名单上。

走到站台上，陈宇光犹豫了 :“不行，我心里不踏实。对不起，王石，我没做好准备。”

……

曾有一种说法 : 蹲过监牢的男人人生才完整。对陈宇光和陈宇安来说，这是屁话。本来作为改革的先锋，创造了中国内地第一家民营上市公司的兄弟，却因为冤屈而蹲监近两年，造成了人格的扭曲，原本富有生气的人生也变得残缺。最可叹的是陈家老二宇安，滞留美国后，他不断更换居住地点和电话号码，每次通话时间也不超过 1 分钟……他怀疑有人在跟踪。医学上讲，这是强迫性臆想被迫害症。

职业经理与新兴企业

继 1998 年“职业经理年”“专业追求，永无止境”的主题之后，1999 年，公司再次提出“团队精神年”，意在“配合默契，梦幻组合”。2000 年，公司再续提出“职业精神年”，意在“心存梦想，创新更和谐 ; 以人为尊，与环境共生”，继续强调职业精神的重要性!

所谓主题年，是我自 1995 年开始提出来并要求公司逐年实施的一项管理举措。到 2005 年，主题年已经延续了 11 年，成为万科每年的必修课 : 在纷繁复杂的经营管理中，找出万科最需解决的问题，并用主题年的形式表达出来，去杂取精，将公司的管理重点通过潜移默化的方式传递给公司的全体员工。

对于万科而言，在创业阶段解决产权、确定主业等基础性问题逐步解决之后，公司开始进入成长期，强化职业经理阶层、有效运用训练有素的职业经理队伍将直接推动日益专业化的企业改善竞争力，适应竞争环境，实现持续增长。“职业经理年”的提出并不仅仅是人力资源的概念，其意义在于：公司希望以此为契机，通过观念的更新和技能的培养来推动整个公司的经营能力和管理能力提高。

从更为广阔的层面说，职业经理与新兴企业在中国的经济转型期同时形成，互为促进。职业经理在新兴企业迅速崛起的过程中产生，新兴企业则在职业经理操作下推动新型机制建立、倡导市场经济理念、实现经营的专业化和管理的规范化。

万科认为，具有卓越专业素质的职业经理堪称新兴企业的稀缺资源。公司在确定主要业务发展方向之后，正是通过积极不懈的致力于推动该项业务的专业化进程，才可以在多变的市场形势下，通过发挥专业及规模优势，树立强劲的市场形象，并聚集了一批富有激情和理想、有专业知识、不断追求卓越的人才，形成了追求创新的进取精神和蓬勃向上的公司氛围。

万科自成立以来，一直致力于建设以职业经理人为主体的人力资源管理体系。万科以前管理队伍的培养往往以实战训练为主——“实战型干部”，如姚牧民和陈之平等，1993 年以后管理队伍的培养以学院型培训为主——“学院型干部”，如郁亮、郭钧、丁长峰、莫军、林少洲、肖莉等。

我认为：建立以职业经理人为主体的人力资源管理体系，“职业”概念即“以此为生，精于此道”，职业经理人自然要以管理为生，精于管理。

万科的职业经理人工作理念是：

一、工作观念

1. 勇于承担工作责任，有进取意识。

2. 集团利益至上，具有全局观念。

3. 以积极的态度和角度对待困难和遗留问题。

4. 接纳差异，用人所长。

5. 善待客户，一切从市场出发。

6. 尊重规范，不断改进。

7. 具开放心态，善于整合资源，善于创新突破，有能力解决问题。

8. 思维严谨，具敏感度，工作计划性强。

二、管理技能

1. 善于激励，有号召力。

2. 营造有效沟通的氛围，让沟通成为习惯。

3. 有效授权，控制得当。

4. 培养下属成长，鼓励别人学习。

5. 科学决策。

三、专业技能

1. 精通本行业专业技能。

2. 出色的实践能力。

3. 系统的理解能力。

4. 基于专业性的创造力。

举个郑凯南的例子。曾有一度，万科旗下的文化公司因产品定位方面的失误，拍摄《兰陵王》时曾造成1 000多万的亏损，但作为万科文化公司的负责人，郑凯南表现出了强韧和优秀的管理能力及专业技能。她不仅在公司没有追加投资的情况下独力承担了巨大的风险，更为文化公司打开了更为多样的局面。可以说，在她身上，就可以看出一位万科职业经理人的素养和追求。

万科公司对职业经理人的选择、使用是“优化组合、优胜劣汰、能上能下”的原则，准确地说是因职选人，而不是因人设职。公司主要采用有效的定期业绩评价体系，兼用其他辅助手段，对职业经理的工作和能力进行检验，将业绩直接与当事者利益（工资、奖金等）挂钩。公司的政策鼓励称职的职业经理为公司长期服务，不合格的职业经理将被淘汰。公司每次阶段性业绩考核都可能出现因工作不佳等原因被降薪降职的职业经理，同时，也有众多受到表彰奖励的职业经理。

另外，根据职业经理级别及所担负职责的不同，在公司以"职业经理体系、计划授权体系和业绩评价体系"三大体系为支柱的管理模式中，公司也将根据计划授权体系给予相应程度的授权：如大事参与权、信息知情权、专业管辖范围内的决策权、人力物力财力的分配与使用权，使责任与权力对等，增强职业经理的责任感和使命感。授权不仅是考虑企业经营管理的需要，也表示公司重视职业经理的态度；更为那些在工作中表现出色的职业经理提供了广阔的发展空间。

为培养职业经理后备力量和提高现任职业经理水平，万科公司给后备人选提供并创造条件和机会，这也是职业经理高回报的重要组成部分。首先，设计各种培训以提高职业经理人的自身素质，安排职业经理到有声望的专业院校进行高级培训或专业研修，以提高他们在管理和专业技能方面的水平。其次，对选定的职业经理普遍委以重任，为职业经理设立更高的目标，帮助他们逐步提高自己。

职业经理人的风险与回报是互相作用、互相支撑的关系。公司推行职业经理职位货币化，即职位越高待遇相应越高。高职位和高回报高风险是一致的，这种回报是对承担高风险的职业经理人的一种认可、保障和激励。高风险和高回报共同满足职业经理人的物质、心理和情感等不同层次的需要。高风险的作用是考验和筛选人才，而高回报能够吸引和保留优秀人才，并使职业经理人更加认可此高风险的职业，两者都与万科"人才是万科的资本"的理念一致，两者是对应统一关系，共同运用，也自然可以使职业经理人实现素质和能力的不断提高。

福景大厦的春笋色

2000年夏天的一个下午，接到刘鹏先生的一个电话，问我："听说W的事了吗？"

"听说了。你信吗？"

"不信。你呢？"

"也不信。"

刘鹏曾在万科地产工作，20世纪90年代初离开万科，在深圳做另一家房地产公司的合伙人，喜欢运动、擅交际、念旧情。他是高尔夫可以达到八十几杆的业余高手，同W副市长是球友。

1988年末，刚完成股份制改造的万科挟资金优势，连续通过土地拍卖和投标获得两块宅基地，正式进入深圳房地产市场。万科的异动引起了时任市政府副秘书长兼国土规划局局长W的关注。

一回生两回熟，万科创新市场的做法获得国土规划部门的肯定和赞扬。在报批各种手续时，免不了有要副秘书长协调的细节。W干脆利索、不徇私情、秉公办事的作风给我们留下深刻的印象。

当时，主管市政建设的副市长是位女性，但作为下级的W并不买账，表现出军人的强悍和陕西籍人的倔强。渐渐的，两人之间的矛盾公开化。俗话说，官大一级压死人。副秘书长本人为此付出了代价，1993年调离城建系统，到特区二线外的龙岗区委做书记。我当时很替W惋惜，凭他对城市建设的理解魄力和行业威望，本可以有更大的作为。

1995年，W改任主管特区城市建设的副市长，位于适合他发展的平台上，可以说是如愿以偿，我也替他高兴。1995年的深圳，房地产市场正处于低潮，大多数房地产公司还蒙在宏观调控的阴影里，日子不好过。新任副市长亲自召集行业会议，倾听公司的意见，大刀阔斧推进城市建设速度，鼓励中心区投资，采纳企业提出的合理化建议。这些都使人眼睛一亮：老将出马，不同凡响！

同几年前任副秘书长时相比，他没有什么明显变化，只是身边多了两样东西：胰岛素注射器、高尔夫球杆。但这并未改变万科同副市长的传统关系。谈业务在办公室，聊天还是在办公室，客气多过熟络。

有位同龄的朋友，是福田区的一位资深村长，农村城市化后改任企业董事长，没受过高等教育，表面上不善辞令老实巴交，但其随和通达的性格却广结人缘，能很快使客客气气的关系变为推心置腹的往来。在这位村长请吃的饭局上，才看到W副市长饭后唱卡拉OK、跳交际舞的轻松一面。显然，在人脉关系上，轻轻松松好过客客气气。

到了1998年。亚洲金融风暴冲击香港，楼价无法遏止下跌，价格平均缩水45%，毗邻香港的深圳楼市亦受到冲击。万科福景大厦正紧锣密鼓施工，外墙体瓷砖自下而上逐层施工，已经接近顶层，按计划年底竣工交钥匙。这座大厦由一栋办公楼、两栋商住楼、辅助大型商场所构成，大厦墙体的装饰瓷片为绿色。

4月8日，城建主管部门突然勒令福景工地停建，理由：大厦的颜色同城市的景观色不协调。口头解释这是主管城建副市长的指示。中心区的主色调是灰白色，怎么能是绿色？

接到深圳万科的告急，我一下愣住了！福景的位置并不在规划中心区，没道理限制大厦的颜色，因颜色停工致使年底不能按时交付使用，问题就大了。福景住宅一期已经于年初售出，但此时深圳的高层商品房价格已经较年初下跌了30%，因工期延误而造成的退房损失至少达6 000万元。

为什么在下达停建令前，没有事先打个招呼呢？我隐约感到，关于福景颜色的发难，只是个幌子。

这指示中隐藏着什么？还是找人了解一下吧。我想到了福田区的村长和刘鹏。问题是，从时间角度上，我并没有把握——一个星期弄清楚问题，事情还有回旋余地；如果需要一两个月才弄清问题，就什么都来不及了。既然时间没有把握，我就单刀直入，将复杂问题简单化吧。

通过办公厅求见W副市长。

W副市长办公室。一进屋我站着，对坐在办公桌后面的W表明态度："W市长，第一、国土规划局的停工令是正确的，工地已经停工；第二、已经安排敲掉绿色瓷砖的工程队进场；第三、请明示福景大厦做什么颜色才符合深圳城市的颜色？"

我的表态出乎主管城建副市长的预料："颜色由城市规划院负责。"

"好，"我递出一份报告，"请市长批复到城规院。"

城市规划院接到W副市长批转的报告有点哭笑不得，但很理解万科的处境。如何出一个让主管副市长通过，又不太耽搁时间的修改方案？

既然大部分瓷砖都贴了，尽量保留，去除一部分改颜色，渐变浅绿至白色。

3天之后，方案报到W副市长办公室，即刻批复"同意"。

按照这个渐变色的方案，福景大厦的外立面只需敲掉上半部的绿色贴面，再贴浅绿、白色的贴面。即使这样，敲掉的贴片面积也达到2万平方米，而浅绿色瓷砖也需要以高出市场30%的价格到瓷都佛山下紧急订单。这一个来回，账面损失人民币400万元。

但通过夜以继日施工，万科保住了工期，规避了一次经营危机。

验收房的业主对大楼的渐变色提出了质疑："文字上显示的是绿色大厦，怎么现在变成渐变色了？"

万科售楼小姐指着售楼书上的一处注释，小心翼翼地解释："最后图则以政府批准为准。"

1998年过去了。自认为聪明的我却没弄懂W副市长到底葫芦里卖的什么药。

1999年年初，深圳市委书记在视察翠竹路万佳二分店时，给我出了个题目：深圳缺少大型购物中心，建议万科投资建设。

"你考虑这个购物中心有多大？"书记问。

"5万平方米？"我鼓足了勇气。

"5万太小了，至少也得5万的3倍，15万平方米。深圳什么都不缺，就缺聚人气的大型购物中心。你们研究清楚，打报告上来。从规划建设到投入使用，需多长时间？"

"3年吧。"

"不行，太慢，明年春节能投入使用吗？"

"如果不超过3层，仅仅是工程建设周期，没问题。但市场调查、设计很费时。"

"改革嘛，要解放思想。"

市委书记的青睐令我兴奋得夜不能寐。

这是个契机，把握好了，万科便可在住宅物业的经营基础上，进军大型商业物业。但专攻城市大众住宅的万科不熟悉以出租为主的大型物业。决策前，市场调查委托给香港仲量行；工程技术人员派往国外考察建筑、走访欧美建筑事务所……

万科的商业机器开动起来。

经刘鹏先生斡旋，老王同W副市长在一家酒楼包间相见。W副市长吃上不大讲究，再加上糖尿病忌口，排斥山珍海味。从球场上回来的W副市长心情不错，经过沟通，我终于明白症结所在：万科的名气越来越大，自打被总理聘为顾问，王石不把深圳放在眼里，言必北京、上海，还说W副市长要下台了。

我耐心地用小勺一勺一勺地掏木瓜翅里的木瓜肉往嘴里送，心想：不在于谁说了什么，在于你怎么听。俺老王是那种人吗？

经过解释，W副市长说："误会消除了，不再提了。往前看。我还有1年时间，大型购物中心的项目会帮到底。"

回去的路上，我在想：从信息沟通的角度看，显然我和万科都存在着问题。回到公司，我找到党委书记"大佬"，谈了自己的感受，建议他多走动走动政府，还建议他学打高尔夫球。

1999年下半年，W副市长主持专家评审会，审万科的立项报告。主管城建的副市长指定中心区中央位置的一块16万平方米中心绿地为购物广场用地，容积率0.8，可建面积近13万平方米。

接到规划的蓝图时，我并没有感到兴奋，因为占用的是规划绿地，要求整个建筑埋在地下，包括停车场。这种限制，增大建造成本还不是要害，要害在于对消费者造成的不便。在大城市的商业密集区，地皮昂贵，所以建设地下商场和车库，而在新市区，消费者大老远开车钻地下车库就未必愿意了。万科坚持车库要建在地面，哪怕50%。

万科同中心区建设办公室各持己见。期间负责规划中心区的日本黑川事务所欲承接大型购物中心的设计。国际建筑大师黑川纪章本人约见我，并邀请我前往日本考察。鉴于规划要点的障碍，我没有接受邀请，而是耐心等待规划要点的修正。

2000年初，中心区建设办公室一纸通牒下到万科深圳地产，规定日期之前不按规划要点上报方案视同放弃。是争取还是放弃？老王面临哈姆雷特"生存还是死亡"的选择。

截止日期已到，万科没有上报方案。这意味着万科前功尽弃。

福景大厦

6月，W卸任副市长，当选市人大副主任。不久就传闻出事。尽管同W相处得已经很不愉快，但我仍不相信W会接受巨额贿赂。

真辞假辞总经理

1999年2月，鉴于集团业务架构调整的完成和职业经理队伍的成熟，董事会决议接受我辞去公司总经理职务的辞呈，并聘任姚牧民为总经理，同时聘任郁亮为公司常务副总经理兼财务负责人。郁亮在加入万科前，曾在深圳外贸集团工作，1990年加入万科企业股份有限公司，从深圳市万科财务顾问有限公司总经理、万科企业股份有限公司董事、万科企业股份有限公司副总经理，到公司常务副总经理兼财务负责人，可以说，他一直在工作中所表现出的沉稳作风和出色的专业能力都给我留下了深刻的印象。

这个消息对于媒体和很多外部人士而言，无异于在平静的水中猛然击出的巨浪。然而，我仍然每天坐在自己的桌前，在电脑上阅读文件，敲键上网——职务的变动在我身上并没有什么不同。

对万科管理层面来讲，我辞去总经理职务是“水到渠成”。辞职前有消息传到外面，有人就开始猜测总经理和常务副总经理的人选。有意思的是：大多数人的猜测和公布的人选一致。这说明外界对我的举动并不感到意外。1月中旬我出国去南非，月底回来接着去东北出差，2月初回到深圳召开董事会，正式辞去万科总经理的职务并完成聘请新任总经理的法律程序。这期间，万科运转一直正常有序。

这次公司管理高层调整，其核心不是我辞去总经理职务，而是公司管理层分工的变化；是万科在新的发展阶段，集团业务调整和管理架构调整基本到位的前提下，对公司高级管理人员工作重心和工作职责的重新划分。根本目的在于激活人力资源、提高管理效率，从而提升企业的综合竞争力。

几年前，我就有不再兼任总经理职务的想法。

在20世纪80年代创立企业时，我的目标很明确：建立一间新型公司，给社会创造财富，给年轻人提供施展才干的空间，始终站在改革大潮的前沿——对于如何开拓业务和建立新型企业制度，我的大脑每天都充满了想法和激情，公司的管理层跟不上我的思路，但另一方面我又时时感到自己半路出家的压力。毕竟没有受过工商管理的专业训练，我一直很想有深造的机会，锦上添花。当时没有什么危机感，毕竟80年代下海经商一族的文化层面都不高，“山中无老虎，猴子称大王”。

但到了1992年之后，经商下海一族的文化层次发生了很大的变化，市场也发生了很大变化。我开始有危机感——脑中的想法越来越少，更有甚者，到了1998年，构思的周期要长达半年时间。怎么了？我不得不反省自己。

20世纪80年代的深圳还只是个市场经济的试管婴儿，特区新生的企业通过链接内地同香港及外域而寻求自身的生存和发展。在这种特定环境下形成的市场意识有着相当的局限性。一直到90年代初，特区人还在为“市场经济能否继续走”而困惑。而在1997年，整个中国内地的企业已经面对着“知识经济”和“全球市场一体化”的大潮！自1997年下半年开始的亚洲金融危机以来，市场剧烈变化，更使我深深感到，仅凭十几年积累的经验已经不足以应对市场的变化。新的市场形势既给企业提供了新的发展空间，也伴随着危机！一着不慎，满盘皆输。要使自己、使万科能够跟上形势的发展变化，就必须腾出更多的时间和精力去学习、研究新的形势和制定解决新问题的措施。只有这样，才有可能在更高的层次上对市场做出准确的判断和决策。

对万科来说，可学的企业太多了，可学的东西也太多了。这一年，我以独立董事的身份参加了华创集团下属的两家公司的董事会，感受深刻。这两家公司分别位于香港和黑龙江，都经营内地业务。前者的董事会严格遵循国际规范，后者则充满着现代企业制度同传统管理模式的撞击与融合。华创本身是一家在香港联交所上市的中资公司，管理者受过现代企业管理方法的严格训练，按照国际惯例来运作，信息量大、效率高、组织严密，这些都给我很多启发。这些企业背后是一整套的现代企业运作规范，万科和他们相比，差距仍然很大。

尽管在新兴企业中，创业者既是董事长又兼总经理的不乏其人，从1988年万科改造为股份公司，我一直是董事长兼总经理，但应该看到：两职一身是一种特定环境下的产物，万科正在驶上规范化的轨道，我继续兼任下去，显然不利于万科的健康发展。

新兴企业早期的发展在相当程度上依赖于权威。但是我曾经反复指出，新兴企业要做大，就必须摆脱权威的阴影，走出人治的怪圈。20 世纪 80 年代，企业生长环境缺乏规范，创业者拥有的资源非常有限，这就需要所谓的强权人物领军杀开一条生路！等到企业解决了生存问题，有了长足的发展，企业带头人的权威自然也就树立起来。“权威”是企业的一种资源，但在不规范环境下培养出来的权威人物，往往会带来伴随着夸大权威作用的个人崇拜、听不进专家建议的一言堂、决策时易于冲动、好大喜功、脾气暴躁等恶习，其负面影响显而易见。

无疑，企业发展过了求生存的阶段，要想健康发展，创业者就要摆脱上述原始阶段的恶习，并在公司层面强调专业化，培养成熟的管理方法，逐渐弱化创业者的权威作用。

作为董事长，我可以在决策层面继续发挥作用，总经理则将在执行董事会决策的层面上扮演重要角色，这样的分工不仅减少了管理层对某个人的依赖，进而减少了公司长远发展的人力资源风险，还有利于万科人力资源管理规范化的建设，有利于职业经理的培养。中国内地目前不是缺少老板，不是缺少有产者，而是缺少职业经理人，缺少律师、会计师、设计师、规划师——万科致力培养的是职业经理人，我给自己的定位就是“职业经理”。

万科化背后的默契

所谓团队，是指由两个或两个以上的人，基于共同目标而组成的集体。万科的职业经理队伍，即是一支团队，其目标是万科在市场竞争中的不断发展壮大。

团队概念尤其强调团队成员间的相互关系：一个团队不单只是集合一群人，若没有共同目标、相互认同与互动，那么即使聚集在一起，也同团队概念相去甚远。

合作精神是团队成员间相互关系的精髓。一个团队由不同类型的人组成，有如一支篮球队，有的运动员善于进攻，有的长于防守，有的喜欢远投，有的则擅长篮板球。做到人尽其才，是发挥团队作用的基本前提；另一方面，金无足赤人无完人，团队中每个成员都可能存在着一定的弱点、缺点，以叱咤体坛的芝加哥公牛队来说，“大虫”罗德曼冲动、好表现；库克奇的技术发挥时好时坏；就连公众形象完美得近乎神话的乔丹也有对队友要求苛刻的毛病——但这并不影响公牛队的成功。

一个优秀的团队，必定是强调发挥每个成员的优势，而不是相反。如何用其所长、补其所短，是团队能否迈向成功的关键所在。

企业也是一样。企业由不同的人组成，他们的性格和能力千差万别；另一方面，团队成员在企业中各有职责，如领袖、管理者、专业技术人员等等，其工作角色对其能力和特长要求也各有侧重。企业决策者要善于把握宏观大势，高瞻远瞩，根据复杂多变的市场形势做出适时的判断与决策；而对于业务负责人，就更侧重于其开拓性和实际操作的能力，即将决策转化为实实在在的利润；至于管理者，可能更多地要求他作风严谨、工作细致，能够不断地进行管理优化和管理创新。

作为优秀团队中的一分子，万科的高层管理人员都有着自己突出的优势。但是辩证地来看，优势的背后可能正意味着劣势。比如我自己，尽管敏锐、对大势有近乎直觉的把握能力，但是并不擅长直接的操作。同样，在万科的其他职业经理身上，也客观存在着各种局限。对人不能求全责备，对组成万科团队的职业经理也是一样。关键是，用人所长，实现团队成员之间的优势互补，才是对职业经理队伍应有的态度。

因而，如何从人力资源和管理效率的角度，来对万科的职业经理的素质和才能进行合理配置，从而实现更优化的组合，使团队发挥出整体大于部分之和的威力，就成为万科在实现业务架构调整、管理架构调整之后必须解决的课题。

从这个意义上讲，组合也是生产力。团队成员的优化组合、合理分工、有效协作，可以从根本上促进团队的力量。

从人力资源角度看，在新兴企业里，如何解决好人事问题往往比解决业务问题更费精力。在这种背景下，创业者的权威作用分外凸显：在人事的旋涡当中，权威人物一年到头都忙于斡旋、疲于协调。但是理性地看，这种辛苦的必要性很值得怀疑，事实也证明其效率往往并不高。

万科解决问题的方法就是企业的核心理念，即企业的核心价值观。在万科，企业的核心理念就是“万科化”，它涵括了“专业化、规范化、透明度”三大内核。通过十几年的不懈努力，尤其是近几年公司的不断调适，这三大企业理念已经成为万科成长的核心支持，成为万科的核心竞争力的源泉。

而“万科化”的丰富和应用，同样有赖于团队精神这一平台。

现如今，各行各业的竞争相当激烈。企业无论大小，都在积极寻找一己的竞争优势：全方位品质管理、积极引进外部资源、进行再造工程……可是，企业们虽然遍求药方，多方尝试，结果却往往事倍功半——其实，企业内部的团结协作就是莫大的竞争优势，而在中国，这一点却备受忽略。

作为一家以多元化经营起步的新兴企业，万科于 1992 年转换思路，提出走专业化道路的发展思路，一时间备受关注和争议。事实上，万科的“专业化”就是强调在社会分工的大环境里，企业必须有所为、有所不为，通过提高专业化水准来提升自身的竞争优势。这也许并不适用于所有的企业，但是对万科来说，这的确是发展的必由之路。

当我们把目光投向更深层面，就会发现，专业化和团队合作是互为支持的。专业化可以创造优势，而只有内部协作，才能够维系优势于长久。事实上，专业分工的细化，不但没有弱化合作的作用，反而使各个部门、单位之间的衔接与配合更显重要。

规范化是万科孜孜以求的目标之一。在一个规范运作的团队中，工作不会因为某一个成员的因素而受到严重影响；即使领导者暂时缺席，一个团队仍然能够规范地处理自身事务并承担责任。而这就有赖于完善与合理的制度的约定和实施。经过这些年的摸索，万科通过合理授权等做法，也基本明确了团队中个人和部门的职能与责任，为职业经理的专业素质转化为生产力创造了一个比较宽广的空间。

团队强调合作，合作需要沟通。合作之于组织，一如DNA之于人体，没有这类基因在血脉中流动，组织就展现不出某种固有的特质，也就无法成就合作的果实。难以想象，一个对团队中各组织的理念、资源、产品、服务不甚了解的成员，能够跨越部门局限，去了解和满足客户的需求；更难以想象一个内部沟通不畅的企业，能够在市场竞争中保持敏感。

有鉴于此，万科一直摒弃黑箱操作，提倡透明度，倡导各业务部门之间的开放心态，力图在公司里建立起“阳光照亮的体制”。作为这一企业理念的具体表征，万科从1997年开始，致力于构建集团内部网络，并积极接入因特网，实现电脑联网办公，追求信息和资源的共享，为团队的协作提供了强有力的技术支持。

人才是万科的资本。万科以人为本的企业理念，以为职员提供理想之终身职业为己任，并努力创造公平竞争的环境，这些都极大地增强了万科的凝聚力。可以说，万科的企业文化和“万科化”，在公司内初步形成了追求创新的进取精神和蓬勃向上的工作氛围。

尾　声

2005年，北京。在《第八峰》首发仪式上，我感慨万千。

登上珠穆朗玛峰，我觉得是非常不容易的事情。但如果有人问“你觉得登山和搞企业哪个难”，我会毫不犹豫地说：“搞企业难。”登珠峰，如果把之前的准备和训练时间都算上，我用了5年时间；做企业，我做了20年。如果把登珠峰来比喻做企业，8 844.43米的高度，万科充其量还在6 500米的高度上。

把企业做好，这不是一代人能解决的问题——即使是在成熟的工业发达国家，一个伟大的企业也是要经历很长时间才能建立起来的。而在中国，我们传统的社会经济体制和现代的企业制度之间有很大的距离，再加之长期的封闭，所以做一个优秀的企业应该是非常非常难的，就我所经历的事情，比登上珠峰还要难。

但是，从另一个角度看，经营企业是一种生存方式，登山活动则是一种生活状态。站在整个人生的角度，管理企业与登山不无关系，同样需要坚韧的意志和不懈的精神。而登山，更如人生一样，虽时常不能预知结果，但只要不放弃，终会成功。登山是人生的浓缩，之前，因为成功而有机会登山，而我仍需要继续攀登一座峰，就是每个人心中的那座峰……

天空湛蓝

王　石

2005 年春天，《第一财经日报》总编辑秦朔建议我从个人角度写一写万科 20 年的故事。我表示也曾有此念头，只是工作节奏太快，总是不能静下心进行写作。

秦朔开导我，“你可以试试把过去 20 年的文章、讲稿，甚至是写在网上的东西加以整理汇编，空缺的部分可以用口述的方式记录。让《万科》周刊主编缪川协助你进行文字记录和梳理，应该不是很难。”

我心想，既然有周刊的年轻人参与，这种方式或许可行，就应承了。

转眼 7 月，《万科》周刊主编缪川告诉我，图书选题已纳入中信出版社 12 月份的出版计划，并将作为 2006 年的重头戏隆重推出。

平时温文尔雅的缪川拉开架势 :“董事长，我已经按照编年史的方法梳理过背景材料，初步看来，1995年以后的资料比较全，之前的很多内容，尤其是发生在80年代的很多事件就要您仔细回忆。我已拟好您回忆过往时可借助的事件要点，我们之间的访谈每次至少半个工作日，看您的时间，我已经做好准备，随时可以开始！”

呵！一切都已排入程序。

借双休日和出差之间的间隙，我同周刊的年轻人口述万科创立和发展的故事，每次通过口述及以前写作的内容，都可以整理出两三万的文字量。两个月后，按万科发展的时间顺序，文字已经整理到2000年，但激情却始终没有迸发出来。自己总觉得：万科是透明的，王石是透明的，媒体报道得已经很多，再把大家知道的事情重复一遍意思不大。

国庆假期前，我同秦朔通了个电话，流露出对此书的困扰，这位前《南风窗》主编认同我的感受：“就万科谈万科没什么新意，但如果把万科放在时代的大背景去思考就不同了。万科的20年反映了特区经济发展历程的一个侧面，更是中国新兴企业的一个缩影。以万科的发展线索做图书的主干还不够，还需要枝干横向发展，比如你周围发生的事，你身边的一些人，通过他们在这20年的奋斗、荣辱和命运起伏，来描述公司和时代发展的进程。这样就非常鲜活、非常有意思了！”

茅塞顿开！

借着改革开放的大潮，一批年轻人满怀激情和梦想来到特区闯荡。改革风云变幻、大潮几起几落，不安寂寞、不愿平庸、不甘贫穷的这一代人为了生存和生活、尊严和荣誉、希望和理想奋斗着。作为一个载体，万科的20年足以把我们这一代人的激情、放纵、梦想、奋斗、喜悦、贪婪、困扰……写出来！

找到感觉，再次面对录音时也有了激情。

10月份从印度考察古建筑半个月返回，经口述和整理的文字已经有25

万字的规模。阅读过后，我感觉仍有很多细节需要补充和修改。

于是，我白天工作，晚上改稿，几乎熬了三个通宵，却只完成了 1983 年前的引言和开头部分。我将这部分的原稿和修改稿分别发给缪川、秦朔、吴晓波、全忠、袁昆和王梅咨询，得到大家的肯定。

继续修改！时间却成了问题。

10 月下旬参加央视组织的“玄奘之旅”徒步体验，回到深圳已是 11 月初。出版社的计划截稿期是 11 月 10 日，只有强行军，每晚 10 点对着屏幕敲键盘至凌晨五六点，再“迷瞪”两三个小时上班。我仿佛回到了 80 年代。处在睾丸激素强分泌下的兴奋状态，人并不觉得累，但每到下午，人都多少显得呆板和反应迟钝，一副刚从海拔高处下来的傻样！

如此努力，在截稿期交上的稿子却只修改到 1993 年，这样的稿子怎么能对得起读者？

随即同南极探险队进四川藏区半崖山进行寒地适应训练。即使再给一个月的宽限期，也无法完成。我产生了推迟出版的念头，但想到事先的承诺，想到一旦推迟，写作的激情难以为继的事实，就决定延迟截稿期，书要争取尽快改出来！

出四川、飞北京，同中信出版社的编辑协商，延缓截稿期到 12 月 5 日。

于是，晚上改稿，白天将修改的部分 E-mail 给缪川进行细部调整，再电话讨论……12 月 5 日截稿时，通篇修改到 2000 年。2000 年而后的部分也适当进行了修改。

与其说是修改，不如说是将在过去文章和讲演中没有涉及，或不便谈及，而现在足可娓娓道来的人和事更为细致地描绘出来。这些发生的事件和个人感受足以增加全书的戏剧性和可读性。

伟大的公司，往往缺少奇迹故事。世界 500 强排位第一的美国沃尔玛连锁超市，您可否听说过它的戏剧性事件？读者要有心理准备，对这 20 年进行描绘的文字中，2000 年之后的部分会让人阅读起来有些乏味。但这一部分中，有大量对万科过往宝贵经验的总结。而万科也正是从新世纪开始，稳步向伟大的公司这一目标进发！

什么样的公司才能称为伟大的公司？我以为，这家公司不仅需要在本行业出类拔萃，更要具有跨行业的相当影响力；不仅为消费者提供一流的产品和服务，还要在促进社会发展、人类进步中扮演积极角色。

万科在努力成为一家伟大的公司。

这是万科人的光荣与梦想！

特别感谢秦朔对于该书写作的提议和建设性意见，没有他的建议，这本书可能还未开始。

特别感谢我的合作者缪川在成书过程中始终如一的认真和坚持。没有他的坚持，这本书的完成是不可能的。

感谢宁高宁董事长、周其仁教授和张五常教授为本书作序的热诚及万科同仁丁福源、郁亮、莫军、刘冀民和周慧为顺利出版而完成的工作。

全忠、袁昆和王梅对引言、初稿提出了修改的书面意见，原万科管理人员黄胜全和明成海对本书部分内容提出了书面回忆资料，在此一并感谢。

感谢吴晓波、中信出版社社长王斌、副社长臧永清、总编辑潘岳、编辑蒋蕾、出版人常飚及“蓝狮子”的陆斌一直以来对本书的推进。

我要感谢我的妻子小江和女儿鹿鹿，以及家人们多年来对我的关爱。

最后，感谢万科的每位员工为公司所做出的贡献。

本书并不是一本个人传记，而是一个公司和一群人的成长史，他们生活于改革开放以来充满着波澜和故事的阶段，在历史的进程中完成或者改写着自己的梦想，也以自己的双脚塑造着这样一个时代。

谨将此书，献给为了理想而前行在天空下的深圳特区每一位建设者！

后记 2

梦想，行者

缪　川

每一个字，都是梦想的果实。

2002 年春天，我离开曾经工作许久的北京加入万科。而后 3 年有余，周刊事务、媒介关系及品牌建构工作的需要使我接触到各类资料，对它们进行分析研究的过程中，公司的价值取向、战略架构及经营管理的种种细节也在脑中日渐清晰，形成工作中的种种方案，文章或往来信件。

2005 年，秦朔和吴晓波两位老师分别找到王石和我，沟通了关于本书写作的想法。而后，是上百万字材料的阅读整理，数十次的沟通，漫长夏日中的写作和修改。和王石合作成书的过程中，他始终引导我就企业发展脉络和书中细节一次次地讨论和修改。渐渐的，原有材料开始融为一个整体，很多尚待理清的细节也以难以想象的速度变得澄明而有力。

可以说，中国改革开放后企业的成长史，是一个充满着神话的历程，机会与梦想、取舍与迷惘、放弃与坚持并行不悖。有关“人”和“规则”的描述，往往易于被淹没在众多企业的成长神话中，一些理应被重视的基本商业道德及规则也往往在这样的宏大叙事中成为注脚。这种现实，不仅同国家的文化价值取向密切相关，也取决于新行规范不得不依托于旧有体制成长的事实。

但，对于被传统定势及商业价值夹击的企业而言，如何选择成长道路、塑造企业精神、推进企业成长，仍是一代人必须面对的问题。而坚守商业精神，并将之实践，则需要更大的勇气和决心。改革开放之初，此种做法不仅有堂吉诃德般的理想色彩，更将同传统价值体系和思维方式产生巨大冲突。

而万科和王石最初的尝试，就是一次满怀梦想的尝试。

不能否认，在一个充满着机会和诱惑的时代，如伊卡洛斯般身插蜡翼飞翔天际远比《天路历程》中武士大心历经艰险的路途更有诱惑力。增长的冲动、领先的愿望不仅可以让企业制造神话，更容易让企业迷失，甚至结束于神话。这样的情节中，最初的万科同样难以避免宏大语境的影响：加法的冲动，利润的诱惑……诸如此种事实，都在万科的历程中曾经上演。

但幸运的是，万科和王石始终能够保持警醒。对于市场力量的坚信，对商业道德的遵从，打破政缘和地缘局限的决心，并尝试将基督教文化下产生的现代企业制度于中国加以实现的种种努力……使得万科得以摆脱宏大叙事的桎梏，也清醒地拒绝了制造企业神话的冲动。

与此同时，万科更以一种理想主义式的、诚实而坚持的态度对诸多看似简单的商业规则加以实践，并经受住了考验。做简单而不是复杂、做透明而不是封闭、做规范而不是权谋，追求公平回报而不是暴利。这些看似朴素而实则难行的语词，恰好可以用来总结万科 20 余年来脚印的全部。

写作的过程中，王石同我达成一个共识：这本书要以坦率而诚实的态度，展现一个企业和一群人的心路历程！修改中一个插曲颇能反映这种期待：讨论全书的章节标题时，他始终觉得原来的标题无法道明万科和一代人的过往，但当试着用名著的名字特指每一个段落时，一切顺畅了！《红与黑》、《喧哗与骚动》、《荆棘鸟》，这些耳熟能详的书名，不仅暗合他这一代人的阅读心路，更对万科的不同发展时期做出了巧妙而具有戏剧性的总结。

过去的日子里，王石董事长在我，始终如一位严格的长者和优秀的师长给予着无私的指点和鼓励。这次写作的过程，更使我受益良多。而以郁亮总经理为代表的公司管理层，也一直以严谨的工作态度和卓越的职业精神，给予我大量的支持。

成书过程中，感谢丁福源、刘爱明、丁长峰、解冻、张纪文、莫军、肖莉、吴镝、周慧、韦业宁、王昂、季蕾、黄芳、杨佳、张洋、朱宁、刘冀民和王润川等公司管理层及同仁的协助和支持。

感谢秦朔、吴晓波两位老师，中信出版社社长王斌、副社长臧永清、总编辑潘岳、编辑蒋蕾、“蓝狮子”的陆斌、发行人常飚等人的建议和努力。

感谢年纪已长的父亲和母亲。儿子远行尽职，无法陪伴二位老人，但他们始终给予我深厚的爱和包容。

遗憾的是，由于出生的年代，我并不是这个企业初创和中期发展时期那些波澜壮阔日子的亲历者。但在倾听和写作的过程中，我愈加深切地感受到万科的坚持、梦想以及由记忆汇聚而成的力量。

正是这种力量，成就了一个时代，以及一群人生命中难以磨灭的部分。

而这种力量，也将使我铭记于心。

跋

这个人与这个时代

秦　朔

每个人都无法拒绝自己的出生，因此也无法拒绝他所生活的时代。王石是幸运的，因为他生活在这样一个时代，虽然机会的分布并不均匀，但却能让一部分人找到自己的“光荣与梦想”。

这个找寻的过程是艰辛的，惟其如此，光荣才更添壮丽，梦想才愈显价值。

展读全书，我最深的体会是，当一个人能够按照自己真心向往的方式去生活、工作和创造时，他的人格才会走向完整，他的人生画卷才会精彩，而他为社会创造的价值也必然充盈。

与王石相识八年，最终促成这本相当于其自传的书籍的问世，我的内心充满了喜悦。

一

1997 年 12 月，我与王石在北京举行的一次经济研讨会上相识。那年，我刚担任《南风窗》总编辑，工作热情空前高涨，遇到有些价值的会议就打着“波音的”参加，一来建立资源，二来推广杂志。当时我对王石和万科的了解，一是通过《万科》周刊，二是通过 1995 年深圳《投资导报》“财源”版上发表的那篇《王石 ：万科领袖》，三是君安证券提议改组万科风波时媒体的诸多报道。我知道万科的城市住宅在房地产界享有很高声誉。

我对王石说 ：“久闻大名，但还没有见识过万科的房子。”

王石说 ：“广州的门难进，我们进不去啊。”（一直到 2004 年，万科的“四季花城”才进入广州。）

王石安排同事陪我参观了北京万科城市花园。眼见为实，转了一个多小时，我吃惊地发现，竟然找不出一块丢在地上的纸屑和垃圾，真是清爽之至。

颇有感触的我在 1998 年 2 月号《南风窗》的扉页位置写了一篇短文，题目叫《伟大在于细节的积累》，这篇短文影响不小，当时，珠江三角洲有的制造企业把文章复印张贴在每间办公室里。香港中国海外建筑集团有限公司总经理孙文杰先生到广州约我见面，也谈到这篇文章。王石和孙总是中国房地产业所有职业经理人中我最钦佩的两位，万科和中海也是这个行业最重要的标杆。在本书中，王石提到他曾经劝说中海与万科合并，可谓是“英雄识英雄”。

二

1998 年 3 月，我邀请王石到广州演讲，谈中国新兴企业的成长。从此，我对万科开始进行比较贴近的观察。

房地产在中国是一个“特殊行业”，只要你去计算一下有多少官员和“企业的内部人”栽倒在土地出让、银行贷款、项目审核、规划报建、工程建设、配套服务、税费减免、鉴证落户等所有和房地产相关的“腐败的高危环节”，只要你随便问一个发展商要经过多少曲折才能从此岸游到彼岸，你就知道，坚持规范经营并不容易。可是，王石说：“大家都不规范去做，万科规范去做就束缚了手脚。但是如果我们现在不规范，将来我们会被淘汰掉。我们现在规范，可能市场一直不规范，那我们宁肯被淘汰掉，也不能退出规范。这等于是你对将来下了赌注，就是你认为将来是规范的。”正是因为王石，万科一直奉行“追求阳光下的利润”的原则，直到现在成为内地房地产的第一大公司。

这是一个相信未来的理想主义者的赌注。理想主义者会吃很多亏，王石曾感慨地对我说过，“广州这么大的市场，我们好几年就是拿不到地。”万科在武汉等城市拿到的土地，有的也是靠一种偶然，例如某某领导一直收到《万科》周刊，培养了感情，给了万科参与的机会。

时间是公正的，万科不靠台底交易，就靠扎扎实实做项目，做企业，终于还是成为长距离竞赛的胜利者。

马克斯·韦伯讲过，“这种经济是以严格的核算为基础而理性化的，以富有远见和小心谨慎来追求它所欲达的经济成功，这与农民追求勉强糊口的生存是截然相反的，与行会师傅以及冒险家式的资本主义的那种享受特权的传统主义也是截然相反的，因为这种传统主义趋向于利用各种政治机会和非理性的投机活动来追求经济成功。”大多数的媒体之所以推崇万科，原因就在于此，即是说，它的成功不是“利用各种政治机会和非理性的投机活动”而牟取一时之利，而是“依赖和平的交换机会来获利，依赖持续的、理性的、自由劳动的组织来获利”（韦伯语）。

三

在中国，创业型的企业家一般都是“人企合一”的。但是，想到王石，除了万科，我们还会联想到企业符号之外他的传奇人生。他热爱登山和冒险，以空间换时间，以极限运动换生命体验，他的经历也是万科“追求丰盛人生”、“建筑无限生活”理念的一种实践。如果说居住改变了中国，那么可以说，王石改变了中国企业家的形象。在一大堆“富爸爸”、“百富榜”教导我们怎样赢得财务自由的潮流中，王石让我们想到了“物的占有”之外的另一些词语和方向：人生的自由，生命的高处，挑战的愉悦，幸福的内涵。

2005 年 3 月，我邀请王石到我供职的《第一财经日报》做客，他和报社的几个年轻记者交谈着，一点也没有居高临下的感觉。他告诉我们，他母亲是一位受过良好教育的锡伯族妇女，锡伯族在历史上是一个游牧民族，能征善战，曾为保护西北边疆立下赫赫战功。他说，“我身上野性的东西大概就源于母亲的血统。”

我问他：“你就没有想到过，哪一天在路上回不来了？”

这个内心强悍而言语朴实的人回答说：“当然想过。可是我的人生观就不是平平庸庸寿终正寝的那一类，我喜欢燃烧的感觉。”

这句话深深感染了我，我的脑海里当即出现了一个脉络：一个不断变革的时代，一个不断前进的企业，一个不断燃烧的人。事实上，我本人一直主张本书的名字叫《永远燃烧》。

经由王石和缪川的创作努力，经由著名财经出版人吴晓波先生的穿针引线，经由中信出版社的倾力相助，本书得以在比较短的时间内出版。此时，王石正和同伴前往南极点，准备完成他的“7 + 2”探险计划（即登上世界七大洲最高峰和南北两极极点）的最后一站，此次徒步南极点，还是为了公益行动的一次呐喊——他们希望通过这次探险行动吸引社会各界支持北京大学崇左生物多样性研究基地的建设，支持白头叶猴的研究与保护工作。王石说，他希望今后更多地向社会公民的方向去发展，去奉献。

万通公司的董事长冯仑先生在为公司写的新年献词中提出“学习万科好榜样”，他说，“我们研究万科，不是万科的幸福，而是万通的运气和机缘”。

此刻，我想到了另一句话，“学习王石好榜样”。在学习中，包孕着我们每个人自我超越与提高的机缘。

附录

万科企业宗旨、愿景与核心价值观

万科企业宗旨：

建筑无限生活

这个宗旨有几方面的含义：

- 对客户，意味着了解你的生活，创造一个展现自我的理想空间。
- 对投资者，意味着了解你的期望，回报一份令人满意的理想收益。
- 对员工，意味着了解你的追求，提供一个成就自我的理想平台。
- 对社会，意味着了解时代需要，树立一个现代企业的理想形象。

万科企业愿景：

成为中国房地产行业持续领跑者

要实现这个愿景，我们需要做到 ：

- 不断钻研专业技术，提高国人的居住水平。
- 永远向客户提供满足其需要的住宅产品和良好的售后服务。
- 展现“追求完美”之人文精神，成为实现理想生活的代表。
- 快速稳健发展我们的业务，实现规模效应。
- 提高效率，实现业内一流的赢利水准。
- 树立品牌，成为房地产行业最知名和最受信赖的企业。
- 拥有业内最出色的专业和管理人员，并为其提供最好的发展空间和最富竞争力的薪酬待遇。
- 以诚信理性的经营行为树立优秀新兴企业的形象。
- 为投资者提供理想的回报。

万科核心价值观 ：

创造健康丰盛的人生

创造健康丰盛的人生，

意味着我们将持续提供超越客户期望的产品和服务，让客户骄傲 ；

意味着我们将持续提供超越投资者期望的回报，让投资者满意 ；

意味着我们将持续提供超越员工期望的发展空间和报酬，让员工自豪。

1. 客户是我们永远的伙伴

- 客户是最稀缺的资源，是万科存在的全部理由。
- 尊重客户，理解客户，持续提供超越客户期望的产品和服务，引导积极、健康的现代生活方式。这是万科一直坚持和倡导的理念。

• 在客户眼中，我们每一位员工都代表万科。
• 我们 1% 的失误，对于客户而言，就是 100% 的损失。
• 衡量我们成功与否的最重要的标准，是我们让客户满意的程度。
• 与客户一起成长，让万科在投诉中完美。

2. 人才是万科的资本

• 热忱投入，出色完成本职工作的人是公司最宝贵的资源。
• 尊重人，为优秀的人才创造一个和谐、富有激情的环境，是万科成功的首要因素。
• 我们尊重每一位员工的个性，尊重员工的个人意愿，尊重员工的选择权利；所有的员工在人格上人人平等，在发展机会面前人人平等；万科提供良好的劳动环境，营造和谐的工作氛围，倡导简单而真诚的人际关系。
• 职业经理团队是万科人才理念的具体体现。持续培养专业化、富有激情和创造力的职业经理队伍，是万科创立和发展的一项重要使命。
• 我们倡导“健康丰盛的人生”。工作不仅仅是谋生的手段，工作本身应该能够给我们带来快乐和成就感。在工作之外，我们鼓励所有的员工追求身心的健康，追求家庭的和睦，追求个人生活内容的极大丰富。
• 学习是一种生活方式。

3.“阳光照亮的体制”

• 万科对内平等，对外开放，致力于建设“阳光照亮的体制”。
• 专业化 + 规范化 + 透明度 = 万科化。
• 规范、诚信、进取是万科的经营之道。

- 我们鼓励各种形式的沟通，提倡信息共享，反对黑箱操作。
- 反对任何形式的官僚主义。

4. 持续的增长和领跑

- 万科给自己的定位是，做中国房地产行业的领跑者。
- 通过市场创新、产品创新、服务创新和制度创新，追求有质量、有效率的持续增长，是万科实现行业领跑、创造丰盛人生的唯一途径。
- 在新经济时代，万科要以大为小、灵活应变、锐意进取，永怀理想与激情，持续超越自己的成绩，持续超越客户的期望。